sub judice

2008 · Janeiro-Março
ISSN 0872-2137
15€ (iva incluído)

JUSTIÇA E SOCIEDADE
Revista Trimestral · Publicação: Dezembro 2008

NOVÍSSIMOS ESTILOS 2 – JURISPRUDÊNCIA

JOEL TIMÓTEO PEREIRA
Introdução

MARIA ANGELES AHUMADA RUIZ
La regla de la mayoria y la formulación de doctrina constitucional

AC. DO STJ DE 09 DE MAIO DE 2006
Parque de sucata em RAN

AC. DO STJ DE DE 26 DE JANEIRO DE 2008
Aterro Sanitário

AC. DA RELAÇÃO DE LISBOA DE 21 DE SETEMBRO DE 2006
Controle de trabalhadores por GPS

AC. DA RELAÇÃO DE COIMBRA DE 12 DE JULHO DE 2007
Caducidade de direitos de nascituro

AC. DA RELAÇÃO DO PORTO DE 28 DE MAIO DE 2007
Picada de insecto

AC. DA RELAÇÃO DO PORTO DE 08 DE MAIO DE 2006
Descaracterização de acidente

AC. DA RELAÇÃO DE GUIMARÃES DE 12 DE JULHO DE 2007
Criança de etnia cigana

AC. DA RELAÇÃO DE COIMBRA DE 15 DE JUNHO DE 2005
Direito de visitas dos avós

AC. DO STJ DE 04 DE OUTUBRO DE 2007
Distinção entre burla e fraude civil

ACS. DO STJ DE 25 DE JANEIRO E DE 5 DE SETEMBRO DE 2007
Um processo, duas acusações sucessivas, duas anulações em dois acórdãos

AC. DO STJ DE 06 DE JUNHO DE 2007
Cumprimento de mandado de detenção europeu

AC. DO T. C. ADMINISTRATIVO DO NORTE DE 10 DE JANEIRO DE 2008
Pagamento voluntário de dívida sob execução fiscal extinta por prescrição

AC. DO T. E. DOS DIREITOS DO HOMEM DE 26 DE ABRIL DE 2007
Equilíbrio entre liberdade de expressão e protecção dos direitos dos queixosos

ALMEDINA

NOVÍSSIMOS ESTILOS 2 – JURISPRUDÊNCIA

n.º 42
2008
Janeiro/Março
ISSN 0872-2137

Director:
Nuno Miguel P. R. Coelho

Subdirector:
Renato Barroso

Secretariado Redactorial:
Airisa Caldinho
António Alberto Ribeiro
António de Araújo
António João Casebre Latas
Carlos Lopes do Rego
Diogo Alarcão Ravara
Fernando Vaz Ventura
José António Teles Pereira
João Ramos de Sousa
João Luís Moraes Rocha
Joel Timóteo Pereira
José Albino Caetano Duarte
José António Mouraz Lopes
José Manuel Barata
José Manuel Igreja Matos
Luís Eloy Azevedo
Luís Filipe C. B. do Espírito Santo
Marcia Portela
Maria José Costeira
Mário António Serrano
Miguel Nogueira de Brito
Paulo Duarte Teixeira
Pedro Caetano Nunes
Raul Eduardo Nunes Esteves

Conselho Editorial:
Afonso de Melo – STJ
Álvaro Reis Figueira – STJ
A. Bravo Serra – TC
A. Monteiro Dinis – TC
A. Pais de Sousa – STJ
Armando Leandro – STJ
Armindo Ribeiro Mendes – TC
F. Chichorro Rodrigues – STJ
Guilherme da Fonseca – TC
J. Cardona Ferreira – STJ
J. Cardoso da Costa – TC
J. Gonçalves da Costa – STJ
J. Matos Fernandes – STJ
José Rodrigues dos Santos – STJ
J. Sousa e Brito – TC
J. Tavares da Costa – TC
Vítor Nunes de Almeida – TC
L. Noronha do Nascimento – STJ
M. Duarte Soares – STJ
M. Lopes Rocha – STJ
Manuel Maduro – TContas
Messias Bento – TC
M. Sá Ferreira – STJ
M. Fernanda Palma – TC
Octávio Castelo Paulo – STJ
Pedro Sousa Macedo – STJ
V. Soreto de Barros – STJ

Sede da redacção:
Rua Professor Mira Fernandes
Lote 1544 – 5.º esq.
1900-383 Lisboa

Proprietária
DocJuris – Centro de Documentação e Informação Jurídica CRL.
Número contribuinte: 502611251

3 Editorial
Nuno Coelho

Ideias

7 Introdução
Joel Timóteo Pereira

9 La regla de la mayoría y la formulación de doctrina constitucional
María Ángeles Ahumada Ruiz

index

31 Sumários da jurisprudência publicada
Joel Timóteo Pereira

causas

47 Parque de sucata em RAN
Ac. do S.T.J de 09 de Maio de 2006

53 Aterro sanitário
Ac. do S.T.J de 26 de Janeiro de 2008

77 Controle de trabalhadores por GPS
Ac. da Relação de Lisboa de 21 de Setembro de 2006

85 Caducidade de direitos de nascituro
Ac. da Relação de Coimbra de 12 de Julho de 2007

91 Picada de insecto
Ac. da Relação do Porto de 28 de Maio de 2007

99 Descaracterização de acidente
Ac. da Relação do Porto de 8 de Maio de 2006

107 Criança de etnia cigana
Ac. da Relação de Guimarães de 12 de Julho de 2007

115 Direito de visitas dos avós
Ac. da Relação de Coimbra de 15 de Junho de 2005

121 Distinção entre burla e fraude civil
Ac. do S.T.J. de 4 de Outubro de 2007

133 Um processo, duas acusações sucessivas, duas anulações em dois acórdãos
Acs. do S.T.J. de 25 de Janeiro de 2007 e de 5 de Setembro de 2007

155 Cumprimento de mandado de detenção europeu
Ac. do S.T.J. de 6 de Junho de 2007

161 Pagamento voluntário de dívida sob execução fiscal extinta por prescrição
Ac. do T.C. Administrativo do Norte de 10 de Janeiro de 2008

169 Equilíbrio entre liberdade de expressão e protecção de direitos dos queixosos
Ac. do T.E. dos Direitos do Homem de 26 de Abril de 2007

Editorial

Nuno Coelho
Juiz de Direito, Lisboa
nunomrcoelho@netcabo.pt

Com estes dois números da revista Sub Judice pretende-se colocar na agenda das publicações uma actualização ou renovação dos cadernos mensais "novos estilos" que, nos idos noventa, este mesmo periódico deu à publicação.

Procura-se, agora, continuar a dar destaque, como naquela altura, às decisões jurisprudenciais, com maior relevância dos Tribunais Superiores (Supremos Tribunais, Tribunal Constitucional, Tribunal Europeu (União Europeia), Tribunal Europeu dos Direitos do Homem, Tribunais das Relações), mas também, a título excepcional, da primeira instância. Decisões jurisprudenciais que contenham algum toque de inovação, de criatividade ou que sejam emblemáticas por via de terem marcado uma viragem jurisprudencial. Admitir-se-à, da mesma forma, a escolha de jurisprudência que apesar de não ser relevante pelo sentido da sua decisão, prime pela nova forma de apresentação ou de argumentação, ou mesmo que seja considerada polémica pela forma de dizer ou do seu *estilo* de fundamentação.

Sabe-se que muitas das vezes o critério da publicação e da disponibilização das decisões não passa por este tipo de preocupações. Sendo que esta fórmula de escolha tem ainda a grande virtualidade de dar forma de publicação – e portanto uma maior divulgação – a alguns dos arestos elaborados pelos nossos tribunais mais importantes e que, assim, dessa forma, ganham o destaque e o comentário que justamente merecerão.

Qual o porquê da marca, agora lançada, de **"Novíssimos Estilos"**?

Em primeiro lugar, destaca-se a expressão **"Estilo"**, enquanto designação tradicional que lhe fica pela marca da história do direito e da justiça portuguesa, tomado como a orientação jurisprudencial uniforme de um determinado tribunal (superior). Mas "estilo" também como designativo mais alargado de uma certa forma e estrutura no acto de decisão, de um certo modo de argumentar, de arrumar as ideias ou de se expressar, de uma maneira mais ou menos literária, mais ou menos técnica, com maior ou menor número de citações, de remissões doutrinais ou jurisprudenciais, etc. etc… Podendo assim dizer-se que existirá uma forma ou um estilo próprio da jurisprudência portuguesa que se assemelha mais ou menos com a família romano-germânica e que se afasta mais ou menos do estilo francês de decidir, ou ainda, do estilo dos juízes da *common law* decidirem. A ambivalência destes sentidos – o histórico e o actual – traz à marca "estilos" uma impressiva densidade e riqueza.

O universo da teoria decisional no domínio do judiciário é um campo ainda muito por explorar e que nos aparece como um dos temas fulcrais de futuro quanto à análise da relação do jurídico com a sociedade e que deve ter a instituição judicial e as suas decisões como alvos preferenciais. O que tem passado pela investigação, mais no universo da *common law*, pelas várias escolas da *decision making* (comportamentais, institucionais ou jurídicas), e nos sistemas continentais de direito a abordagens que se baseiam nos modelos de decisão na aplicação, enquanto análise teórica da justificação ou argumentação das decisões jurisdicionais que se expandem, na conhecida distinção de Jerzy Wróblewski, em modelos ideológicos, modelos descritivos e modelos estruturais. O que tem merecido, também, alguma evolução nos estudos sobre a jurisprudência, enquanto análise estrutural das decisões, mas também das suas correspondentes técnicas e estilos, e que pode avançar também para a sua análise funcional e argumentativa.

Por outro lado, destaca-se também a expressão **"Novíssimos"**, com vista a adequar o tom mais recente desta nova iniciativa da revista, a renovar a anterior ideia editorial, mas também dando conta da necessidade de dar a conhecer a jurisprudência nesta nova era social e histórica (início do Século XXI). Não deixa de se considerar, da mesma forma, que a esta expressão de "novíssimos" corresponderá um novo sentido, mais plural e alargado, da designação tradicional e histórica de "estilos", levando-se mais longe a ideia.

Com estes dois números "Novíssimos Estilos" pretendemos abrir a sequência de uma nova série de números com este mesmo tema, num dos quatro números que publicamos anualmente. Obtendo a colaboração do juiz Joel Timóteo Pereira responsável pela recolha e pela escolha da jurisprudência que aqui se publica, a quem se deve o mérito e a qualidade do trabalho que aqui vão demonstrados.

NOVÍSSIMOS ESTILOS 2 – JURISPRUDÊNCIA

Cada uma das revistas "Sub Judice" é construída à volta de um tema que lhe dá unidade. Os trabalhos, as decisões e os documentos a publicar estão organizados em conformidade com o formato da revista que inclui três cadernos. A saber, ideias (estudos e artigos de opinião), index (sinopses, recensões, comentários, anotações, léxicos e/ou bibliografias) e causas (jurisprudência nacional ou estrangeira de tribunais superiores e de primeira instância).

Cumpre referir que, nestas revistas "Novíssimos Estilos" não se prossegue a habitual estrutura da revista. Nestes "Novíssimos estilos" é a jurisprudência, ela própria, o tema da revista, sendo por isso dispensável a existência dos referidos cadernos. Todavia, iremos sempre publicar alguns artigos de autores que têm reflectido justamente sobre a linguagem e os estilos de redacção das decisões dos tribunais, para enriquecer teoricamente o conteúdo da revista ou dos números de revista dedicadas à jurisprudência.

Para além de três artigos de carácter introdutório sobre a questão da jurisprudência e dos seus estilos, publicaremos, nestes primeiros dois números desta série, jurisprudência relativa aos seguintes temas: 1. Direitos Fundamentais; 2. Responsabilidade Civil; 3. Contratos; 4. Direito das Sucessões; 5. Direito Processual Civil; 6. Insolvência; 7. Direitos Difusos; 8. Direito Laboral; 9. Direito da Família e Menores; 10. Direito Penal e Processual Penal; 11. Jurisprudência Fiscal; e 12. Jurisprudência Europeia. Do 1.º ao 6.º tema no "Novíssimos Estilos 1" e do 7.º ao 12.º tema no "Novíssimos Estilos 2".

ideias

7 **Introdução**
É sempre redutora qualquer selecção e classificação de jurisprudência. Cada sujeito tem as suas motivações e aprecia de forma distinta a preponderância de uma decisão jurisprudencial. A selecção efectuada nesta compilação será, óbvia e necessariamente, apenas uma mui pequena amostra da grande qualidade, relevância e sensibilidade da jurisprudência portuguesa perante os cenários que os cidadãos e as empresas submetem diariamente à sua apreciação e decisão" – *Joel Timóteo Pereira*

9 **La regla de la mayoría y la formulación de doctrina constitucional**
«El voto [particular]... constituye... una ventana abierta al exterior por la que el Tribunal hace públicas sus propias dudas, aunque su fallo no pierda por ello rigor ni disminuya obviamente su eficacia. La autocrítica interna exteriorizada es así un poderoso instrumento de control además de ser, desde la subjetividad de los firmantes de cada voto, una vía de descargo» – *Maria Angeles Ahumada Ruiz*

n.° 42
2008
Janeiro/Março
Trimestral

Nota introdutória

Joel Timóteo Ramos Pereira
Juiz de Direito de Círculo

"É sempre redutora qualquer selecção e classificação de jurisprudência. Cada sujeito tem as suas motivações e aprecia de forma distinta a preponderância de uma decisão jurisprudencial. A selecção efectuada nesta compilação será, óbvia e necessariamente, apenas uma mui pequena amostra da grande qualidade, relevância e sensibilidade da jurisprudência portuguesa perante os cenários que os cidadãos e as empresas submetem diariamente à sua apreciação e decisão"

Aristóteles, confrontado entre a necessidade de uma decisão sobre os litígios e a arbitrariedade como as leis eram criadas, afirmou que "seria melhor entregar a execução da justiça ao arbítrio do juiz em vez de deixar que a lei disponha sobre isso". O direito romano valorou o primado do *direito*, mas ao longo do tempo o paradigma foi mudando, até que, de forma radical, S. Tomás de Aquino posicionado pela citada afirmação de Aristóteles alvitrou precisamente o inverso, isto é, inclinou-se pela preponderância da lei, ao expressar ser melhor que tudo seja regulado pela lei do que entregue ao arbítrio dos juízes (*melius est omnia ordinari lege quam dimittere iudicum arbitrio*).

Os sistemas jurídicos actuais não se regem por qualquer dos citados extremos. O juiz não é nem pode ser, como Montesquieu defendia, simplesmente *la bouche qui prononce les parroles de la loi, des être inanimes*", ("a boca que pronuncia as palavras da lei, seres inanimados"), pois uma escola da exegese onde o juiz se limita a aplicar a lei com métodos hermenêuticos indiferentes ao contexto social é gerador de irreparável injustiça, do mesmo modo que um sistema que estivesse dependente da arbitrariedade da decisão individual de cada juiz seria a negação da unidade, segurança e certeza jurídica.

Ora, a jurisprudência hodierna consiste precisamente na vida prática apreciada à luz jurisdicionalizada do direito. Etimologicamente, a palavra jurisdição significa *dizer o direito* (jurisdictio), que pode implicar várias actuações, desde a aplicação subsuntivas das regras e normas legais, sua interpretação directa, restritiva ou extensiva, conforme a exigência do caso concreto e, outras vezes, pelo suprimento das lacunas existentes. E, na valência da *jurisdição*, a *jurisprudência* significa a prudência do direito, tomando-se a expressão de prudência como virtude intelectual voltada para a prática, para a decisão honesta, leal e justa.

Com efeito, as leis, enquanto gerais e abstractas, são respostas para previsões do comportamento social, que, numa contemporaneidade onde predomina a diversidade, exige um constante esforço de conformação prática sensível à especificidade do caso concreto, para que possam ser aplicadas em consonância com as exigências de uma sociedade em paulatina mutação. Esse esforço tem sido realizado, quantas vezes de forma inédita quanto às soluções ou à forma como a solução foi encontrada, precisamente pela jurisprudência.

É que a sentença, " não é um pedaço de lógica, tampouco uma norma pura. É obra humana, criação da inteligência e da vontade, criação do espírito do homem, uma vez que ainda não se inventou uma máquina para produzir sentenças. Quando o juiz a dita, aduz o mestre, não é só o intérprete das palavras da lei, a voz que pronuncia essas palavras, mas também as suas vozes misteriosas e ocultas, vozes que estão a povoar o seu silêncio" (COUTURE, processualista uruguaio, *in* Introdução do Estado do Processo Civil"). É sempre redutora qualquer selecção e classificação de jurisprudência. Cada sujeito tem as suas motivações e aprecia de forma distinta a preponderância de uma decisão jurisprudencial. A selecção efectuada nesta compilação será, óbvia e necessariamente, apenas uma mui pequena amostra da grande qualidade, relevância e sensibilidade da jurisprudência portuguesa perante os cenários que os cidadãos e as empresas submetem diariamente à sua apreciação e decisão.

Mas estas, aqui seleccionadas neste número da Sub Judice, têm o condão de constituírem, nas palavras de CARNELUTTI, decisões com eficácia verdadeiramente *ordenadora*. Pois esse é o sentido verdadeiro da função do Julgador: Homem do seu tempo, que não se curva às doutrinas de conveniências, ou à jurisprudência subserviente, mas revestindo-se da sensibilidade responsável de preferir "ser justo, parecendo injusto, do que injusto para que sejam salvas as aparências" (CALAMANDREI), mesmo que tenha que divergir do entendimento predominante, actuando como *bonus iudex*, ou seja, adaptando as normas às exigências da vida. Estes, são, efectivamente, *Novíssimos Estilos*.

La regla de la mayoría y la formulación de doctrina constitucional

Rationes decidendi en la STC 136/1999

María Angeles Ahumada Ruiz
Professora de Direito Constitucional da Faculdade de Direito da Universidade Autónoma de Madrid

"El voto [particular]... constituye... una ventana abierta al exterior por la que el Tribunal hace públicas sus propias dudas, aunque su fallo no pierda por ello rigor ni disminuya obviamente su eficacia. La autocrítica interna exteriorizada es así un poderoso instrumento de control además de ser, desde la subjetividad de los firmantes de cada voto, una vía de descargo"

Os três modelos básicos de adopção das decisões de órgãos jurisdicionais pluripessoais.

Decisão "per curiam" (1).

"El voto [particular]... constituye... una ventana abierta al exterior por la que el Tribunal hace públicas sus propias dudas, aunque su fallo no pierda por ello rigor ni disminuya obviamente su eficacia. La autocrítica interna exteriorizada es así un poderoso instrumento de control además de ser, desde la subjetividad de los firmantes de cada voto, una vía de descargo"[1].

SUMARIO: 1. La decisión judicial colegiada. – 2. La regla de la mayoría y la formulación de doctrina constitucional. – 3. Decisiones sin mayoria: los casos de «empate». – 4. Cuando la mayoría que apoya el resultado no respalda la argumentación. – 5. Qué mayoría apoya la doctrina de la stc 136/1999. – 6. La «ratio» de la sentencia y del voto concurrente: ¿compatibles? – Conclusión.

Por si el título elegido resultara demasiado prometedor, me apresuro a decir que la pretensión de estas páginas es limitada. No va mucho más allá del intento de plantear ciertas cuestiones, hasta ahora poco atendidas entre nosotros, relacionadas con la técnica decisoria del Tribunal Constitucional, la estructura de sus sentencias y la delimitación de su doctrina. De todas estas cuestiones podría discutirse en abstracto, pero la decisión del Pleno en el «asunto de la Mesa de HB» ofrece una ocasión perfecta para hacerlo en concreto. No se trata, por lo demás, de cuestiones nuevas ni extravagantes. En otros ordenamientos, menos distintos del nuestro de lo que a veces se supone, hace tiempo que han despertado el interés de los críticos. Me parece que vale la pena aproximarse a ese debate más amplio y, desde la particular perspectiva que proporciona nuestra jurisprudencia constitucional, no resistirse a participar en él.

1. La decisión judicial colegiada

La adopción de decisiones por órganos jurisdiccionales pluripersonales tiene lugar conforme a tres modelos básicos, que reflejan distintas maneras de entender la especialidad de la decisión judicial colegiada y, en último término, diferentes percepciones de la función del juez y del fenómeno de la generación de jurisprudencia.

Uno de estos modelos, el predominante en la tradición del derecho continental europeo, es el de la decisión *per curiam,* en la que el razonamiento de derecho que precede y sirve de fundamento al fallo se presenta como razonamiento «del tribunal», sin que se hagan públicas ni la autoría de la redacción, ni las posiciones mantenidas por los jueces en el trámite de la votación final. De este modo se provoca la impresión de que el tribunal tiene voz propia, que no se identifica necesariamente con la de los miembros que lo componen. Un razonamiento lineal y un resultado inobjetado refuerzan la imagen de la sentencia como «silogismo» y, por lo mismo, su pretensión de «verdad». Seguramente, la «doctrina» del silogismo judicial, aunque extendida, nunca sirvió para describir adecuadamente ni el proceso de adopción de decisiones judiciales, ni la estructura de las sentencias, pero como convenientemente se ha observado, ha constituido un modelo prescriptivo, «destinado a hacer creer que el juez opera según los cánones de certeza y de necesidad lógica típicos de la deducción silogística». El estilo de la argumentación, neutral, objetivo, impersonal, es perfectamente coherente con una concepción burocrática de la función judicial que implícitamente niega el carácter creativo de la labor del juez y, con ello, reduce su responsabilidad[2].

---

* Artigo primeiramente publicado na Revista Española de Derecho Constitucional, Año 20, número 58, Enero – Abril 2000, pp. 155-158. El Profesor Rubio Llórente leyó con mucha imaginación un primer borrador, perfectamente inconcreto, de este trabajo. Sus comentarios, sugerencias y objeciones que he tenido en cuenta en la medida de mis posibilidades – y tozudez – , fueron de gran utilidad para la elaboración posterior.

[1] FRANCISCO TOMAS Y VALIENTE: «El Tribunal Constitucional español como órgano constitucional del Estado: competencias, riesgos y experiencias», incluido en *Escritos sobre y desde el Tribunal Constitucional,* CEC, Madrid (1993), págs. 59-60.

[2] «Un aspetto non meno importante dello stile delle sentenza.é invero costituito dal fatto che la sentenza é concepita, e scritta, come atto burocratico, come *Staatsakt.* Per cosí diré, e soprattutto al livello dello stile, la sentenza non é atto del giudice ma dell'organo, e la motivazione non é...l'autoapologia del giudice che ha deciso, ma la giustificazione fórmale di una decisione impersonale, riferibile astrattamente ad un ufficio che ha svolto una funzione pubblica, non a soggetti che hanno risolto una controversia [...] Il dogma della segretezza della deliberazione, e la conseguente esclusione del voto e dell'eventuale motivazione dissenziente...

NOVÍSSIMOS ESTILOS 2 – JURISPRUDÊNCIA

Decisão "seriatim" (2).

En claro contraste con la fórmula indicada está la de la adopción de decisiones *seriatim*, históricamente característica de los tribunales colegiados en el ámbito del *common law* y todavía hoy practicada por algunos de los más altos tribunales ingleses, destacadamente, la *House of Lords*. En este caso, la decisión del tribunal es la que resulta del agregado de las decisiones individuales de los miembros que lo integran. De hecho, materialmente, no hay *una* opinión del tribunal, sino que cada uno de los jueces – sucesivamente, de ahí, *seriatim* – expresa su voto precedido de un *«speech»*, su argumento. Una mayoría clara en cuanto a la forma de disponer el caso o, incluso, la total coincidencia en cuanto al sentido de la decisión, no implican necesariamente el acuerdo en cuanto al «principio de derecho» que gobierna el caso[3]. La determinación de lo que vale por fundamento [*rationale*] de la decisión del tribunal, una tarea que han de llevar a cabo los jueces vinculados por el *holding* de la decisión, es ocasionalmente una pesquisa complicada, para la que, de modo nada sorprendente, sirve como pauta de orientación la regla de identificar como *ratio* de la decisión el mínimo común compartido por los argumentos individuales. Por esta razón, algunos autores distinguen entre la *ratio decidendi* del juez, digamos, el principio de derecho conforme al cual dispuso el caso y que pretendió fijar como precedente, y la efectiva «regla del caso», la que jueces posteriores deducen como precedente vinculante a partir de su interpretación del caso[4]. Si aun ese «mínimo común» parece ausente, el precedente que la decisión fija quedará reducido a la conexión entre los hechos relevantes del litigio [*material facts*] y el resultado final[5].

Decisão divulgada por um relator que expressa a "opinião do tribunal" (3)

El tercer modelo es el que tempranamente se impone en los Estados Unidos por influencia del modo de hacer del Tribunal Supremo presidido por John Marshall. Si en un pri-

---

implicano che la motivazione della sentenza sia un'argomentazione neutrale. oggetiva e spersonalizzata; sia cioé un discorso técnico, formalistico e lineare, che non esprime le alternative e non giustifica le scelte di chi ha formulato la decisione [...] É quindi sostanzialmente da un'ideologia burocrática della funzione giudiziaria, incorporata nelle norme vigenti e tuttora largamente diffusa tra i giudici, che si puó trarre la spiegazione di alcuni elementi peculiari dello stile dominante. Ció vale ad es. per la prevalenza della motivazione in diritto sulla motivazione in fatto.che rinvia all'idea per cui compito del giudice é applicare la Ieggc in coerenza oggettiva col sistema piuttosto che muovere della realta dei fatti razionalmente accertata, ma vale per il frecuente ricorso agli strumenti del formalismo giuridico e per l'eliminazione delle giustificazioni valutative». MICHELE TARUFFO: «La fisonomía della Sentenza in Italia», incluido en AA.VV.: *La Sentenza in Europa. Método, técnica e stile,* CEDAM, Padua (1988), págs. 207-209. La cita que se recoge antes en el texto procede del mismo trabajo del autor (pág. 193), que a pesar de presentarse como un comentario de la práctica italiana, contiene una soberbia síntesis de una discusión de enorme alcance a la que el autor ha dedicado muchas otras obras.

[3] «La *ratio decidendi* de un caso consiste en la regla de derecho [*rule of law*] explícita o implícitamente considerada por el juez como paso necesario para alcanzar su conclusión, tomando en cuenta la línea de razonamiento por él seguida» . Nada impide que en una sentencia convivan varias *rationes decidendi* pero, como señalan Cross y Harris, el concepto de *ratio decidendi* – al menos cuando se interpreta como la razón de decidir del juez que efectivamente decide – si bien es perfectamente adecuado cuando no hay más que una opinión judicial, soluciona muy poco cuando la decisión se adopta entre varios jueces: «es probablemente imposible evitar que las reglas sugeridas para el tratamiento de los casos en que coexisten varias opiniones judiciales tengan algo de arbitrarias. El principal problema, al menos en lo que afecta a la práctica inglesa actual es que resulta imposible formular estas reglas pretendiendo total precisión». CROSS & HARRIS: *Precedent in English Law,* Clarendon Press, Oxford (1991, 4.a ed). Las citas son de las págs. 72 y 85, respectivamente.

[4] Llewellyn lo expresa mejor cuando se refiere a la «distinction between the ratio decidendi, the court's own vérsion of the rule of the case, and the true rule of the case, to wit, what *it will be made to stand for by another later court*». KARL LLEWELLYN: *The Bramble Bush* , Oceana, NY (1991, 9.a reimpr.), pág. 53 (cursiva en el original).

[5] «There are situations in which a case can only be cited as authority for what «it actually decides»... One such situation may occur when the different members of an appellate court give different reasons for coming to the same conclusion... according to one school of thought, the *ratio decidendi* of a case turning on the interpretation of a statute must always be derived from every material fact, regardless of what the judge may have said in the course of his judgment», CROSS & HARRIS: *Op, cit.,* pág. 62. El juez inglés, que no rehuye en su argumento la expresión de sus dudas y tampoco oculta la importancia de factores «extrajurídicos» (consideraciones de *«poticy»)*, entiende que su responsabilidad a la hora de decidir, implica también coherencia en el mantenimiento del criterio personal expresado en casos anteriores. En la práctica inglesa juega, en este sentido, una suerte de stare decisis «individual», de modo que los abogados, durante el juicio, invocan no sólo la doctrina del Tribunal, sino también las decisiones anteriores de cada juez que lo compone. Eventuaimente esto puede colocar al juez en la fastidiosa situación de tener que desdecirse (un *«overruling* personal»), situación que se puede resolver de modo airoso, según el ejemplo de Lord Westbury que frente al abogado que esgrimía una previa opinión suya replicó sencillamente: «I can only say that 1 am amazed that a man of my intelligence should have been guilty of giving such an opinion» [éste y otros ejemplos de candida retractación, fueron invocados como modelo por el juez Jackson, del Tribunal Supremo de Estados Unidos, antes de anunciar su cambio de opinión en *McGrath v. Kristensen,* 340 U.S. (1950) pág. 177].

mer momento pudo considerarse un abandono de la fórmula inglesa, posteriormente, probaría ser más bien una variante de ésta. La novedad que introduce la opción americana es la de la designación de un juez relator encargado de expresar por todos, o al menos por la mayoría, la «opinión del tribunal». Marshall no fue el responsable de esta práctica, pero es comúnmente reconocido que con él se consolidó. El Presidente Jefferson le consideró el principal instigador de un método deplorable que conducía a una sentencia «adoptada apresuradamente en cónclave tal vez por la sola mayoría de un voto, y expuesta como si fuera unánime, con la aquiescencia silenciosa de compañeros perezosos o tímidos, por un presidente astuto que tergiversa el derecho, amoldándolo a su criterio mediante sus razonamientos»[6].

La técnica de la *opinion of the Court*[7] no supone, sin embargo, excluir la posibilidad de que cualquiera de los miembros del tribunal, si lo considera conveniente, exprese en voto separado su personal manera de considerar el caso y su solución. Como punto de partida, el tribunal aspira al acuerdo y, en la medida de lo posible, a la unanimidad, pero ninguna regla – salvo la no escrita del *self-restraint* individual – limita el derecho del juez a expresar su opinión aparte[8].

A técnica da "opinião do tribunal" e a sua evolução na experiência norte-americana.

El prestigio del que goza la institución del *dissent* en la práctica judicial americana está probablemente ligado al prestigio y a la influencia de «disidentes» muy admirados: Holmes es conocido como «The Great Dissenter», en reconocimiento a su oposición a la «Vieja Corte» del *laissez-faire*, y es canónico su *dissent* en el famoso caso *Lochner*; como él, Brandéis, Black o Douglas, son más conocidos y citados por sus opiniones en minoría que por sus intervenciones en nombre del Tribunal. Sin embargo, junto a una visión claramente idealizada de la institución como la sostenida por alguien tan poco propenso a ella como el Juez Presidente Hughes («un voto particular, en un tribunal de última instancia, es una exhortación al espíritu permanente del derecho, a la inteligencia de un día futuro en el que una decisión ulterior pueda corregir el error cometido por la Corte a juicio del disidente»)[9], no han faltado quienes estiman más virtuosa y responsable la contención en la expresión de la opinión individual, e incluso, quienes consideran el *dissent*, como decía el *Justice* Potter Stewart, un género de «literatura subversiva»[10]. Técnicamente,

O voto dissidente da opinião maioritátia.

---

[6] Algo debió haber de cierto en la amarga queja de Jefferson, pues Marshall, que consiguió mantener la unanimidad del Tribunal Supremo en una medida que ningún otro Juez Presidente volvería a lograr, fue también el indiscutible protagonista en la redacción de las decisiones del Tribunal: en sus primeros cuatro años redactó todas salvo dos y, en conjunto, a él se debe la autoría de más de la mitad de todas las decisiones que el Tribunal adoptó durante los treinta y cuatro años que sirvió en él. Según le confió a Jefferson uno de los Jueces de aquél Tribunal [William Johnson, nombrado en 1804], la peculiar situación de aquellos primeros años era menos asombrosa si se echaba un vistazo al personal: «Cushing era incompetente, de Chase no podía esperarse que pensara o escribiera; Paterson era un hombre lento que con gusto declinaba la carga, y los otros dos jueces [el propio Marshall y Bushrod Washington] son comúnmente considerados un solo juez». La situación cambió con la entrada de nuevos jueces y los votos particulares, aunque no tan frecuentes como hoy, dejaron de ser excepcionales. La opinión de Jefferson, muy conocida, la refiere HUGHES en *La Suprema Corte de los Estados Unidos*, FCE (trad. de R. Molina y V. Herrero), Méjico (1971, 2.a ed.), pág. 82. La noticia de la carta de Johnson a Jefferson, la tomo de una cita de H. J. ABRAHAM: *The Judicial Process*, Oxford University Press, NY (1993, 6.a ed.), pág. 201 y n. 144.

[7] La asignación de la redacción de la opinión principal *[lead opinión]*, según la práctica del Tribunal Supremo, la realiza el Presidente del Tribunal. Habitualmente, aunque no necesariamente, las opiniones unánimes y aquéllas en las que la opinión mayoritaria coincide con el criterio del Presidente, son redactadas por éste. La designación del relator sólo tiene lugar una vez se ha debatido y votado de modo preliminar sobre la opinión y resultado del caso. Al parecer, existe la regla no escrita y tampoco inviolada de permitir al Magistrado recién llegado la elección de su primera opinión principal, que gozará de la cortesía de sus colegas (procurarán no discrepar).

[8] «When to acquiesce and when to go it alone is a question our system allows each judge to resolve for herself», RUTH BADER GINSBURG: «Remarles on Writing Separately», *Washington Law Review*, vol. 65 (1990), pág. 141.

[9] *La Suprema Corte de los Estados Unidos, op. cit.*, págs. 85-86.

[10] El fenómeno de los *dissents* que con el tiempo se convierten en «la buena doctrina» es el objeto del interesante ensayo de RICHARD A. PRIMUS: «Canon, Anti-Canon, and Judicial Dissent» *[Duke Law Journal*, vol. 48 (1998), págs. 243-303]. Primus desafía la idea, muy común, del *dissent* como voz profética. A su modo de ver, no es casual que los *dissents* redimidos y elevados a la categoría de doctrina canónica, sean con inusual frecuencia los pronunciados por los grandes jueces del pasado. Este dato le lleva a sostener que el proceso de canonización del *dissent*, normalmente, es un proceso guiado por un Tribunal que, a falta de mejor apoyo, recurre a la opinión de una personalidad indiscutible como remoto fundamento de la nueva doctrina que anuncia. Pero en este proceso tanto o más que la opinión en sí (frecuentemente, muy reconstruida), juega el prestigio de su autor: «By reimagining a dissenting Justice and presenting him as a heroic figure, and by

en la medida en que no sirven para fundar la decisión del Tribunal, en cuanto que no son necesarios para el resultado, los votos particulares carecen de valor «normativo». Todo lo más, en el caso de algunas opiniones concurrentes, valen por *dicta*. Pero pocos niegan su potencial revulsivo. «Hay quien piensa que no debieran hacerse públicos los votos particulares para no quitar fuerza alguna a la decisión», escribe Hughes, y añade: «Es indudable que la quitan»[11]. Que la unanimidad tiene un valor extra cuando el Tribunal encara cuestiones polémicas, es seguro: no fue sólo por razones simbólicas que el Tribunal Warren en la histórica decisión de *Brown,* la que revocó la doctrina que había consentido la segregación racial, debatiera durante meses para poder finalmente presentar ante el público una única opinión suscrita por todos sus jueces[12]. Una decisión adoptada por mayoría desde luego no vale menos que una decisión unánime, pero no es un secreto que una cuestión de derecho decidida por la mayoría mínima (cinco frente a cuatro), es una invitación a que la cuestión se replantee en el futuro[13].

As diferenças entre os três modelos de decisão colegial.

La principal diferencia entre estos tres modelos de decisión colegiada está, claro es, en la forma en la que se expresa la «ratio» de la decisión, pero también en el papel reservado a la deliberación conjunta. Colaboración y deliberación son la esencia del proceso de adopción de decisiones *per curiam*, en tanto que en un sistema de decisiones *seriatim,* valga decir, puro, la fase de deliberación conjunta simplemente está ausente: el trabajo de los jueces del tribunal es «redundante », cada juez realiza todo el trabajo sin consultar o tomar en cuenta los puntos de vista de sus colegas, libre de su influencia[14]. En el tercer modelo, en el que se combinan rasgos de los dos anteriores, el debate interno abre paso a una enorme variedad de fórmulas de decisión, un espectro que abarca desde la decisión unánime hasta la decisión más plural, en la que cada juez expresa su opinión por separado. Pero incluso en este último supuesto, la deliberación ha jugado su parte, pues, a diferencia de lo que sucede en el modelo de adopción de decisiones *seriatim,* cada juez, además de justificar su decisión individual, deberá explicar qué le lleva a separarse de la opinión de sus colegas. Por otro lado, en este modelo nada impide que un juez, en defensa de un resultado concreto, suscriba varias opiniones[15]. Por lo demás, en todos los

---

simultaneously reimagining the meaning of that Justice's dissenting opinions, courts reshape the constitutional canon and construct authorities on which they can rely in cases before them... that is the process by which the Supreme Court in earlier decades established the authority of the great dissents of Justices Harían, Brandéis, and Holmes» (pág. 252).

[11] *Op. cit.*, pág. 85.

[12] Cuatro años después de *Brown,* en *Cooper* v. *Aaron* (1958), los nueve jueces del Tribunal, a la visía de la resistencia de las autoridades de Little Rock, Arkansas, firmaron uno por uno la declaración del Tribunal afirmando que la doctrina de *Brown* – la obligatoriedad de la desegregación racial en las escuelas – era *«the Law ofthe Land».* La misma idea de reforzar la autoridad con una decisión apoyada enfáticamente por todos los jueces estuvo presente en la elaboración de *United States* v. *Nixon* (1974), el caso de las «cintas de Watergate». [El relato de la complicada y frenética negociación *indoors* de este caso, constituye uno de los episodios más interesantes del famoso libro de WOODWARD y ARMSTRONG: *The Brethren,* Avon Books, NY (1981, ed. bolsillo), págs. 338-412. Irremediablemente, la Sentencia se lee de otro modo si se conoce este prólogo].

[13] En general, se considera que la doctrina fijada por una opinión suscrita por la mayoría mínima es muy vulnerable, sobre todo, cuando alguno de los jueces que constituyen la mayoría «impone condiciones» firmando una opinión concurrente. Si además esa opinión tiene el efecto de alterar o revocar doctrina anterior, mejor establecida, los tribunales inferiores pueden apostar por la vigencia de la doctrina más consolidada frente a la más reciente. Como el Tribunal Supremo ha reconocido: *«stare decisis* es un principio de prudencia y no una fórmula mecánica de adherencia a la última decisión, independientemente de lo reciente y cuestionable, cuando tal adherencia entra en conflicto con una doctrina de mayor alcance, intrínsecamente más correcta, y verificada por la experiencia». No es lo mismo apartarse de la doctrina que ha generado confianza [*«subsiantial relia/ice»*], que de una decisión que aparece como aislada y disruptiva («reliance on a case that has recently departed from precedent is likely to be minimal»). Esta es una de las discusiones de fondo en el caso *Adarand Construclors, Inc. v. Pena* [515 U.S. (1995) págs. 200 y sigs.], un caso decidido, precisamente, por 5-4. De esta sentencia (Parte III-C, opinión de J. O'Connor) proceden las citas transcritas.

[14] Empleo el término «redundante» en el sentido propuesto por Kornhauser y Sager, quienes clasifican las «empresas colectivas» *[collective enterprises]* según la estrategia de acción elegida – *distributed, team, redundan!, collegial* – para obtener un resultado óptimo. La forma de operar de los tribunales de apelación *«ai collective enterprise»,* se organiza de acuerdo con pautas de acción *redundan!* y/o *collegial,* y el acento puesto en uno u otro aspecto es indicativo del criterio de calidad empleado para evaluar la corrección del resultado. Mientras que con el modo de actuación «redundante» se favorece la independencia de los actores, en el modo de actuación «colegial» la interacción y el intercambio de opinión entre ellos es crucial. LEWIS A. KORNHAUSER & LAWRENCE G. SAGER: «The One and the Many: Adjudication in Collegial Courts», *California Law Review,* vol. 81 (1993) págs. 1-59, *vid.* en particular págs. 1-10.

[15] Por ejemplo, en la citada decisión de *Adarand,* la Juez Ginsburg se adhirió a dos diferentes opiniones disidentes y formuló la suya por separado.

casos, en todos los modelos, el resultado definitivo, la decisión «del tribunal», es la que se impone por mayoría.

Por supuesto que en la práctica los modelos se matizan. En Inglaterra, aunque el modo de decidir *seriatim* sigue siendo reconocido como tradicional, no está descartado el empleo de decisiones *per curiam* y, en dos jurisdicciones, la del *Privy Council* y la de la *Criminal División of the Court of Appeal* la técnica de la decisión única ha sido la preferida [16]. En el caso del *Privy Council,* esta preferencia se ha explicado por motivos funcionales y políticos[17]; en el de la jurisdicción de apelación penal, han pesado más el interés por reforzar en éste ámbito la certeza del derecho[18] y consideraciones «éticas»[19].

En los Estados Unidos la presencia de opiniones separadas en las sentencias del Tribunal Supremo es hoy la regla. No siempre fue asi y sigue sin serlo en la práctica de los Tribunales de Apelación[20]. Pero, como se acaba de indicar, en el caso del Tribunal Supremo las opiniones unánimes son la excepción y no es infrecuente que la opinión principal, mayoritaria, venga dividida en partes que son apoyadas por distintas combinaciones de jueces[21]. La tendencia a la fragmentación del Tribunal cuando debe decidir

A prática dos modelos e as suas matrizes.

Inglaterra.

E.U.A.

---

[16] Incluso en la *House of Lords* sería apreciable cierta tendencia a una real «colegialidad». Las decisiones *seriatim* (normalmente, emitidas por un *panel* de cinco *Law Lords*) ya no serían la regla absoluta. Hacen esta observación tanto GINSBURG [«Speaking in a Judicial Voice», *New York University Law Review,* vol. 67 (1992), pág. 1189 y n. 20], como KORNHAUSER & SAGER [«The One and the Many...», *cit.*, pág. 12 y n. 23]; todos ellos remiten al libro de ALAN PATERSON: *The Law Lords* (1982).

[17] Por un lado, formalmente, el Consejo Privado actuaba como «asesor del rey» y esto parecía requerir unidad de criterio; por otro, mientras la principal tarea de este órgano fue la de resolver cuestiones que afectaban a la relación entre la metrópoli y sus dominios se hacía más que deseable evitar cualquier signo de titubeo a la hora de expresar la última palabra. Sólo a partir de 1966 el *Privy Council* fue autorizado a hacer públicas las opiniones discrepantes. Sobre la práctica de esta jurisdicción y su influencia sobre el modelo decisorio acogido en los Estados Unidos y en países de la *Commonwealth, vid.,* E. MCWHINNEY: *Supreme Courts and Judicial Law-Making: Constitutional Tribunals and Constitutional Review,* Martinus Nijhoff, Dordrecht (1986), págs. 23-25.

[18] «Es notablemente beneficioso, pensamos, que aquellos que deben aplicar el derecho penal y que se encuentran vinculados por las decisiones del Tribunal de Apelación Penal tengan ante sí un único pronunciamiento que se limite a exponer el derecho relevante, en lugar de tener que atender a distintos pronunciamientos sobre el mismo caso que posiblemente les forzarán a destilar del conjunto el fundamento de derecho común a todos ellos», Informe del Interdepartamental Committee on the Court of Criminal Appeal, citado en CROSS & HARRIS: *Precedent in English Law,* Clarendon Press, Oxford (1991,4.a ed.), pág. 94 y n. 139.

[19] «En la apelación penal inglesa se ha entendido desde hace tiempo que el sentimiento de frustración del apelante que fracasa no debería ser agravado por una abierta división de opinión entre los jueces. Para el condenado, la pena es ya de por sí suficientemente amarga sin necesidad de que la sal de una opinión disidente, favorable pero impotente, se le frote en la herida», L. BLOOM-COOPER & G. DREWRY: *Final Appeai: A Study of the House of Lords in Its Judicial Capacity,* Clarendon Press, Oxford (1972). pág. 81. La práctica parece ser que en la apelación penal las opiniones discrepantes sólo se hacen públicas si lo autoriza el juez presidente.

[20] Refiriéndose a la situación de 1990, Ginsburg indicaba que la unanimidad en los tribunales federales de apelación sucedía en el noventa por ciento de los casos. Las razones del contraste con lo que ocurre en el Tribunal Supremo no son difíciles de encontrar: por una parte, los tribunales de apelación resuelven habitualmente en *panels* de tres jueces, de modo que el acuerdo es mucho más fácil que en el caso del Tribunal Supremo en donde son nueve los que deciden; por otra, a los tribunales de apelación no llegan con la misma frecuencia grandes cuestiones constitucionales, sino que su tarea más común es resolver cuestiones mucho menos «cósmicas» relativas a interpretación legal, o a la razonabilidad de las decisiones de agencias o tribunales de distrito; finalmente, y sobre todo, los tribunales de niveles inferiores están vinculados por los precedentes del Tribunal Supremo con una rotundidad que no actúa sobre el propio Tribunal.

En relación con la situación del Tribunal Supremo, la unanimidad fue la pauta (más del ochenta por ciento de los casos) hasta los comienzos del siglo xx, y las opiniones disidentes frente a las mayoritarias no constituyeron nunca más del diez por ciento. Para los años ochenta, sin embargo, esta imagen estaba ya totalmente cambiada: las opiniones no unánimes constituían el setenta por ciento de los casos. La tendencia, desde luego no ha cedido. Es general la impresión de que el Tribunal Supremo encuentra cada vez más dificultades para lograr el consenso en cuestiones constitucionales de largo alcance.

Vid., por todos, GINSBURG: «Remarks on Writing Separately», *cit.,* págs. 147 y sigs. y, de la misma, «Speaking in a Judicial Voice», *cit.,* págs. 1.191 y sigs. Las estadísticas del Tribunal Supremo (que informan sobre el número de casos decididos, tipos de decisión, número de votos particulares, alianzas de voto, etc.) se pueden encontrar en la *Harvard Law Review.* En concreto, para el *Term* último (1998-1999) se pueden consultar en el vol. 113 (1999), págs. 400-411.

[21] Sirva como ejemplo el modo en que se presenta la opinión del Tribunal, apoyada por dos diferentes mayorías, en la reciente sentencia del Tribunal Supremo de 11 de enero de 2000 *[Kimel v. Florida Bd. of Regents* (98-791), se puede consultar en *http://supct.law.cornell.edu/supct/html/98-791 .ZS.html],* y cómo se describen a continuación los votos separados: O'Connor, J. [Justice], delivered the opinion of trie Court, Parts I, II, and IV of which were joined by Rehnquist, C. J. [Chief Justice], and Scalia, Kennedy, and Thomas, JJ.,

sobre cuestiones controvertidas y a la formación de bloques «ideológicos» relativamente estables en su seno es un fenómeno bien conocido y, aunque probablemente inevitable, abundantemente criticado.

Una preocupación de otro género es la que suscita el aumento de decisiones en las que la colisión entre diferentes argumentos impide la constitución de «la» opinión del Tribunal. En estos casos, conocidos como *«plurality decisions »*, el juez relator anuncia el fallo del Tribunal precedido de «una» opinión que no tiene más peso que el que habitualmente se atribuye a la opinión concurrente[22]. Este tipo de decisiones, inhábiles para crear doctrina, puede sin embargo provocar el efecto contrario, resquebrajando la fortaleza de doctrina previamente establecida. En casos así es en los que las diferencias y presuntas ventajas de la técnica americana frente a la inglesa son imperceptibles[23]. De acuerdo con la teoría (norteamericana) más clásica del precedente, la ausencia de una fundamentación apoyada por una clara mayoría *[majority rationale]* en respaldo del resultado, priva a la decisión de todo valor de precedente. La decisión es autoridad, exclusivamente, para lo que afecta a ese resultado[24]. Sin embargo, hay que advertir que de este modo no se produce una confusión entre *stare decisis* y *res judicata*, sino que lo que se subraya es la existencia de un mero *«result» stare decisis*. El alcance de éste se determina, según parece haber sugerido el propio Tribunal Supremo, de acuerdo con un criterio muy similar – también por lo incierto – al inglés: atendiendo al «mínimo común denominador» de las opiniones concurrentes[25]. Pero, como apuntan quienes se han ocupado

---

and Part III of which was joined by Rehnquist, C. J., and Stevens, Scalia, Souter, Ginsburg, and Breyer, JJ. Stevens, J., filed an opinión dissenting in part and concurring in part, in which Souter, Ginsburg, and Breyer, JJ., joined. Thomas, J., filed an opinión concurring in part and dissenting in part, in which Kennedy, J., joined.

[22] «La *plurality decisión* es un caso sin «opinión del Tribunal»: una mayoría de los miembros del Tribunal coinciden en el resultado... pero no hay acuerdo de la mayoría en cuanto a la razón para ese resultado. Los jueces escriben varias opiniones concurrentes explicando sus diferentes puntos de vista», MARK A. THURMAN: «When the Court Divides: Reconsidering the Precedential Valué of Supreme Court Plurality Decisions», *Duke Law Journal*, vol. 42 (1992), pág. 419 y n. 1. Según algunos autores, la opinión que lidera la sentencia, la *«plurality opinión»*, es aquella que consigue el acuerdo de! mayor número de jueces – una mayoría minoritaria – pero al parecer esto no es siempre así. Es posible que la que se presenta como *«lead opinión»*, tenga menos votos que otras opiniones que se presentan simplemente como *«concurring opinions»*. Lo que parece claro es que uno de los jueces será encargado de anunciar el fallo del Tribunal y presentará «una» de las opiniones que lo apoyan, a la que seguirá el resto. Compárese en este punto lo que indica Thurman en el lugar citado, con LINDA NOVAK: «The Precedential Valué of Supreme Court Plurality Decisions», *Columbia Law Review*, vol. 80 (1980), pág. 756 y n. 1.

Un supuesto distinto es el de los llamados *«dual majority cases»* en los que hay dos mayorías: una que apoya el resultado y otra que respalda una fundamentación no determinante de ese resultado.

[23] Como advierten KORNHAUSER & SAGER: «American practice has mirrored early English practice in this strong sense: deliberative persuasión and consensus notwithstanding, at the end of the day each Justice aligns herself with the outcome she would had chosen were she deciding the case alone. Consequently, once the convictions of American judges have been inflected by their collegial environment, the outcome in each case has been the outcome that would have been reached had the traditional English protocol been in place», *op. cit.*, págs. 13-14.

Varios observadores han apuntado, con total seriedad, que una de las razones de la relativa pérdida de colegialidad que el Tribunal Supremo padece en los últimos tiempos tiene que ver con el aumento del número de letrados, que hace que el Tribunal consista en nueve despachos de abogados trabajando sobre el mismo asunto. Según le llegó a confesar uno de los Jueces del Tribunal Supremo a David O'Brian, autor de un libro en el que se analiza en detalle el proceso de circulación y discusión de los proyectos de sentencia en el Tribunal Supremo, a veces no se retira la opinión concurrente porque «it would break the law clerk's heart»... Sobre el argumento, véanse: DAVID M. O'BRIAN: *Storm Center: The Supreme Court in American Politics* (1993, 3.a ed.), págs. 314 y sigs. (la «confesión» en pág. 344); B. SCHWARZ: *Decisión. How the Supreme Court Decides Cases*, Oxford Univcrsity Press, NY (1996), en particular caps. 2 y 11; y en relación con nuestro asunto: I. KIRMAN: «Standing Apart to Be a Part: The Precedential Valué of Supreme Court Concurring Opinions», *Columbio Law Review*, vol. 95 (1995), págs. 2.096 y sigs.; GINSBURG: «Remarks on Writing Scparately», t ú , págs. 148 y sigs.; NOTE: «Plurality Decisions and Judicial Decisionmaking», *Harvard Law Review*, vol. 94 (1981), págs. 1.134 y sigs.

[24] «The American system of precedent places substantially greater reliance on the reasoning component of judicial decisions than, for example, the British system, where the House of Lords issues individual opinions with the understanding that only the specific result will have precedential forcé», LINDA NOVAK: «The Precedential Valué of Supreme Court Plurality Decisions», *cit.*, pág. 757, n. 7.

[25] Así en *Marks v. United States* [430 U.S. (1977), pág.193]: «Cuando un Tribunal fragmentado decide un caso y ningún particular razonamiento justificando el resultado disfruta del asentimiento de cinco Jueces, el *holding* del Tribunal puede ser entendido como la posición adoptada por aquellos miembros que concurrieron en el fallo en los términos más específicos *[on the narrowest grounds]*». La expresión *«on the narrowest grounds»*,

de esta cuestión, ni siquiera ésta es una solución que funcione en todos los casos. Lo definitivo es que en una *plurality decisión* no hay una «opinión del Tribunal»[26].

Consciente del gasto de tiempo y, frecuentemente, de autoridad, que ciertas disputas doctrinales conllevan en casos en los que el acuerdo en cuanto al resultado es fácil de alcanzar, el Tribunal Supremo ha recurrido ocasionalmente – como también lo han hecho los tribunales de apelación – a la fórmula de la decisión *per curiam* para sortear la retórica de la argumentación. De esta manera, puede presentar un resultado que sus miembros apoyan, sugiriendo apenas razones muy generales y poco comprometidas para justificarlo[27]. Esta estrategia no ha dejado de ser criticada y es dudoso que opiniones que no pueden considerarse *«full opinions»* merezcan el valor de precedente[28]. Excepcionalmente, el Tribunal ha acompañado a la *plurality decisión* de una breve declaración *per curiam* para ayudar a explicar lo decidido y, de este modo, reducir la confusión que provoca la multiplicidad de argumentos y posiciones, sobre todo, en aquellos casos en los que el Tribunal reenvía el asunto al tribunal del que procede ordenándole decidir «en consecuencia». Lo que sucedió en la decisión de los «Papeles del Pentágono», un caso extremo, sirve de inmejorable ejemplo[29]. Sobre esta cuestión hemos de volver más adelante.

En la Europa continental hay signos que anuncian el paulatino acercamiento a un modelo de decisión colegial similar al norteamericano. Las resistencias son todavía importantes pero la tendencia es ya visible en el ámbito de la jurisdicción constitucional, debido, de una parte, al indudable influjo que sobre ella ha ejercido y sigue ejerciendo la práctica americana de la *judicial review*, pero también a las peculiaridades de la *«constitutional adjudication»* que difícilmente encaja en el molde de una concepción mecanicista y formal de la función judicial. La textura abierta de las normas constitucionales, el delicado equilibrio entre principios y valores que conviven en tensión, el inevitable componente político de muchas de las controversias que esta jurisdicción debe resolver, son factores que explican el marcado carácter argumentativo y retórico de las sentencias constitucionales[30]. La tradición pesa más en otros ámbitos jurisdiccionales, pero también

Os desenvolvimentos no modelo de decisão colegial na Europa continental.

---

se presta a múltiples interpretaciones. Según observa Novak, el propio Tribunal la ha reinterpretado en el sentido de considerar *«on the narrowest grounds»* la fundamentación que, en apoyo del resultado, afecte o controle el mínimo número de casos en el futuro. L. NOVAK: *Op. cit.*, pág. 764.

[26] La insistencia en la autoridad del *result stare decisis*, obedece también a la necesidad de distinguir las *plurality decisions* de aquellas «decisiones» en las que ni siquiera hay mayoría en el resultado: las situaciones de empate [«*equally divided Court*»]. En estos casos, aquí no hay duda, el Tribunal no decide nada, las cosas quedan como estaban antes de acudir a él. Sobre esto, *infra*, págs. 175 y sigs.

[27] Es notorio que éste fue el camino seguido por el Tribunal para extender la doctrina de *Brown* (1954) – que había declarado inconstitucional la segregación racial *en las escuelas* – a otros ámbitos: campos de golf municipales [*Holmes v. Atlanta* (1955)], playas, balnearios o piscinas [*Mayor and City Council of Baltimore v. Dawson* (1955)]... De *Brown* no se deducía claramente si la práctica de la segregación era en todos los casos y en cualquier ámbito y circunstancia inconstitucional y, probablemente, el Tribunal tampoco estaba preparado para precisarlo sin mostrar al tiempo sus propias dudas. Tras una serie de decisiones *per curiam* que evitaban entrar en las razones, el Tribunal pudo, más adelante, sin inconveniente, afirmar que «ya no está abierto a discusión que un Estado no puede constitucionalmente requerir la segregación en servicios públicos [*public-facilities*]» [*Johnson v. Virginia* (1963)]. La discusión quedó zanjada sin que hubiera llegado a abrirse nunca.

[28] En este sentido, NOTE: «Supreme Court Per Curiam Practice: A Critique», *Harvard Law Review*, vol. 69 (1956), págs. 707-725. Los tribunales emplean rutinariamente decisiones «*Per Curiam*» para disponer casos «claros», estrictamente controlados por el precedente. Son por ello decisiones sin doctrina, de pura remisión.

[29] *New York Times Co. v. United States,* 403 US (1971), págs.713 y sigs. Esta decisión se abría con una breve opinión *Per Curiam* para indicar que no se atendía la solicitud del Gobierno. El Tribunal decidía mantener las decisiones judiciales apeladas. A esta opinión seguían los votos particulares de todos y cada uno de los jueces que, al tiempo, suscribían y se adherían a los votos firmados por sus colegas: Black firmaba una opinión concurrente a la que se adhería Douglas; éste firmaba otra también concurrente a la que se adhería Black; Brennan y Marshall redactaron opiniones concurrentes individuales; Stewart firmaba otra y la apoyaba White, quien a su vez presentaba la suya suscrita también por Stewart; seguían a los votos concurrentes, tres votos disidentes, los de Burger (Juez Presidente), Harían y Blackmun, el de Harían apoyado por los otros dos disidentes. Lo sorprendente del caso, es que la opinión *Per Curiam* terminaba con un *«We agree»*, antes de dejar paso a las nueve opiniones separadas. Una situación similar se produjo en *Furman v. Georgia* [408 U.S. (1972), págs. 238 y sigs.], la conocida sentencia sobre la pena de muerte.

[30] «El juez constitucional crea normas constitucionales que, por serlo, no pueden ser modificadas ni desconocidas por el legislador. Naturalmente, no las crea *ex nihilo*, sino como derivación de un «derecho más alto», cuyo sentido sólo él puede precisar. La conexión entre ese derecho más alto y la norma creada queda asegurada por la fundamentación de la decisión, es decir, por el razonamiento interpretativo que el juez explicita. De ahí, claro está, la necesidad de que ese razonamiento se produzca en términos comprensibles y que

ahí se va abriendo paso la idea de que la exigencia de unanimidad formal no es necesariamente un estímulo para el debate interno, ni una garantía de consenso y acuerdo entre los miembros del colegio, cuando lo que cuenta – y lo único que llega a conocerse – es la posición de la mayoría, transmutada automáticamente en decisión del tribunal. Incluso en Francia, donde la sobriedad y rotundidad de la motivación sigue considerándose parte de la esencia de la decisión judicial, el famoso estilo lapidario de la *Cour de cassation* ha comenzado a estimarse menos digno de admiración[31]. En el marco de esa tendencia que parece universal y que revela algo más que un cambio en la técnica decisoria de los tribunales de apelación, el ordenamiento español ha incorporado la novedad de permitir a los jueces de tribunales colegiados hacer públicas sus opiniones en minoría[32]. Esa misma solución se había acogido ya antes en instancias judiciales supranacionales – el Tribunal Internacional de Justicia, el Tribunal Europeo de Derechos Humanos – con la notable e interesante excepción del Tribunal de Justicia de la CEE[33].

A evolução em torno da decisão "per curiam".

Sería precipitado, y probablemente erróneo, deducir de lo dicho que asistimos al declive y progresivo abandono del modelo de decisión *per curiam*. No es exactamente así. La fórmula de la decisión per *curiam* es perfectamente adecuada en muchos casos y facilita enormemente el trabajo de tribunales sobrecargados de asuntos. Muchos jueces reconocen modestamente que la deferencia hacia las propuestas del juez designado como ponente, en ocasiones, tiene que ver más con la falta de tiempo que con el pleno acuerdo en la fundamentación. Cuando una mayoría del tribunal coincide en el resultado y la

---

puedan ser referidos a una doctrina a partir de la cual se le pueda criticar. La trascendencia política de las sentencias constitucionales no está tanto en el sentido de la decisión como en el razonamiento en virtud del cual se llega a ella...»; F. Rubio Llórente: «Problemas de la interpretación constitucional en la jurisprudencia del Tribunal Constitucional español», incluido en *La Forma del Poder*, CEC, Madrid (1993), págs. 619-620. «[L]a interpretación que con frecuencia se trasluce en el fallo y siempre en la fundamentación es el resultado de un debate argumentativo en el que una línea interpretativa prevalece frente a otra u otras. Tales argumentos, razonados en términos de Derecho, se trasladan al texto de la sentencia y proporcionan a nuestra jurisprudencia un tono entre didáctico y profesoral... muy propio de un Derecho de juristas», F. Tomás y Valiente: «El Tribunal Constitucional español como órgano constitucional del Estado...», *op. cit.*, pág. 58.

[31] «Le style actuel des décisions, notamment de la *Cour de Cassation*, est un peu la messe en latin. C'est le prolongement d'une tradition infiniment respectable. Mais c'est aussi la répetition de formules que beaucoup ne comprennent pas et qui permettent á l'esprit de s'orienter où il veut», Tunc y Touffait: «Pour une motivation plus explicite des décisions de justice, notamment de cclles de la Cour de cassation», en *Revue trimestrielle de droit civil*, vol. 72 (1974), págs. 487 y sigs. (la cita de la pág. 507). Los autores americanos apenas ocultan la satisfacción que les produce comparar su sistema con el francés (encarnación habitual, a sus ojos, de «lo europeo»). Ginsburg relata la impresión que le produjo a un miembro del Consejo de Estado francés presenciar una vista en un Tribunal de Circuito y conocer después la sentencia, en la que cada juez expresó su voto por separado. Este «*civilianjurist*» le comentaba por carta lo siguiente: «La sentencia de un tribunal debería ser precisa y concisa, no una discusión entre profesores, sino el mandato *[the order]* de quienes tienen encomendado hablar en nombre de la ley, y por tanto escrita con sencillez y claridad, presentando breve explicación. Una sentencia demasiado larga revela incertidumbre. [] Al mismo tiempo, es muy impresionante para mí ver que los miembros del tribunal ofrecen a los litigantes y a los lectores el contenido de sus dudas y cavilaciones sin que esto merme la credibilidad de la justicia, en la que el americano tanto confía.» R. B.Ginsburg: «Speaking in a Judicial Voice», *cit.*, pág. 1190.

[32] Artículo 260 LOPJ. En algún caso, no se trata simplemente de una opción del juez, sino de una obligación, como parece indicar el artículo 206 de la LOPJ, que fuerza al ponente que «no se conformare con el voto de la mayoría» a declinar la redacción de la resolución y formular voto particular.

[33] El influjo francés en el estilo de decisión de este Tribunal es bien claro. El francés ha sido desde el principio la lengua de trabajo y en la que se redactan las resoluciones, y hasta 1979 el Tribunal se sirvió de la fórmula de los «*attendus*» para exponer la fundamentación. El criterio de la unanimidad formal y la prohibición de opiniones disidentes sigue manteniéndose, teóricamente justificado por los consabidos argumentos de que de esta forma se protege la independencia e imparcialidad de los jueces y se refuerza la autoridad de sus decisiones. La llegada de jueces ingleses tras la plena integración del Reino Unido en la Comunidad pudo hacer pensar en algún momento que las cosas podían cambiar, introduciéndose nuevos modos en la técnica de decisión. Sin embargo, hasta ahora, aunque algo atemperado, el estilo dogmático – una motivación en la que sólo se valoran los argumentos que sostienen la tesis acogida, prescindiéndose de argumentos rivales – sigue siendo el característico, a pesar de las serias críticas que provoca. Aparte del peso de la tradición, que explicaría la inicial opción por la técnica de decisión *per curiam*, la razón de fondo del rechazo a un modo de decidir más argumentativo y a la aceptación de las opiniones disidentes, tiene que ver, cabe sospechar, con la indudable función política de este Tribunal, oráculo del derecho comunitario. Su posición, salvada la distancia, bien puede recordar a aquella del *Privy Council* mientras fue guardián del Derecho del Imperio (*supra* n. 17). En general, *vid.*, F. Capotorti: «Le sentenze della Corte di Giustizia delle Comunitá Europee», en AA.VV.: *La Sentenza in Europa*, cit., págs. 230-247, y V. Grementieri & C. J. Golden: «The United Kingdom and the European Court of Justice: An Encounter Between Common and Civil Law Traditions», *The American Journal of Comparative Law*, vol. 21 (1973), págs. 664-690.

doctrina del caso no es polémica, la decisión del tribunal no requiere de grandes esfuerzos argumentativos. La decisión *per curiam* sirve bien al objetivo de resolver con prontitud y autoridad y, al tiempo, afianzar el criterio del tribunal. Pero descubre su debilidad cuando a un tribunal llegan los casos difíciles. En esta situación, el conflicto entre puntos de vista muy distantes, o bien se resuelve antes de decidir la redacción de la decisión, con lo cual es posible que la deliberación se prolongue – a partir de cierto momento, sin grandes perspectivas de acuerdo – hasta conseguir alguna mayoría *ad hoc*, o bien se resuelve durante la redacción de la decisión, dando lugar a sentencias de «creación colectiva», en las que los aspectos conflictivos se envuelven en oscuridad – o, directamente, se evitan – y proliferan las matizaciones y salvedades, una retórica que en nada contribuye a la clarificación de la cuestión para casos futuros y puede provocar el desconcierto de los jueces de instancias inferiores. Sólo una visión ingenua y, si se permite la expresión, despreocupada, del proceso que está detrás de la elaboración de la decisión judicial, permite conformarse con la regla de la absoluta prohibición de la expresión del disenso en órganos judiciales colegiados. Al fin y al cabo, si no es por la sospecha de que ciertas controversias admiten una variedad de soluciones en derecho, ¿por qué habría de imponerse la regla de la mayoría como criterio de decisión?[34].

No es, por tanto, la fórmula de la decisión *per curiam* la que parece en crisis, sino cierta concepción de la función de los tribunales y del Derecho que confió en esa fórmula para fortalecer la ilusión de que toda sentencia no es sino la expresión de una solución que viene dada y que, correctamente aplicado, el Derecho provee la solución «exacta» de cualquier litigio. Seguir el hilo de este razonamiento conduciría muy bien a la vieja discusión acerca de si el derecho que el juez aplica es siempre un derecho que ya existe o si, en ocasiones, el juez debe inevitablemente «crearlo» para poder decidir, pero internarnos por este camino nos apartaría de nuestro asunto sin poder, a cambio, añadir nada de interés al gran debate. Recurro, para concluir, a las palabras de McWhinney cuando dice que «en realidad, los argumentos en pro y en contra de la admisión de opiniones discrepantes en un órgano colegiado como un Tribunal, y sobre la publicidad de las opiniones en respaldo de tales votos, están íntimamente conectados a teorías generales del Derecho, del proceso judicial y del papel del juez en lo que la Carta de las Naciones Unidas denomina el «progresivo desarrollo» del Derecho. Una vez que viejas teorías positivistas del Derecho quedan a un lado y se reconoce el potencial del juez como creador de normas, el Derecho mismo pasa a ser concebido, no como una tarta helada de doctrina que cuajó de una vez y para siempre en alguna remota era, sino como un continuo proceso, dinámico y dialéctico, de desarrollo de principios legales y reglas que se acomodan a condiciones sociales y necesidades cambiantes. Estos enfoques más instrumentales del Derecho, que desplazan teorías estáticas y contemplativas más antiguas, requieren en consecuencia de la más amplia perspectiva que ofrecen interpretaciones judiciales alternativas, si ese proceso dialéctico ha de avanzar de modo científico y útil»[35].

2. La regla de la mayoría y la formulación de doctrina constitucional

Tras esta excursión por los dominios del derecho comparado, que no tiene más sentido que el de situar en el contexto más amplio la cuestión de la que queremos tratar, podemos ceñirnos ya a lo que sucede en nuestro ordenamiento y, en concreto, para lo que nos interesa, en el ámbito de la jurisdicción constitucional. En este punto hay que comenzar con una observación preliminar y es que el examen de la técnica decisoria de nuestro Tribunal Constitucional, al menos en lo que se refiere al proceso interno de adopción de decisiones y al modo en que se organiza la deliberación y votación de los asuntos, presenta alguna dificultad, pues básicamente se trata de un proceso cuyas reglas son internas y carecen de publicidad: no hay prácticamente indicación alguna al respecto en la Ley Orgánica del Tribunal Constitucional y, a pesar de lo previnido en el artículo

A regra da maioria no âmbito da jurisdição constitucional.

---

[34] Si la sentencia hubiera de reflejar la única solución admisible, la regla debiera ser la de la unanimidad. De cara al exterior, la decisión *per curiam* es siempre (formalmente) unánime.
[35] E. McWhinney: *Supreme Court and Judicial Law-Making...*, cit., pág. 40. La traducción, como casi siempre, es aproximada.

80 LOTC, no parece que la regulación establecida en la Ley Orgánica del Poder Judicial haya sido asumida por defecto, en todos sus extremos, por el Tribunal[36].

Como órgano colegiado, el Tribunal adopta sus decisiones por mayoría previa deliberación y votación secretas. El Magistrado designado como Ponente es el encargado de expresar «el parecer del Tribunal»[37] y la Sentencia (del Tribunal) viene firmada por todos los que hayan tomado parte en la votación, aunque después formulen voto particular.

La posibilidad abierta a los Magistrados de emitir votos particulares, sobre cuya oportunidad hubo alguna discusión en un primer momento, no parece haber sido un elemento perturbador ni, en lo que se conoce, para la dinámica interna de trabajo del Tribunal ni, como algunos pudieron temer, de cara al exterior, para su imagen pública. Los Magistrados han hecho de ellos uso regular, sin que esto haya contribuido, al menos visiblemente, a provocar escisiones o alianzas de voto permanentes en la práctica[38].

Los votos particulares, dice la ley del Tribunal, pueden ser discrepantes respecto del fallo o de la fundamentación, deben reflejar una posición previamente defendida durante la deliberación, y siguen a la Sentencia; se publican con ella, pero no forman parte de ella[39]. A diferencia de lo que es habitual en la práctica americana, en las sentencias constitucionales no hay referencia alguna, al menos expresa, a las posiciones mantenidas en los votos particulares. La mayoría que apoya la sentencia, aparentemente, no se siente obligada a refutar la opinión sostenida por el colega o colegas disidentes, quizá, porque la sentencia ya está elaborada cuando se redactan los votos particulares, quizá, porque se entiende que la discusión quedó zanjada tras el debate interno[40]. Por otro lado, es la publicidad del voto particular la que informa de la mayoría que apoya la decisión: en

---

[36] El artículo 80 LOTC establece que «Se aplicarán, con carácter supletorio de la presente Ley, los preceptos de la Ley Orgánica del Poder Judicial y de la Ley de Enjuiciamiento Civil, en materia de... deliberación y votación...». Puesto que las deliberaciones son secretas y también el resultado de las votaciones, no es posible saber hasta qué punto la práctica interna del Tribunal se rige por lo establecido en los artículos 254 y sigs. de la LOPJ. Es evidente, por ejemplo, que la regla establecida en la LOPJ para los casos en los que el Ponente discrepa de la posición de la mayoría (art. 206), no ha sido siempre seguida por el Tribunal, que en casos así se ha servido de una variedad de soluciones: el Magistrado que actúa como Ponente redacta la sentencia y después formula voto discrepante (por ejemplo, en la STC 160/1987) o voto concurrente (STC 136/1999); declina la redacción de la Ponencia, que es asignada por el Presidente a otro Magistrado, y formula voto particular (por ejemplo, STC 26/1987); el Presidente asume la Ponencia (p.ej. STC 99/1988, o STC 13/1998, donde hubo dos Ponentes relevados). Otros supuestos son más curiosos: así las dos Ponencias «complementarias» de la STC 5/1981 (en la que un Ponente se ocupó de la redacción de los «motivos» primero y segundo y de los dos primeros pronunciamientos del fallo y otro del resto, formulando ambos votos particulares); o la Ponencia conjunta de dos Magistrados en la STC 53/1985 (fruto, según se indica en los Antecedentes [7], de un «texto alternativo» que en determinado momento desplazó al propuesto por el Ponente inicialmente designado), y de tres en las SSTC 120/1990 y 137/1990. Alguna vez los Magistrados han invocado el artículo 206 de la LOPJ para justificar la renuncia del ponente discrepante a redactar la sentencia y la consiguiente obligación de formular voto particular, pero también se han expresado en el sentido de diferenciar lo que es la función «institucional» del Ponente, encargado de expresar «el parecer del Tribunal», de su posición «individual» como miembro del colegio, que participa en la votación y conserva su derecho a discrepar de la mayoría. Manifiestamente, el estilo de los votos particulares tampoco se atiene a lo preceptuado en la LOPJ artículo 260, que indica que serán formulados «en forma de sentencia».

[37] Las ponencias se asignan de acuerdo con un turno establecido sobre la base de criterios objetivos. En otros Tribunales, p.ej. en el caso del Tribunal Supremo de Estados Unidos, o en el Tribunal Constitucional austríaco, el encargo de redactar la sentencia recae sobre alguno de los miembros de la mayoría que coincide en la forma de disponer el asunto.

[38] Sobre la discusión que precedió a la introducción del voto particular en la Constitución, sobre la historia de esta figura en nuestro ordenamiento, sobre el debate doctrinal y sobre su práctica (hasta el año 1988), me remito, por todos, a la monografía de F.J. Ezquiaga Ganuzas: *El voto particular,* CEC, Madrid (1990) y bibliografía allí citada.

[39] Artículo 90.2 LOTC. Con la práctica se han desarrollado variantes de voto particular: individuales, conjuntos, colectivos, votos que concurren en parte y disienten en parte del fallo o de la fundamentación. No caben votos sin argumento aunque *sí, per relationem,* de adhesión. Nos ocuparemos aquí únicamente de votos particulares que acompañan a sentencias, aunque, de acuerdo con la ley, pueden emitirse con otras resoluciones.

[40] El artículo 260 LOPJ indica que la intención de formular voto particular debe anunciarse en el momento de la votación o en el de la firma de la Sentencia. En Alemania, con vistas a proteger la autoridad del colegio, está previsto que los jueces de la mayoría puedan reabrir la discusión después de redactado el voto particular. Véase, en general, para Alemania, Jörg Luther: «L'esperienza del voto dissenziente nel Bundesverfassungsgericht», incluido en *L'opinione dissenziente* (A. Anzón, coord.), Giuffré, Milán (1995), págs. 258-277.

principio, toda decisión que no se acompaña de votos particulares se puede presumir unánime, ya que en la sentencia no se da noticia de las vicisitudes de la votación[41].

En general, puede decirse que a los votos particulares se les atribuye interés doctrinal, académico (una sentencia con varios votos particulares es, entre otras cosas, un buen asunto para un comentario de jurisprudencia) y es lógico, pues normalmente el firmante del voto particular dirige sus argumentos no a la mayoría del Tribunal, que ya los conoce y no los compartió, sino a los potenciales lectores avisados de la jurisprudencia constitucional, que bien podrían resultar persuadidos por esas otras razones que la Sentencia no tuvo en cuenta. Su auditorio, habitualmente, es académico. Aunque también cumplan esa función, desde luego no cabe atribuirles como principal razón de ser la de aliviar la irritación que a personas responsables les produce ver cómo se equivoca (a su juicio) la mayoría y con graves consecuencias. Aparte de su indudable capacidad para promover el debate y la discusión sobre cuestiones jurídicas – que, siempre a juicio del disidente, el Tribunal cierra en falso y que quizás en un futuro puedan ser reconsideradas (y rectificadas) – , está extendida la opinión de que los votos particulares son «inofensivos», que ninguna influencia tienen sobre la inmediata autoridad y fuerza vinculante de la sentencia.

Y, en efecto, ninguna pueden tener sobre el resultado que, según manda la ley, se adopta por mayoría. Sin embargo, ¿vale esto también para la «doctrina de la Sentencia»? Planteado de otro modo, ¿es siempre la doctrina de la Sentencia doctrina «del Tribunal»?, ¿cabe hablar de doctrina del Tribunal en sentencias que muestran una división de opiniones tal que se hace imposible reconocer una doctrina de la mayoría? El puro hecho de que los Magistrados puedan disentir de la argumentación de la sentencia, aún apoyando el resultado, puede dar lugar a que en algún caso la mayoría que apoya el resultado no sea la que respalda la argumentación de la sentencia, a que no se constituya ninguna argumentación mayoritaria o, incluso, a que el argumento apoyado por la mayoría no sea el que sostiene el resultado[42].

La consideración de la Sentencia como una sola pieza, en la que motivación y fallo están indisolublemente ligados, donde el fallo se presenta como resultado inexorable a partir de las premisas que se dan por buenas en la fundamentación, es perfectamente coherente en el contexto de la decisión *per curiam,* pero no cuando se acoge un modelo de decisión en el que se acepta la discrepancia. En esta situación, si el sistema es consecuente, motivación (*ratio decidendi*) y resultado (*decisum*), por decirlo de algún modo, se independizan, y a uno y otro aspecto de la decisión por fuerza se les ha de reconocer distinta virtualidad. Si se admite, como sucede en el caso del Tribunal Constitucional español, que los Magistrados puedan discrepar del fallo o de la fundamentación, implícitamente se acepta que para la formación de la decisión del Tribunal deben concurrir dos mayorías, una para la argumentación y otra para el resultado, y que éstas pueden no coincidir. Los efectos que, por ley, se asocian al fallo – cuyo contenido posible puede estar limitado por la ley y, en todo caso, por exigencia del principio de congruencia – no se confunden con los que, por su parte, despliega la motivación. Por supuesto, esto no significa que el fallo deba leerse desconectado de la motivación y, normalmente, si se trata de una sentencia apoyada por todos, o por la mayoría, fallo y motivación resultarán cómodamente aliados. Es simplemente que la «fuerza» del fallo no depende de la contundencia, de la fuerza de persuasión, incluso de la coherencia de la motivación. La doctrina de la sentencia puede demostrarse errada sin que esto afecte a lo decidido. Otra cosa es la fuerza vinculante de la doctrina, su capacidad para generar «reglas», criterios de interpretación o aplicación de normas a los que deberán acomodar su actuación otros aplicadores del Derecho – señaladamente, otros tribunales – y que presumiblemente guiarán la actuación futura del propio Tribunal. La eficacia de tal doctrina depende, claro, de que sea inteligible, pero tam-

---

[41] LOPJ artículo 233. En este punto, la práctica española contrasta con la del Tribunal Constitucional alemán, al que la ley permite hacer públicos los resultados de las votaciones [BVerfGG § 30 (2) *infine:* «Die Senate konnen in ihren Entscheidungen das Stimmenverhältnis mitteilen»].

[42] No son combinaciones tan forzadas: pensemos en casos en los que además de aparecer votos disidentes, varios Magistrados concurren sólo en el resultado; casos en los que se produce un «empate»; casos en los que los votos concurrentes coinciden con la argumentación de los discrepantes (o en un «empate» resuelto por el voto de calidad del Presidente, donde alguno de los que apoyan el resultado no comparte la argumentación y formula voto concurrente). De la situación del «empate» nos ocupamos después.

bién de su solidez, y es aquí donde interviene el elemento de la predicción. Una doctrina apoyada por una minoría de los miembros del Tribunal, y abiertamente discutida o repudiada por el resto, no parece llamada a consolidarse y de ninguna manera refleja la opinión del colegio. Una motivación *ad hoc,* suficiente para un resultado concreto, no es indicativa de lo que el Tribunal puede resolver en otro caso en el que, aun planteándose la misma cuestión de derecho, las circunstancias fácticas varíen siquiera mínimamente. Estoy hablando en abstracto y a punto de penetrar en el universo del precedente, que no es mi intención. Desearía únicamente apuntar la existencia de estos problemas, que afectan a la definición de la doctrina constitucional y no pueden ser ignorados a la hora de determinar el alcance de la obligación impuesta por el artículo 5.1 LOPJ a los jueces ordinarios[43].

Nuestro Tribunal no muestra, afortunadamente, la fragmentación a la hora de la argumentar sus decisiones que es ahora tan habitual en el Tribunal Supremo de los Estados Unidos. Los votos discrepantes siguen siendo excepcionales y aún lo son más los votos concurrentes. Decía afortunadamente porque en términos de jurisprudencia, una argumentación dividida es un fracaso, pues significa que no hay acuerdo en cuanto a la doctrina aplicable para la solución del caso, aunque esto no impida que se constituya una mayoría en torno a la decisión. Siendo excepcionales en la práctica del Tribunal los votos particulares, todavía son más extrañas las situaciones en las que la diferencia de opinión entre los miembros del colegio no se resuelve y no llega a constituirse una mayoría en cuanto a la motivación. Son situaciones extrañas pero no imposibles y, de hecho, nuestro Tribunal las ha conocido.

Pretendo ocuparme brevemente de dos de estas situaciones y de los problemas que plantean que, sin ser una rareza, por alguna razón no han despertado aquí el mismo interés que en otros países. Se trata de las situaciones de «empate» y de las situaciones en las que la mayoría del Tribunal apoya el resultado pero no la argumentación.

3. Decisiones sin mayoría: los casos de «empate»

O problema peculiar das decisões em caso de "empate".

Un problema peculiar es el que plantean las decisiones que se adoptan por un Tribunal dividido que apoya con los mismos votos un resultado y el contrario. La doctrina norteamericana se refiere a esta situación como la de *«equally divided court»* (la inglesa habla de *«evenly divided courts»*). La peculiaridad de esta situación estriba en que, en supuestos así, no sólo no se constituye una mayoría en cuanto a la argumentación, sino que tampoco la hay en torno al resultado. La primera cuestión a resolver, por tanto, es la de qué puede decidir un Tribunal bloqueado de este modo.

En España, donde el Tribunal Constitucional está compuesto por un número par de magistrados, la ley, en previsión de esta situación, dispone que «en caso de empate, decidirá el voto del Presidente» (art. 90.1 LOTC). Esta no es una solución universal y no hace falta ser particularmente imaginativo para pensar que coloca al Presidente en una delicada situación, porque en estos casos, en definitiva, a él se le atribuirá la responsabilidad de la decisión. Una solución como ésta no crea grandes problemas si se sigue la técnica de la decisión *per curiam,* puesto que entonces la regla del voto de calidad del Presidente actúa como regla *ad intra* para desbloquear la votación. Sin embargo, cuando las posiciones de los miembros del Tribunal son argumentadas y reciben igual publicidad, la eficacia de una solución de este tipo puede ser cuestionada. Su lógica aparente – la de desbloquear a un Tribunal que en todo caso debe decidir, por aquello del *non liquet* – es penosamente compatible con la función del Tribunal de decir la última palabra en mate-

---

[43] «[L]a interpretación de las resoluciones del Tribunal Constitucional para deducir el alcance de los preceptos y principios constitucionales (art. 5 LOPJ) exige seleccionar aquellos argumentos que constituyen el fundamento del fallo. No todo lo que las sentencias dicen tiene igual valor. Sin embargo, tampoco puede trazarse una separación absoluta entre los argumentos que parecen constituir la razón de la decisión y aquellos otros que la acompañan. Las sentencias constituyen un todo, incluidos los votos particulares que pueden formular los miembros de los Tribunales. La publicación de los votos particulares... facilita no sólo salvar la posición del magistrado disidente, sino, sobre todo, la interpretación de la sentencia, al poner de manifiesto aquello que la mayoría rechazó», F. Sáinz Moreno: Voz «Interpretación jurídica», *Enciclopedia Jurídica*, Civitas, Madrid, pág. 3.713.

ria de constitucionalidad. En este sentido, varios autores han considerado más satisfactorias las soluciones acogidas en otros sistemas, por ejemplo, el alemán, en donde en ausencia de mayoría no es posible declarar la inconstitucionalidad.

En los sistemas anglosajones, y aquí el criterio es indubitado, el empate impide a un tribunal decidir. La consecuencia es una *summary affirmance*, esto es, la sentencia apelada o el acto recurrido permanece inalterado, aunque no confirmado, por la «decisión» del Tribunal dividido. Estas resoluciones carecen de efecto de cosa juzgada *material*: no resuelven la cuestión jurídica que el caso plantea, que podrá regresar al tribunal – suscitada en el contexto de un litigio diferente – y ser examinada como si fuera nueva. Ni que decir tiene, que las decisiones de una *equally divided court*, incapaces de alterar lo decidido por un tribunal inferior, mucho menos pueden crear doctrina o modificar la existente. No mueven nada: bien mirado, la fórmula de la *summary affirmance* produce el mismo efecto que una inadmisión[44].

La solución de atribuir voto de calidad al Presidente abre una excepción en la regla de la mayoría para la adopción de decisiones, porque el voto del Presidente no convierte en mayoría lo que no lo es. En todo caso, es una solución que determina *el sentido de la decisión* en casos de empate, pero no parece sensato deducir que también actúa sobre la argumentación en la que se apoya. Entre otras razones porque quienes, con el Presidente, concurren en el sentido de la decisión pueden no coincidir en la argumentación[45]. De nuevo, como antes se indicaba, el problema no sería tal si el Tribunal operara bajo la lógica de la decisión *per curiam*, pero se plantea, y con consecuencias importantes, cuando la división del Tribunal se refleja en votos particulares.

Una posición razonable, a la vista de cómo se opera en otros sistemas, sería la de entender que, en casos así, lo que el Tribunal ofrece es una decisión *ad hoc*. Pone fin a la concreta «controversia», pero no fija una regla para la solución de casos futuros en los que la misma cuestión de derecho vuelva a plantearse. Es decir, que la cuestión queda de algún modo en suspenso, sigue siendo *res dubia* para el Tribunal y no es seguro que éste, obligado en otro caso a volver sobre ella, alcance la misma conclusión. El fallo desplegará los efectos a él asociados (cosa juzgada y, eventualmente, otros), pero resulta desproporcionado proclamar la fuerza vinculante de la motivación. Ésta, claro, justifica el resultado, pero de la misma manera que la argumentación contenida en los votos particulares – por la otra mitad del Tribunal – justifica el resultado opuesto. No se puede olvidar que el resultado vino determinado por el voto de calidad del Presidente.

Evidentemente, el Tribunal puede posteriormente acoger como doctrina propia la argumentación de una sentencia adoptada de este modo. Pero esto no significa reconocer que la doctrina de la sentencia del Tribunal dividido *sea per se* doctrina del Tribunal, es simplemente que la mayoría del Tribunal siempre puede, en una nueva ocasión, hace suya aquella doctrina que no fue inicialmente doctrina mayoritaria. Nada impide que el Tribunal acoja en algún momento tesis que fueron en el pasado sostenidas en un voto particular y rechazadas por la mayoría. El efecto vinculante de esa doctrina sucede a partir de su aceptación por la mayoría del Tribunal[46], de modo que sólo desde ese momento, o si se prefiere, desde su confirmación en una sentencia apoyada por la mayoría, surtirá los efectos prevenidos en el artículo 5.1 LOTC.

---

[44] El primer precedente, en el caso de Estados Unidos, se fija en la época de Marshall, *Etting v. Bank of U.S.*, 11 Wheat. pág.78: «In the very elaborate arguments which have been made at the bar, several cases have been cited which have been attentively considered. No attempt will be made to analyze them, or to decide on their application to the case before us, because the judges are divided respecting it. Consequently, the principies of law which have been argued cannot be settled; but the judgment is affirmed, the court being divided in opinion upon it». La práctica, como como se ha dicho, ha sido invariable. Curiosamente, en el caso de empate, quizás porque no hay opinión, el Tribunal Supremo no hace públicas las posiciones de los jueces, no se llega a conocer quiénes estaban en cada lado. Sobre la situación en Inglaterra, véase CROSS & HARRIS: *Op. cit.*, págs. 86-90.

[45] En hipótesis, el mismo Presidente podría formular un voto concurrente.

[46] Incluso cabría deducir de lo previsto en el artículo 13 LOTC, que la doctrina de las Salas no es automáticamente doctrina del Tribunal.

Una situación de empate, del tipo que estamos examinando, se produjo en dos casos bien conocidos: la sentencia 111/1983 (caso RUMASA) y la 53/1985 (sobre el aborto). En la STC 13/1998 no llegó a producirse empate pero se provocó una situación similar en cuanto a la ausencia de mayoría en la argumentación: a la Sentencia siguieron seis votos particulares, cinco disidentes y uno concurrente (la doctrina de la sentencia era mayoritaria, pero no de la mayoría del Tribunal).

4. Cuando la mayoría que apoya el resultado no respalda la argumentación

As decisões de cariz plural ou negociado.

Técnicamente éstas son las decisiones a las que la doctrina americana denomina «decisiones de pluralidad», *plurality decisions*, en las que la *ratio* de la decisión, como sucedía en el caso de las decisiones *seriatim*, debe ser inferida de los argumentos en juego. Si los argumentos son inconciliables, es dudoso que pueda hablarse de doctrina. Cuando la doctrina sostenida por una «mayoría minoritaria» es particularmente novedosa o supone quebrar una doctrina anterior más consolidada, difícilmente será considerada vinculante por los jueces inferiores que lo que presencian es una discusión en el seno del tribunal en cuanto al principio de derecho aplicable para la solución del caso. De nuevo, la materia es «*res dubia*»[47].

Las *plurality decisions* son un fenómeno provocado por la presencia de opiniones concurrentes, en concreto, por cierto tipo de opinión concurrente: la llamada concurrencia en el resultado. Entre los autores americanos está generalizada la distinción entre concurrencia simple y concurrencia en el resultado. La primera consiste en una argumentación que se ofrece como complementaria, a mayor abundamiento o incluso alternativa a la expuesta en la opinión principal. La segunda es una discrepancia en toda regla: lo que el concurrente ofrece es una vía argumentativa diferente, otra ruta para llegar al mismo resultado. Una concurrencia que se presenta como simple sólo demuestra que lo es si su argumento es compatible o, cuando menos, no invalida o contradice el de la opinión principal; el valor de este tipo de votos es dudoso, aunque algunos les atribuyen la condición de *dicta* (no son argumentaciones necesarias para el resultado, pero pueden contribuir a aclarar aspectos de la discusión)[48]. Las razones por las que se elaboran los votos concurrentes son mucho más sutiles que las que funcionan para los votos discrepantes. En realidad, toda concurrencia encubre un *dissent* de mayor o menor calado pues, al fin y al cabo, si la diferencia no era mucha, ¿por qué la insistencia en la elaboración de una opinión que nada va a cambiar?

Las *plurality decisions* son cualquier cosa salvo decisiones «sin argumentación». De hecho, el problema está en que hay demasiados argumentos para el resultado y ninguno de ellos concluyente para la mayoría. El acuerdo que no se alcanza en cuanto a la fundamentación se logra sin problemas para el resultado y no se puede decir que éste sea arbitrario simplemente porque no hay acuerdo a la hora de justificarlo.

Sin embargo, aunque en abstracto no sea difícil de aceptar la diversidad de argumentos para el mismo resultado, en la práctica, y en particular en el ámbito de la jurisdicción constitucional, la falta de acuerdo en la fundamentación puede condicionar el resultado. Esto depende de cómo se organice la votación. No siempre es posible evitar la paradoja de que ante la falta de acuerdo en la fundamentación, el Tribunal presente como resultado – como decisión – el que apoya la minoría. Mírese de este modo:

---

[47] En notas anteriores ya he citado algunos estudios que se ocupan del análisis de este tipo de decisiones del Tribunal Supremo de los Estados Unidos. Me remito de nuevo a ellos (véanse en concreto los citados en notas 22 y 23). Un buen resumen de la doctrina, con propuestas nuevas es lo que ofrece el estudio de KEN KIMURA: «A Legitimacy Model for the Interpretation of Plurality Decisions», *Cornell Law Review*, vol. 77 (1992), págs. 1.593-1.627.

[48] En general se reconocen los problemas que plantea ofrecer una argumentación como alternativa para el resultado. «It is impossible to treat a proposition which the court declares to be a distinct and sufficient ground for its decision as mere *dictum* simply because there is another ground stated upon which, standing alone, the case might have been determined» (es una opinión que recogen CROSS & HARRIS: *cit.*, pág. 82). Sobre el valor de precedente de los votos concurrentes y, en general, su clasificación e identificación, me atengo al criterio de KIRMAN: «Standing Apart to Be A Part: The Precedential Value of Supreme Court Concurring Opinions», *cit.*

Supongamos que un Tribunal Constitucional – el español, pongamos por caso – debe pronunciarse sobre la constitucionalidad de una ley. Los recurrentes sostienen que la ley vulnera los artículos 81.1, 16 y 20 de la Constitución. Durante la deliberación, en el seno del Tribunal, se perfilan tres posturas apoyadas por cierto número de magistrados: unos (pongamos, cuatro), consideran que la ley no es inconstitucional; otros (de nuevo, cuatro) que la ley vulnera el artículo 20 CE, y otros (los restantes cuatro) que el artículo intolerablemente afectado es el 14 de la Constitución. Una mayoría de los miembros del Tribunal considera, por tanto, que la ley es inconstitucional pero no hay mayoría en cuanto a cuál es la concreta razón de la inconstitucionalidad. En esta situación, cualquiera de los dos resultados posibles – la declaración de inconstitucionalidad o la declaración de no inconstitucionalidad – puede prosperar. Si los ocho miembros que consideran que la ley es inconstitucional no encuentran alguna solución de compromiso (una posible es unir sus argumentos en la sentencia, votar por el resultado de la declaración de inconstitucionalidad y formular voto particular), lo que resultará es una declaración de no inconstitucionalidad, por tanto, la posición que defiende la minoría. Si los dos bloques de cuatro magistrados deciden concurrir en el resultado pero manteniendo sus distintas argumentaciones en voto particular, estamos en presencia de una *plurality decisión*.

Una situación un poco más complicada: imaginemos ahora un amparo, por seguir con el Tribunal español, que ha de resolver el Pleno. Los demandantes sostienen que el acto recurrido – una sentencia de un tribunal – vulneró derechos reconocidos en los artículos 16.1, *20.c)* y *d)*, 23, 24.1, 24.2 y 25.1 de la Constitución. Durante la deliberación las posturas de los Magistrados se manifiestan divididas de modo que – más allá de la coincidencia en apreciar la ausencia de vulneración de los derechos de los artículos 16.1, *20.c)* y *d)*, 23 y 24.1 CE – unos sostienen que no hay vulneración de ningún derecho (tres Magistrados), otros (cuatro Magistrados) que se produjo una vulneración de uno de los derechos del artículo 24.2 CE y, finalmente, otros (los cinco restantes) entienden que la vulneración se concreta en un derecho del artículo 25.1 CE. De nuevo, la mayoría del Tribunal coincide en apreciar que el acto recurrido vulneró derechos, pero es incapaz de identificar por mayoría el concreto derecho (o derechos) vulnerado (-s). La situación se complica porque, a diferencia de lo que sucede en el caso de los procedimientos de declaración de inconstitucionalidad – donde el pronunciamiento se concreta en la declaración de inconstitucionalidad o no inconstitucionalidad de la ley o precepto legal recurrido – , en el caso del amparo el pronunciamiento estimatorio del Tribunal, además de declarar la nulidad del acto (decisión, acto o resolución) recurrido, ha de «reconocer» el derecho vulnerado para restablecer al recurrente «en la integridad de su derecho». El problema es menor desde que el Tribunal ha interpretado que los pronunciamientos posibles de la sentencia que otorga el amparo, según lo dispuesto en el artículo 55.1 LOTC, son pronunciamientos independientes y cumulativos (así en la, por otras razones extraña, STC 67/1998, FJ 7).

En una situación como la inmediatamente descrita el Tribunal podría concluir con la desestimación del amparo (porque no hay acuerdo en cuanto al derecho vulnerado y hay mayoría en cuanto a la no vulneración de cada uno de los derechos alegados) o la estimación del amparo por las razones que sostienen dos grupos de Magistrados. Si se formulan votos concurrentes, la consecuencia es clara: en la sentencia se suman los argumentos y en los votos se produce la resta, de modo que se comprueba que ningún argumento es mayoritario. De nuevo estamos ante una *plurality decisión*, hay un resultado apoyado por la mayoría pero no sucede lo mismo con la fundamentación. La motivación sirve para explicar el resultado del caso concreto, pero es dudoso que pueda hablarse de doctrina «del Tribunal»[49].

---

[49] Kornhauser y Sager se ocupan en el estudio que venimos citando de examinar lo que denominan la «paradoja doctrinal»: cuando las diferencias de opinión entre los jueces son significativas, un caso puede resolverse en un sentido o en el opuesto según se disponga la votación. Si se vota «por resultado» *(voting the case)* la solución es diferente a la que se alcanzaría votando, separadamente, por cuestiones de hecho o de derecho relevantes para la decisión *(voting by issues)*.
El Tribunal Federal Constitucional alemán ya ha experimentado con las *plurality decisions*. En el caso más clamoroso, la *BVerfGE* 32, 199, sobre la constitucionalidad de una ley estatal sobre retribuciones a jueces, se daba la paradoja de que los siete jueces que decidieron, emitieron voto disidente y la motivación colegial que acompañó al fallo no fue compartida por ninguno.

5. Qué mayoría apoya la doctrina de la stc 136/1999

Hasta aquí el debate en términos generales. Llega ahora la ocasión de trasladarlo a un caso concreto: el que proporciona la decisión del Pleno del Tribunal en la STC 136/1999. Como es conocido, el origen de este asunto está en el recurso de amparo que los miembros de la Mesa de Herri Batasuna interpusieron contra la Sentencia de la Sala Segunda del Tribunal Supremo que los condenó como autores de un delito de colaboración con banda armada. En la demanda de amparo los recurrentes denunciaron la vulneración de una serie de derechos; la Sentencia del Tribunal, estimatoria, reconoció únicamente la vulneración de «su derecho a la legalidad penal» y declaró la nulidad de la Sentencia del Tribunal Supremo. La decisión fue apoyado por nueve Magistrados ya que sólo tres formularon voto discrepante. De los nueve Magistrados que constituyeron la mayoría, cuatro firmaron un voto concurrente. Este voto – redactado por el Ponente de la Sentencia y al que se adhirieron tres Magistrados – se presentó como «simple concurrencia»[50]. Pero vale la pena detenerse a examinar hasta qué punto esto es así.

El momento central de la argumentación del Tribunal, en la Sentencia, se sitúa en los Fundamentos Jurídicos 20 a 30. Éste es el lugar en el que se desarrolla la tesis finalmente determinante del sentido de la decisión; ahí está, por tanto, el núcleo de la *ratio decidendi* de la Sentencia. La construcción del Tribunal, destinada en ese espacio a precisar el contenido y alcance del derecho constitucional a la legalidad penal en general y a los efectos del caso en presencia, no es en absoluto simple; y aunque en ningún momento se anuncia como doctrina novedosa, no se oculta que, en los términos en que será de aplicación al caso, se trata de una doctrina invocada en otros casos pero nunca antes determinante de un fallo estimatorio. El Tribunal concluye, así lo indica en el FJ 30, que en el caso a examen «se ha producido una vulneración del principio de legalidad penal *en cuanto comprensivo de la proscripción constitucional de penas desproporcionadas*». No nos interesa aquí entrar en el examen de la doctrina de la Sentencia, nos fijaremos únicamente en el modo en que determina el contenido del fallo.

El Tribunal otorga el amparo y declara la nulidad de la Sentencia del Tribunal Supremo no en razón de una vulneración del derecho de los recurrentes por parte del juzgador, sino porque entiende que la condena que el Tribunal impuso de acuerdo con la ley, era desproporcionada. La lesión del derecho es, por tanto, imputable al legislador y no al juez[51]. Esa lesión, que se produce en el momento en que se impone la sanción, la provoca la aplicación de un precepto penal – el artículo 174 bis *a)* C.P. 1973 – que, a juicio del Tribunal, «hubiera debido permitir la imposición de una pena proporcionada a las circunstancias del caso». El precepto, por tanto, es «inconstitucional únicamente en la medida en que no incorpora previsión alguna que hubiera permitido atemperar la sanción penal a la entidad de actos de colaboración con banda armada que, si bien pueden en ocasiones ser de escasa trascendencia en atención al bien jurídico protegido, no por ello deben quedar impunes». El Tribunal, en definitiva, considera que la conducta de los recurrentes, constitutiva de un «acto de colaboración» con banda armada – de acuerdo con la legítima interpretación del Tribunal Supremo (FJ 26) – debió recibir una sanción inferior a la mínima prevista en la ley[52]. Por supuesto, el Tribunal no concreta qué condena hubiera sido la proporcionada a las circunstancias del caso; se limita a declarar la desproporción[53].

---

[50] «Estoy plenamente de acuerdo con el fallo y con la argumentación que lleva a él...». Con esta frase se introduce el voto particular concurrente.

[51] El Tribunal ya advierte que «el derecho a la legalidad penal opera, en primer lugar y ante todo, frente al legislador» y que «en tanto una condena penal pueda ser razonablemente entendida como aplicación de la ley, la eventual lesión que esa aplicación pueda producir en los referidos derechos [en general, derechos fundamentales y libertades públicas] será imputable al legislador y no al Juez» (FJ 21 de la Sentencia).

[52] «[N]o es la apertura de la conducta típica de colaboración con banda armada la que resulta constitucionalmente objetable, sino la ausencia en el precepto de la correspondiente previsión que hubiera permitido al juzgador, en casos como el presente, imponer una pena inferior a la de prisión mayor en su grado mínimo» (FJ 30).

[53] «En casos como el que ahora nos ocupa, es claro que siempre entrará dentro de la libertad de configuración del legislador penal la elección de la técnica o la vía concretas para restaurar la vigencia del principio de proporcionalidad en la represión de las conductas delictivas aquí contempladas, sin que a este Tribunal, como es lógico, corresponda especificar ninguna de ellas» (FJ 30).

Comprobada y concretada de esta forma la lesión del derecho a la legalidad penal, que es lo que se refleja en el fallo, el Tribunal entendió innecesario analizar la colisión del precepto penal con el principio de legalidad desde la perspectiva sugerida por los demandantes así como entrar en el examen de otros motivos de la demanda de amparo[54]. Claramente, de esos otros motivos el que restaba por examinar era el de la pretendida vulneración del derecho a la presunción de inocencia. Justamente, la alegación que centra el interés del voto particular concurrente.

6. La «ratio» de la sentencia y del voto concurrente: ¿compatibles?

La afirmación que en la Sentencia se hace en cuanto a que no era preciso entrar en el examen de otros motivos de la demanda, sólo cabe entenderla en lo que afecta a la presunción de inocencia en un sentido: que no se considera imprescindible exponer las razones por las que la mayoría del Tribunal interpretó que no se producía la vulneración de este derecho. De otro modo no se puede comprender que un argumento como el que se va a desarrollar llegue a ser voto particular; la ley del Tribunal, razonablemente, pretende evitar argumentos «sorpresa» en votos particulares y con este propósito exige que éstos reflejen una postura previamente defendida en la deliberación, no otra cosa, por otra parte, explica la adhesión de otros tres Magistrados a la opinión del redactor del voto concurrente[55]. Suponemos entonces que el Tribunal «conoció» el argumento y que durante el debate a que diera lugar no prosperó como fundamento respaldado por la mayoría para la decisión.

El autor del voto concurrente, después de afirmar que comparte argumento y fallo de la sentencia, justifica la oportunidad no obstante del voto porque a su juicio la Sentencia «no debía limitarse a enjuiciar la constitucionalidad del precepto aplicado», sino que más allá de esto «debería haber examinado también la alegación relativa a la presunción de inocencia, para estimarla». En resumen entiende, y eso es lo que va a desarrollar, que el amparo debió concederse, *además,* porque el Tribunal Supremo lesionó el derecho de los recurrentes a la presunción de inocencia. El problema está, me parece, en que la ruta propuesta por el voto concurrente hacia el resultado, es incompatible con el *iter* argumentativo de la Sentencia. Dicho de otro modo: si se acepta que el Juez lesionó el derecho a la presunción de inocencia, se hace innecesario entrar a examinar si el legislador vulneró el principio de legalidad penal «en cuanto comprensivo de la proscripción constitucional de penas desproporcionadas», y al contrario, si la Sentencia pudo desarrollar este argumento, fue a partir de la aceptación de que la condena impuesta a los recurrentes lo fue de acuerdo con la ley, una vez que el tribunal penal apreció que su conducta era subsumible en el tipo penal[56]. En la Sentencia no hay reproche al Juez y la lesión del derecho, como se indicó, se imputa al legislador.

Con apoyo en la doctrina del Tribunal sobre el derecho a la presunción de inocencia, el voto se propone demostrar cómo en el caso concreto se produjo efectivamente la lesión de este derecho. Básicamente, porque tampoco se trata aquí de examinar la corrección de la tesis del voto, la conclusión de quienes concurren es que durante el proceso ante el Tribunal Supremo no se produjo auténtica prueba de cargo y, sobre todo, que no se

A "ratio" da sentença, da opinião dissidente e do "voto concorrente".

---

[54] «La apreciación de la vulneración del derecho a la legalidad penal por parte del artículo 174 bis *a)* C.P. 1973 desde la perspectiva del principio de proporcionalidad nos exime de analizar el mismo precepto legal desde los otros ángulos del mencionado derecho fundamental alegados por los recurrentes. Igualmente resulta innecesario examinar el resto de los «motivos» en torno a los que se articula la demanda de amparo» (FJ 30). Es verdad que, puesto que el amparo se dirige contra la Sentencia del Tribunal Supremo, fuente de la lesión de los diversos derechos alegados por los recurrentes, una vez declarada su nulidad, los recurrentes ven satisfecha su pretensión. Pero no está claro entonces, si la obligación de responder a «todos» los motivos alegados – analizar todas las lesiones de derechos denunciadas – sólo existe para el Tribunal cuando no estima el amparo.

[55] También hay alusiones en cuanto a la no vulneración de la presunción de inocencia en los votos discrepantes.

[56] «[L]a apreciación por parte de la Sala sentenciadora, dentro de las funciones que le son propias, de que nos encontramos ante una de dichas formas de colaboración ha arrastrado, por imperativo de la ley, la imposición de una pena que, tal como se ha razonado, no guarda proporción con las singulares circunstancias del caso» (FJ 30).

procedió a la individualización de la conducta culpable. Esto conduce a sostener que puesto que no se enervó la presunción de inocencia, el Tribunal nunca debió dictar un veredicto de culpabilidad. Innecesario pues referirse al rigor de la sanción, evidentemente es desproporcionada – cualquiera lo hubiera sido – cuando se impone a quien no se ha demostrado culpable[57].

Si se confía en este argumento – y cabe suponer que para los firmantes del voto concurrente debía ser el favorito, ya que a pesar de coincidir con la mayoría en el resultado lo hicieron público – no es posible apoyar en todos sus extremos el razonamiento de la Sentencia. No es sólo que en el voto se afirma que el Juez lesionó derechos, cosa que no admite la Sentencia, sino que el momento de la lesión de los derechos es también distinto: en el voto se sostiene que se produjo en el momento de señalarse la culpabilidad, en la Sentencia, al imponerse la sanción.

El que, en abstracto, los firmantes del voto concurrente estén de acuerdo con la conclusión de que la sanción prevista era desproporcionada, no resuelve, creo, los problemas de compatibilidad apuntados entre ambos argumentos. Si la mayoría hubiera acogido la solución del voto particular, no habría necesitado andar el camino para demostrar lo desproporcionado de la condena «en las singulares circunstancias del caso».

¿Hubieran apoyado los firmantes del voto concurrente la Sentencia si no hubieran tenido ocasión de expresar también su otro punto de vista? ¿Hubieran apoyado ese resultado de no estar persuadidos de que se había producido una conculcación del derecho a la presunción de inocencia? ¿Hubieran coincidido con la mayoría en el argumento – como expresamente admiten – si en la Sentencia se hubiera rechazado explícitamente la lesión del derecho a la presunción de inocencia? Esto no es posible saberlo, pero es difícil evitar la sospecha de que en su decisión de apoyar el fallo que conducía a anular la Sentencia del Tribunal Supremo, hubo de influir su convicción de que se había producido una clara – así la presentan – vulneración del derecho a la presunción de inocencia[58].

Como indicábamos en otro momento, un voto que se anuncia como «simple concurrencia» – cuando el autor no discrepa ni del fallo ni de la argumentación apoyados por la mayoría – sólo demuestra que lo es si su argumento es a mayor abundamiento, complementario o, de cualquier forma, no condiciona o contradice el de la mayoría. Si no es el caso, el voto es concurrente en el resultado, pero discrepante en cuanto a la *ratio decidendi* de la mayoría.

Desde mi punto de vista, que es el que he intentado ofrecer, en la decisión que comentamos el voto concurrente propone otra forma de resolver en amparo, una ruta que se separa y es excluyeme de la seguida por la Sentencia, con la que converge en el fallo, en el sentido de estimar que se ha producido la lesión de un derecho fundamental y que procede la declaración de nulidad de la sentencia recurrida. Sostener esto permite concluir que estamos en presencia de una *plurality decisión,* en la que una clara mayoría apoya la conclusión (nueve frente a tres), pero a partir de una argumentación dividida – cinco

---

[57] «[S]in pruebas suficientes y concluyentes no se puede atribuir a nadie un comportamiento que revista un significado antijurídico, susceptible por ello de acarrear una sanción [...] El acusado llega al juicio como inocente y sólo puede salir de él como culpable si aquella condición de inocente resulta plenamente desvirtuada por el Juez a partir de las pruebas aportadas por la acusación. Como señalábamos en la STC 81/1998... «la presunción de inocencia, en su vertiente de regla de juicio [...] opera, en el ámbito de la jurisdicción ordinaria, como el derecho del acusado a no sufrir condena a menos que la culpabilidad haya quedado establecida más allá de toda duda razonable» (Fundamento Jurídico 3.º)» (Voto concurrente, en [3]).

[58] «De todo lo dicho se desprende que, aun con los límites propios de nuestra valoración, no existe prueba de cargo, ni directa ni indirecta, respecto a la participación de los recurrentes en los hechos objeto de sanción o, dicho de otro modo, que la inferencia descrita en la Sentencia recurrida es, sin duda, abierta en exceso, y por ello nada puede probar ya que admite con facilidad y con naturalidad conclusiones alternativas, y no permite por ello considerar como razonablemente probado a efectos penales el relato de hechos probados adoptado. [...] [D]eberíamos haber declarado... que la sola pertenencia al órgano que adoptó la decisión delictiva, la asunción posterior de las consecuencias penales de la misma, las ambiguas declaraciones y los silencios de los recurrentes, no constituyen ni individualmente ni en su conjunto indicios suficientes para afirmar la colaboración individual de cada uno de los acusados con la organización terrorista. Lo dicho debía conducir, a mi juicio, al otorgamiento del amparo solicitado bajo la invocación del derecho a la presunción de inocencia» (Voto concurrente, en [12]).

Magistrados apoyan la de la Sentencia, cuatro la del voto concurrente y tres expresan su discrepancia (también de la argumentación de la Sentencia) por separado. Si se ve así, el resultado del caso concreto está respaldado por dos tipos de argumentos (hay dos *radones decidendi*), pero la mayoría del Tribunal no coincide en cuanto a la doctrina que gobierna el caso (la argumentación de la sentencia es apoyada por una mayoría minoritaria). No es por tanto que la decisión del Tribunal adolezca de carencia en la argumentación – de hecho hay «demasiada» argumentación: dos *raúones* que compiten entre sí para el resultado – , sino que la insistencia en las «singulares circunstancias del caso», en concretos elementos fácticos, hacen difícil deducir de ella algo más que lo que en la teoría del precedente se denomina *«residí store decisis»*. En un caso idéntico, el Tribunal – supuesto que se mantiene la composición personal – probablemente resolvería igual; si variaran mínimamente las circunstancias de hecho, quién sabe. Dicho de otro modo: hasta qué punto la doctrina de la Sentencia servirá de guía de decisión de casos futuros, sólo se comprobará en el futuro, si es que el Tribunal vuelve a recurrir a ella para decidir y perfila entonces sus contornos, más allá de las concretas circunstancias de este caso. Hasta entonces, forzar a los jueces penales a complicados ejercicios de *balancing* en los casos en que sospechen la desproporción de la pena respecto de la gravedad del delito o de la conducta culpable, parece arriesgado[59]. Por otra parte, puesto que los jueces, penales o de otro tipo, no pueden dejar de aplicar la ley, tampoco está claro si la Sentencia llega a sugerir que en casos así planteen cuestión de inconstitucionalidad, o que, en los términos del artículo 4.3 C.P. vigente, acudan al Gobierno para instar la modificación del precepto o la concesión de indulto[60].

Conclusión

La aceptación de la regla de la mayoría como criterio para la adopción de decisiones por órganos judiciales colegiados, evidentemente no responde a razones «democráticas». Tampoco hay argumento que demuestre que en el seno de un tribunal la minoría, por serlo, se equivoca[61]. Es menos comprometido conformarse con la intuición de que si el ideal está en la unanimidad, el criterio de la mayoría se impone porque es lo más aproximado a ella (y, en consecuencia, que la autoridad del colegio pierde fuerza a medida que se aleja de esa aspiración).

As razões da adopção da regra maioritária como critério para o proferimento das decisões jurisdicionais de órgãos colegiais.

Por otra parte, tratándose de tribunales de última instancia, parece claro que las razones en las que reposa la irresistible fuerza del fallo no son las que justifican el carácter vinculante de la motivación, la fuerza de la doctrina de la sentencia. El Estado de Derecho requiere, para su correcto funcionamiento, depositar en algún lugar la responsabilidad de decidir definitivamente un litigio. *«Interest rei publica ut sitfinis litium»*. La decisión del tribunal que tiene la última palabra es definitiva, incluso cuando es errada. La observación del juez Jackson, un ejercicio de humildad no exento de escepticismo, se ha hecho justamente famosa:

As decisões proferidas pelas instâncias jurisdicionais da última instância.

> «La revocación por un tribunal superior no es prueba de que con ello se haya hecho mejor justicia. No hay duda de que si hubiera un Tribunal super-Supremo, una parte considerable de nuestras revocaciones a los tribunales estatales serían a su vez revocadas. No somos la última instancia porque seamos infalibles, sino que somos infalibles sólo porque somos la última instancia»[62].

---

[59] El test que la Sentencia sugiere para realizar lo que denomina «el juicio estricto de proporcionalidad » no resulta muy preciso y desde luego no es sencillo de aplicar: este juicio, dice el Tribunal, «es el que compara la gravedad del delito que se trata de impedir – y, en general, los efectos benéficos que genera la norma desde la perspectiva de los valores constitucionales – y la gravedad de la pena que se impone -y, en general, los efectos negativos que genera la norma desde la perspectiva de los valores constitucionales». Tampoco resulta más iluminadora la muestra de la aplicación del test en el caso concreto (véase el FJ 29).

[60] Como se ha visto, en la Sentencia no hay «reproche» alguno al Juez – que no planteó cuestión – y nunca sabremos cómo hubiera actuado el Tribunal de haber mediado una recomendación de indulto por su parte.

[61] Planteado de un modo brutal, en el terreno político, la razón está de parte de quienes pueden convertir su opinión en Derecho. De algo así se jactaba el diputado francés, de la mayoría, que replicó a un miembro de la oposición: «vous avez juridiquement tort parce que vous êtes politiquement minoritaire».

[62] Opinión concurrente del Juez Jackson en *Brown v. Alien*, 344 U.S. (1953), pág. 540.

Con la doctrina de las sentencias sucede algo distinto. Una cosa es la obligación de motivar para justificar el resultado – toda decisión judicial debe basarse en argumentos jurídicos – y otra, a partir del caso, ofrecer una regla, un criterio de decisión que guíe y anticipe la solución de casos futuros. Por supuesto, no todas las sentencias son ocasión para la enunciación de doctrina; no todas, por decirlo así, fijan un precedente. Muchos casos se resuelven aplicando sencillamente doctrina anterior y la motivación se limita a justificar su aplicación al caso. Cuando el derecho aplicable es claro, las eventuales diferencias de opinión en cuanto al resultado derivan normalmente de la diferente valoración de los hechos relevantes en el litigio concreto; en casos así, el resultado puede ser disputado pero la doctrina permanece inalterada. En otros casos, la dificultad procede de las dudas en cuanto al derecho aplicable: porque no es claro, porque se sospecha que es inadecuado, porque «en apariencia» no existe, porque no hay coincidencia entre los miembros del tribunal en cuanto a cuál es. Es en estos casos en los que el tribunal, para decidir, debe disipar en la fundamentación esas dudas. La enunciación de una nueva regla o la alteración de la existente requerirán un esfuerzo argumentativo adicional y el acuerdo mayoritario del Tribunal.

A veces el acuerdo no se logra, o sólo de manera imperfecta; el caso se decide – si concuerda una mayoría en el resultado – pero las dudas en cuanto al derecho que gobierna el caso persisten. Acostumbrados a considerar a los jueces *«problem solvers»*, los juristas anglosajones aceptan con naturalidad las diferencias de opinión y, también que, en ocasiones, en ausencia de reglas claras los jueces «producen» derecho para decidir. No se trata de una creación libre sino limitada y ordenada por las complejas reglas del *stare decisis.*

El nuestro no es un sistema de *case law,* y nuestra tradición jurídica no concede la misma relevancia a la doctrina judicial. Pero en el nivel de la aplicación judicial de la Constitución, el mecanismo através del cual la doctrina del Tribunal Constitucional vincula a los jueces ordinarios, es lo más parecido al sistema del precedente. Los jueces ordinarios han de interpretar el derecho que aplican «según los preceptos y principios constitucionales, conforme a la interpretación de los mismos que resulte de las resoluciones dictadas por el Tribunal Constitucional en todo tipo de procesos»[63]. Cuando este Tribunal al que los demás miran para aplicar el Derecho conforme a la Constitución «hace públicas sus propias dudas» – como se dice en la cita con la que se abrían estas páginas – , infunde esas mismas dudas a los jueces. Ésta, me parece, es también una consecuencia del vínculo que el artículo 5.1 LOPJ establece entre el Tribunal Constitucional y los jueces ordinarios. Y el Tribunal ha de ser consciente de ello.

---

[63] Artículo 5.1 LOPJ. «Como es obvio, en virtud de esta norma, la doctrina del Tribunal Constitucional, es decir, sus *rationes decidendi,* adquiere un valor de precedente que vincula a todos los jueces y Tribunales y cuyo respeto ha de ser garantizado eventualmente en último término a través del recurso de casación por infracción de Constitución, al que el mismo precepto (apdo. 4.º) se refiere. [] Las *rationes decidendi* que los demás jueces han de respetar son las que el Tribunal utiliza *en todo tipo de procesos*. Por esta vía se atribuye a las sentencias dictadas al resolver recursos de amparo unos efectos, sin tener la generalidad de los que generan las decisiones en los procesos de inconstitucionalidad o los conflictos, se acercan mucho a ellos», F. Rubio Llórente: «La jurisdicción constitucional en España», incluido en F. Rubio Llórente y J. Jiménez Campo: *Estudios sobre jurisdicción constitucional,* McGraw Hill, Madrid (1998), pág. 8 y n.25.

index

31 **Sumários da jurisprudência publicada**
Uma arrumação temática e sinóptica da jurisprudência publicada neste
número de revista – *Joel Timóteo Pereira*

Sumários da Jurisprudência aqui publicada

(Novíssimos Estilos 2)

Joel Timóteo Pereira
Juiz de Direito

"Uma arrumação temática e sinóptica da jurisprudência publicada neste número de revista".

Direitos difusos.

VII.
DIREITOS DIFUSOS

VII.1.
PARQUE DE SUCATA EM RAN

Colisão de direitos
Parque de sucata
Iniciativa privada
Qualidade de vida
Reserva Agrícola Nacional
Cessação imediata da actividade

Origem: Supremo Tribunal de Justiça
Data: 09 de Maio de 2006
Relator: Juiz Conselheiro Dr. Nuno Cameira
Processo: 06A636
Normas: arts. 66.º, n.º 1 da Constituição e 70.º do Código Civil

SUMÁRIO:

I – A figura da colisão de direitos prevista no art. 335.º do Código Civil pressupõe a existência em concreto de pelo menos duas situações jurídicas activas de que dois diferentes sujeitos jurídicos são titulares num dado momento.

II – E deixa de poder aplicar-se quando o tribunal, ponderada a situação de facto comprovada, conclua que na realidade só um direito existe, radicado na esfera jurídica de um dos litigantes, em condições de ser exercido.

III – Não pode invocar a figura da colisão de direitos para impedir a procedência do pedido de cessação da sua actividade uma empresa que está a explorar sem licença camarária um parque de sucata parcialmente integrado em área de Reserva Agrícola Nacional e em circunstâncias tais que ofende os direitos previstos nos arts. 66.º, n.º 1, da Constituição (ambiente e qualidade de vida) e 70.º do Código Civil (personalidade física ou moral).

IV – Isto porque, nesse caso, a colisão entre tais direitos, patrocinados pelo MP para defesa de interesses difusos, e o pretenso direito da empresa ao livre exercício da iniciativa económica privada, reconhecido no art. 61.º da Constituição, é meramente aparente, e não real.

VII.2.
ATERRO SANITÁRIO

Ambiente
Poluição
Acto administrativo
Risco genérico
Directiva comunitária

Origem: Supremo Tribunal de Justiça
Data: 26 de Janeiro de 2008
Relator: Juiz Conselheiro Dr. Custódio Montes
Processo: 05B3661
Normas:

SUMÁRIO:

I – As "questões" suscitadas pelas partes definem-se em função do pedido e da causa de pedir.

II – A escolha do local para a instalação de um aterro sanitário constitui acto administrativo, apenas podendo ser sindicada em sede de procedimento administrativo e não na jurisdição comum em que se pede a inidoneidade do local para a instalação do aterro.

III – O acto administrativo da localização do aterro só poderá ser indirectamente anulado se se demonstrar que a sua construção não obedece às normas legais pertinentes, afectando o ambiente.

IV – A localização dos aterros sanitários não se faz exclusivamente em função das características geológicas, geotécnicas e hidrogeológicas do local, devendo ter-se em conta também as regras da sua construção e da sua impermeabilização, de forma a concluir-se que o mesmo não afecta o direito a um ambiente sadio.

V – Nessa aferição, deve ter-se em conta, não a certeza absoluta de que não há risco da contaminação do ambiente mas que tal objectivo se circunscreve a um risco tolerável.

VI – Em princípio, os aterros sanitários devem localizar-se junto das zonas onde o lixo se produz, desde que os locais escolhidos e as regras da sua construção obedeçam aos comandos nacionais e comunitários.

VII – As Directivas comunitárias, em princípio apenas têm efeito vertical, não podendo ser invocadas entre particulares, a não ser após a sua transposição para a direito interno.

VIII – Se uma Directiva ainda não vigorava na lei interna à data da aprovação do aterro sanitário, a mesma não é aplicável na acção proposta com vista a que o mesmo seja declarado inidóneo para impedir a poluição do ambiente.

IX – Porém, depois de transposta, e como tem uma norma que a torna aplicável aos aterros existentes, o seu cumprimento impende sobre a autoridade competente respectiva, podendo tal tarefa ser sindicada e acompanhada pelos interessados em sede de procedimento administrativo ou, mesmo, voltar a recorrer-se ao tribunal comum, verificados os necessários requisitos.

(Sumário elaborado pelo Relator do Acórdão)

VIII.
DIREITO LABORAL

VIII.1.
CONTROLO DE TRABALHADOR POR GPS

Utilização de meios de vigilância electrónica
GPS (Global Position Signal)
Dever de informação
Controlo de desempenho profissional

Origem: Tribunal da Relação de Coimbra
Data: 21 de Setembro de 2006
Relator: Juiz Desembargador Dr. Serra Leitão
Processo: 175/05 [inédito]
Normas: art. 20.º do Código do Trabalho

Sumário:

I – O empregador não pode utilizar meios de vigilância à distância no local de trabalho, mediante o emprego tecnológico, com a finalidade de controlar o desempenho profissional do trabalhador.

II – Exceptua-se de tal proibição quando a vigilância vise a protecção e segurança de pessoas e bens, ou existência de particulares exigências inerentes à natureza da actividade que justifiquem o uso de tais meios.

III – Todavia, quando tal vigilância electrónica se efective, incumbe ao empregador o ónus de prova de ter procedido ao cumprimento do dever de informação ao trabalhador.

IV – Ainda que tal informação tenha sido prestada, a utilização dos meios de vigilância por meios electrónicos é ilícita quando tenha a finalidade de controlar o seu desempenho profissional.

V – Se através de um equipamento de GPS, for possível um controle ainda que não total e indirecto da actividade profissional do trabalhador, ocorre a violação do direito de personalidade deste, conferindo ao trabalhador o direito de resolução contratual com justa causa.

(Sumário: JTRP)

NOTAS:

1. Apesar desta decisão ter sido revogada pelo Supremo Tribunal de Justiça, cujo acórdão de 22 de Maio de 2007 foi publicado na CJSTJ, Tomo II (2007), pp. 283 ss (Relator: Juiz Conselheiro Pinto Hespanhol), o acórdão transcrito mantém a sua relevância, face à natureza inédita e à solução inovadora consubstanciada numa fundamentação jurídica que, face à inexistência de outras decisões sobre a matéria, constitui um verdadeiro *case study*.

2. O Acórdão do STJ, supra referido, foi sumariado da seguinte forma:

"**I** – O autor resolveu o contrato de trabalho com fundamento de que a instalação de um sistema GPS no veículo automóvel que lhe estava atribuído violava o artigo 20.º do Código do Trabalho, assim como o seu direito à igualdade e à não discriminação, e que o tinha afectado psíquica e fisicamente.

II – Na prestação do seu trabalho, o autor tinha de se deslocar aos clientes da ré na região Centro até à Guarda, tendo-lhe a ré atribuído um veículo automóvel, suportando todos os encargos de manutenção.

III – A ré mandou instalar um dispositivo com GPS na viatura atribuída ao autor que lhe permitia controlar a localização daquele veículo e respectivos percursos, bem como referenciar, por forma indirecta, a localização geográfica do trabalhador, enquanto este permanecesse na viatura.

IV – Tendo em conta as potencialidades do sistema GPS e a natureza da actividade prestada pelo autor, não se pode qualificar esse equipamento como meio de vigilância à distância no local de trabalho, uma vez que tal situação não permite captar as circunstâncias, a duração e os resultados de cada visita efectuada pelo autor aos seus clientes, nem identificar os respectivos intervenientes.

V – Considerar-se-á assim afastado qualquer controlo da vida privada do autor, não tendo por isso a ré, com tal actuação, violado o disposto no invocado art. 20.º do Código do Trabalho"

(Sumário: Maria Paula Moreira Sá Fernandes)

3. O mesmo Acórdão do STJ, foi sumariado pelo Relator, na base de dados do ITIJ, da seguinte forma:

"**I** – Embora a formulação literal do n.º 1 do artigo 20.º do Código do Trabalho não permita restringir o âmbito da previsão daquela norma à videovigilância, a verdade é que a expressão adoptada pela lei, «meios de vigilância a distância no local de trabalho, mediante o emprego de equipamento tecnológico, com a finalidade de controlar o desempenho profissional do trabalhador», por considerações sistemáticas e teleológicas, remete para formas de captação à distância de imagem, som ou imagem e som que permitam identificar pessoas e detectar o que fazem, quando e durante quanto tempo, de forma tendencialmente ininterrupta, que podem afectar direitos fundamentais pessoais, tais como o direito à reserva da vida privada e o direito à imagem.

II – Não se pode qualificar o dispositivo de GPS instalado no veículo automóvel atribuído a um técnico de vendas como meio de vigilância a distância no local de trabalho, já que esse sistema não permite captar as circunstâncias, a duração e os resultados das visitas efectuadas aos seus clientes, nem identificar os respectivos intervenientes.

III – Assim, deve concluir-se que carece de justa causa a resolução do contrato de trabalho efectivada por aquele trabalhador com fundamento em alegada violação do disposto no artigo 20.º do Código do Trabalho".

4. Da fundamentação do Acórdão do STJ consta que "embora a formulação literal do n.º 1 do artigo 20.º do Código do Trabalho não permita restringir o âmbito da previsão daquela norma aos sistemas de videovigilância, a verdade é que a expressão adoptada pela lei, «meios de vigilância a distância no local de trabalho, mediante o emprego de equipamento tecnológico, com a finalidade de controlar o desempenho profissional do trabalhador», por considerações sistemáticas e teleológicas, remete para formas de captação à distância de imagem, som ou imagem e som que permitam identificar pessoas e detectar o que fazem, quando e durante quanto tempo, de forma tendencialmente ininterrupta, que podem afectar direitos fundamentais pessoais, tais como o direito à reserva da vida privada e o direito à imagem. (…)

Tendo em conta as indicadas potencialidades do sistema GPS e a natureza da actividade prestada pelo autor, não se pode qualificar esse concreto equipamento tecnológico como meio de vigilância a distância no local de trabalho, uma vez que tal sistema não permite captar as circunstâncias, a duração e os resultados de cada visita efectuada pelo autor aos seus clientes, nem identificar os respectivos intervenientes. Doutro passo, sendo a atribuição da viatura limitada às necessidades do serviço, está afastado qualquer controlo da vida privada do autor".

VIII.2.
CADUCIDADE DE DIREITOS DE NASCITURO

Acidente de trabalho
Morte do pai de nascituro
Prestação reparatória de acidente
Caducidade do direito de acção

Origem: Tribunal da Relação de Coimbra
Data: 12 de Julho de 2007
Relator: Juiz Desembargador Dr. Serra Leitão
Processo: 338/1994.C1

OBJECTO:

Este acórdão relaciona-se com a questão da caducidade do direito de acção de um nascituro às prestações reparatórias de acidente de trabalho que vitimou mortalmente o seu pai – a questão é a de saber se, dizendo a lei, que o direito à reparação caduca um ano após a morte da vítima, quem era a essa data nascituro (e que ainda tem que enfrentar o reconhecimento da filiação em acção de investigação de paternidade) não pode ver o seu direito caducado enquanto não lhe foi possível exercê-lo.

VIII.3.
PICADA DE INSECTO

Acidente de trabalho
Local de trabalho
Picada de insecto
Força maior
Risco

Origem: Tribunal da Relação do Porto
Data: 28 de Maio de 2007
Relator: Juiz Desembargador Dr. Ferreira da Costa
Processo: 0711446

Sumário:

Não configura um acidente de trabalho indemnizável a situação em que a trabalhadora, ao sair do seu local de trabalho quando caminhava na rampa que liga o edifício à via pública foi atingida por um insecto no glóbulo ocular esquerdo, dado que tal acidente, embora com uma relação espácio – temporal com o trabalho, resultou de um caso de força maior e que não corresponde a qualquer risco criado ou agravado pelas condições de trabalho.

VIII.4.
DESCARACTERIZAÇÃO DE ACIDENTE

Negligência grosseira
Embriaguez
Causa exclusiva
Ónus de prova

Origem: Tribunal da Relação do Porto
Data: 8 de Maio de 2006
Relator: Juiz Desembargador Dr. Ferreira da Costa
Processo: 717/2006 (Inédito)

Sumário:

I – Para haver descaracterização de acidente de trabalho, o comportamento da vítima do acidente tem de ser grave, temerário, indesculpável e não haver contribuição de terceiro para a produção do resultado, cabendo o ónus da prova ao responsável pela reparação das consequências do acidente.

II – Só não dá direito a reparação o acidente sofrido pela vítima em estado de embriaguês quando essa embriaguês for a causa exclusiva do acidente.

III – O ónus de prova dessa factualidade incumbe à parte demandada, em virtude da negligência grosseira e exclusivamente imputável ao sinistrado, constituir facto impeditivo do direito invocado pela parte demandante.

Direito da família e menores.

IX.
DIREITO DA FAMÍLIA E MENORES

IX.1
CRIANÇA DE ETNIA CIGANA

Protecção de criança
Integração na família natural
Regime de excepção
Oportunidade e conveniência
Acolhimento em Instituição

Origem: Tribunal da Relação de Guimarães
Data: 12 de Junho de 2007
Relator: Juiz Desembargador Dr. Gomes da Silva
Processo: 926/07-2
Normas: arts. 1.º a 4.º da Lei n.º 147/99, de 01.09.

SUMÁRIO:

I – Na espécie processual jurisdição voluntária, não deve buscar-se um verdadeiro conflito de interesses a compor, mas tão só um interesse a proteger – o da criança ou jovem perigo (apesar de poder desenhar-se um conflito de representações ou de opiniões acerca desse mesmo interesse), sem sujeição a critérios de legalidade estrita e antes devendo adoptar a solução tida por mais conveniente e oportuna para o caso concreto.

II – As decisões a proferir neles, sobretudo com relação a crianças/jovens de etnia cigana, não devem limitar-se a salvaguardar as especificidades sócio-culturais, com matriz no direito à diferença e à individualidade, sobretudo se à custa de uma certa desconsideração das obrigações dos progenitores e dos direitos a acautelar às crianças, como cidadãos do amanhã; deve, antes, dar-se acentuada prevalência às soluções que permitam a integração/manutenção na família natural e, só quando esta não se mostre viável, se deverá optar por soluções de tipo institucional, de preferência que conduzam a algo de similar (v. g., a adopção).

(Sumário elaborado pelo Relator do Acórdão)

IX.2.
DIREITO DE VISITAS DOS AVÓS

Origem: Tribunal da Relação de Coimbra
Data: 15 de Junho de 2005
Relator: Juiz Desembargador Dr. José Maria Sousa Pinto
Processo: 1566/05-3 [inédito]
Normas: art. 1887.º-A do Código Civil; 1410.º do Código de Processo Civil; 150.º da OTM

SUMÁRIO:

I – Os poderes conferidos ao juiz no âmbito dos processos de jurisdição voluntária

II – A causa de pedir no âmbito da presente acção na verificação dos pressupostos fácticos bastantes consubstanciadores da aplicação do art. 1887.º-A do Cód. Civil.

III – A interpretação a dar ao apontado art. 1887.º-A do Cód. Civil: ou se tem dele uma visão muito ampla, traduzível numa verdadeira limitação ao exercício do poder paternal; ou se entende o mesmo numa perspectiva mais restritiva, em que se concebe a sua aplicação às situações em que há uma patente atitude de inviabilização do convívio entre irmãos ou avós e netos.

X.
DIREITO PENAL

X.1.
DISTINÇÃO ENTRE BURLA E FRAUDE CIVIL

Protecção de criança
Integração na família natural
Regime de excepção
Oportunidade e conveniência
Acolhimento em Instituição*

Origem: Supremo Tribunal de Justiça
Data: 04 de Outubro de 2007
Relator: Juiz Conselheiro Dr. Simas Santos
Processo: 2599/07-5.ª Secção
Normas: art. 217.º do Código Penal

Sumário:

1 – A questão de saber se é censurada penalmente a "burla processual", com recurso à instauração de acção judicial, há-de ser, numa primeira fase, resolvida à luz do disposto no art. 217.º, n.º 1 do C. Penal, determinando-se se se verificam, no caso concreto, os elementos do respectivo tipo de crime.

2 – E não se diga em contrário que o legislador a não a quis abranger, pois conhecedor da polémica sobre ela, «não tomou ainda a opção de a consagrar», diferentemente do que fez em relação à burlas relativas a seguros, para obtenção de alimentos, bebidas ou serviços, burla informática e nas comunicações e relativa a trabalho ou emprego, quando nada sobre matéria tão inovadora resultou dos trabalhos preparatórios. É que, se a controvérsia existia e os trabalhos preparatórios nada dizem sobre a questão, não se pode atribuir a este "silêncio" do legislador um sentido que perturbe a configuração do tipo legal do crime de burla, então feito, e que abrange este tipo de burla, pois seria necessária pronúncia sobre a questão que esclarecesse não se pretender, apesar do carácter amplo da previsão, contemplar tais situações.

3 – Por outro lado, a circunstância de o legislador não ter autonomizado este tipo situações, diferentemente do que fez em relação aos tipos já indicados, significa seguramente que o legislador entendeu que tal se não justificava no caso, em função das modalidades de acção, da sua especificidade ou do seu particular objecto de acção ilícita.

4 – O crime de burla é uma forma evoluída de captação do alheio em que o agente se serve do erro e do engano para que incauteladamente a vítima se deixe espoliar, e é integrado pelosseguintes elementos:

– intenção do agente de obter para si ou para terceiro enriquecimento ilegítimo;
– por meio de erro ou engano sobre factos que astuciosamente provocou;
– determinar outrem à prática de actos que lhe causem, ou causem a outrem, prejuízo patrimonial.

5 – É usada astúcia quando os factos invocados dão a uma falsidade a aparência de verdade, ou o burlão refira factos falsos ou altere ou dissimule factos verdadeiros, e actuando com destreza pretende enganar e surpreender a boa fé do burlado de forma a convencê--lo a praticar actos em prejuízo do seu património ou de terceiro.

6 – Esses actos além de astuciosos devem ser aptos a enganar, podendo limitar-se ao que se mostra necessário em função das características da situação e da vítima concreta, ou tratar-se de processos rebuscados ou engenhosos, envolvendo contratos verdadeiros ou falsos e acções judiciais.

7 – Mas não se deve esquecer que neste crime, a matéria punível não é a fraude mesma,

Direito penal.

o engano ou o induzir em erro, mas a locupletação ilícita ou a injusta lesão patrimonial, sendo o engano somente um momento precursor do crime, concepção que se traduz, aliás, na inserçãosistemática do respectivo tipo entre os crimes contra o património.

8 – Pode verificar-se uma identificação, de modo e de finalidade, entre a fraude que integra a burla e o dolo que vicia os contratos de carácter económico, e fraudes civis distintas da fraude penal, bastando considerar o dano culposo, o esbulho possessório sem violência ou ameaça grave, o incumprimento de contrato (em geral), a acção de condenação de dívida não vencida, a lide temerária, o abuso de direito, o recebimento culposo do não devido, como actos ilícitos que, no entanto, a lei não define como crimes.

9 – Numa opção, em que muitas vezes não é imediatamente reconhecível um rigoroso científico ou distinção ontológica entre tais fatos, por razões de política criminal, o legislador efectua uma selecção, elegendo as condutas penalmente censuráveis entre as quais não inclui o facto contra direito que não provoque alarme colectivo, caso em que se contenta com os meios próprios do direito civil, como sancionamento. Parte assim, da maior gravidade do delito penal, da mais extensa e intensa perturbação social que causa.

10 – A linha divisória entre a fraude, constitutiva da burla, e o simples ilícito civil, uma vez que dolo in contrahendo cível determinante da nulidade do contrato se configura em termos muito idênticos ao engano constitutivo da burla, inclusive quanto à eficácia causal para produzir e provocar o acto dispositivo, deve ser encontrada em diversos índices indicados pela Doutrina e pela Jurisprudência, tendo-se presente que o dolo in contrahendo é facilmente criminalizável desde que concorram os demais elementos estruturais do crime de burla.

11 – Há, assim, fraude penal:

– quando há propósito ab initio do agente de não prestar o equivalente económico:
– quando se verifica dano social e não puramente individual, com violação do mínimo ético e um perigo social, mediato ou indirecto;
– quando se verifica um violação da ordem jurídica que, por sua intensidade ou gravidade, exige como única sanção adequada a pena;
– quando há fraude capaz de iludir o diligente pai de família, evidente perversidade e impostura, má fé, mise-en-scène para iludir;
– quando há uma impossibilidade de se reparar o dano;
– quando há intuito de um lucro ilícito e não do lucro do negócio

12 – Na verdade, nos negócios, em que estão presentes mecanismos de livre concorrência, o conhecimento de uns e o erro ou ignorância de outros, determina o sucesso, apresentando-se o erro como um dos elementos do normal funcionamento da economia de mercado, sem que se chegue a integrar um ilícito criminal; mas pode também a fraude penal pode manifestar-se numa simples operação civil, quando esta não passa de engodo fraudulento usado para envolver e espoliar a vítima, com desprezo pelo princípio da boa fé, traduzindo-se num desvalor da acção que, por sua intensidade ou gravidade, tem como única sanção adequada a pena.

13 – Há crime de burla se se está perante um contrato de promessa de compre e venda que depois foi usado numa acção cível destinada a obter a entrega dos bens, falsamente prometidos vender e falsamente já pagos, em que não havendo contrato celebrado, nunca houve vontade de realizar o negócio correspondente, mas antes não só uma decisão pré-concebida de não cumprir o contrato de promessa, mas de o utilizar exclusivamente na acção judicial, como elemento do engano.

(Sumário elaborado pelo Relator do Acórdão)

X.2.
UM PROCESSO
DUAS ACUSAÇÕES SUCESSIVAS
DUAS ANULAÇÕES EM DOIS ACÓRDÃOS

Julgamento em Primeira Instância pela Relação
Duas acusações sucessivas
Saneamento
Omissão de pronúncia
Nulidade

O Primeiro Acórdão:
Origem: Supremo Tribunal de Justiça
Data: 25 de Janeiro de 2007
Relator: Juiz Conselheiro Dr. Pereira Madeira
Processo: 07P158

SUMÁRIO:

I – A acusação é o elemento estruturante de definição do objecto do processo, não podendo o tribunal promovê-lo para além dos limites daquela, *(ne procedat judex ex officio)*, nem condenar para além dos da acusação *(sententia debet esse conformis libello)*. A definição do *thema decidendum* pela acusação é uma consequência da estrutura acusatória do processo penal.

II – Neste contexto, nunca o tribunal poderia deixar de se pronunciar por si, *ex officio*, quanto aos efeitos intraprocessuais da existência algo incomum de duas acusações sucessivas no mesmo processo, ambas comportando exactamente os mesmos factos apenas divergindo nas qualificações jurídicas, ao menos, com vista a definir exactamente os limites do *thema decidendum* com que iria ter que lidar, enfim, decidindo previamente como se articulam as duas acusações, melhor, a segunda acusação com a pronúncia anterior de que a primeira foi objecto e já transitada em julgado, se aquele *thema* se mantém nos limites do despacho de pronúncia, se se alargou e em que termos, por via da segunda acusação, se tal alargamento era processualmente admissível, quais as suas consequências em relação aos confins da pronúncia já então fixada, em suma, quais as coordenadas constitucionais e legais a que tal situação processual deve ser aferida – art.s 311.º, n.º 1, 327.º, n.º 1 e 338.º, n.º 1, todos do Código de Processo Penal.

III – A omissão de pronúncia sobre tal questão essencial implica, nos termos do disposto no artigo 379.º, n.º 1, *c)*, do mesmo diploma adjectivo, a nulidade do aresto recorrido, sendo certo que foi arguida pelo recorrente, mas nem sequer necessitava de o ser, já que podia ser oficiosamente conhecida em recurso, tal como emerge do n.º 2 do mesmo artigo.

O Segundo Acórdão:
Origem: Supremo Tribunal de Justiça
Data: 05 de Setembro de 2007
Relator: Juiz Conselheiro Dr. Pires da Graça
Processo: 2080/07 – 3.ª (Inédito)

X.3.
CUMPRIMENTO DE MANDADO DE DETENÇÃO EUROPEU

Mandado de detenção europeu
Recusa facultativa
Pendência de processo pelo mesmo facto

O Primeiro Acórdão:
Origem: Supremo Tribunal de Justiça
Data: 06 de Junho de 2007
Relator: Juiz Conselheiro Dr. Pereira Madeira
Processo: 07P2178

SUMÁRIO:

I – Ao invés do que sucede com os casos catalogados taxativamente no artigo 11.º da Lei n.º 65/03, de 23/8, que impõem a recusa, assim a tornando obrigatória, os previstos no artigo 12.º da mesma Lei possibilitam uma mera faculdade de recusa.

II – Porém, a recusa facultativa não pode ser concebida como um acto gratuito ou arbitrário do tribunal. Há-de assentar em argumentos e elementos de facto adicionais aportados ao processo e susceptíveis de adequada ponderação, nomeadamente factos invocados pelos interessados, que, devidamente equacionados, levem a dar justificada prevalência ao processo nacional sobre o do Estado requerente.

III – Na verdade, concedendo aquela Lei ao Estado requerido a faculdade de recusa, nomeadamente nos casos de pendência de processo «pelo mesmo facto», ela permite que aquele mesmo Estado, através das entidades competentes, nomeadamente o Ministério Público, ou do arguido, demonstrem ao tribunal a existência de possíveis vantagens e ou utilidade na concretização da recusa. O que não pode nem deve é tratar-se de um acto arbitrário, caprichoso ou meramente voluntarista, capaz de pôr em causa os sãos princípios de cooperação internacional a que tal Lei quis dar corpo.

(Sumário elaborado pelo Relator do Acórdão)

XI.
JURISPRUDÊNCIA FISCAL

Reclamação em execução fiscal
Obrigação natural
Cumprimento de obrigação prescrita
Repetição do indevido
Coacção

Origem: Tribunal Central Administrativo Norte
Data: 10 de Janeiro de 2008
Relator: Juiz Desembargador Dr. Moisés Moura Rodrigues
Processo: 1489/07.2BEPRT [inédito]
Normas: ....

SUMÁRIO:

I – Só há coacção moral se a ameaça for feita com a cominação de um mal ilícito, de um mal que a parte ameaçada não esteja juridicamente vinculada a suportar.

II – Não constitui coacção a ameaça do exercício normal de um direito.

III – O pagamento feito em processo executivo é sempre "espontâneo" e "livre de toda a coacção", uma vez que o exercício normal de direitos processuais de carácter executivo não constitui coacção ilegítima.

IV – O pagamento voluntário, feito pelo executado por conta de dívida sob execução fiscal extinta por prescrição da obrigação respectiva, não pode fundamentar a devolução ou "repetição do indevido", pois esse pagamento corresponde ao cumprimento de uma obrigação natural.

(Sumário elaborado pelo Relator do Acórdão)

XII.
JURISPRUDÊNCIA EUROPEIA

Abuso de liberdade de imprensa
Liberdade de expressão
Acto difamatório
Jornalista

Origem: Tribunal Europeu dos Direitos do Homem
Data: 26 de Abril de 2007
Relator: J.P.Costa, Juiz do TEDH
Processo: 11319/03 *(Tradução livre do original em língua francesa)*
Normas: art. 10.º da Convenção Europeia dos Direitos do Homem

NOTAS:

1. Sobre a ponderação entre o exercício do direito de informar e o direito de personalidade, a jurisprudência tem valorado este último. Por recente Acórdão da Relação do Porto, de 16.05.2007 (proc. 0710027, Des. Paulo Valério) foi decidido que "I – O direito à liberdade de expressão (art. 37.º CRP), ou seja, o direito de exprimir e divulgar livremente o pensamento, não pode ser exercido sem limites, designadamente os impostos por outros direitos constitucionais. II – Havendo colisão entre o direito de informar e os direitos inerentes à pessoa humana, deve dar-se prevalência a estes, por serem superiores, isto é, a colisão de ambos conduz, em princípio, à necessidade de compressão daquele".

2. O acórdão do Tribunal Europeu dos Direitos do Homem acima transcrito versa sobre uma problemática diversa, a saber, qual o limite máximo que a liberdade jornalística tem no âmbito da formulação de perguntas, quando nesta o jornalista abandone uma posição de total objectividade e inclua concepções pessoais, afirmações, conjecturas ou argumentos subjectivos.

3. A utilização de determinadas palavras pode tornar uma proposição em algo de explícito e em instrumento de comunicação e compreensão. É por isso que ": o aspecto cognitivo do significado de uma frase, concebido como o seu conteúdo, ou o que é estritamente dito, abstraído de condições que, no contexto proposicional, não permitam apreender as componentes descritiva e avaliativa da frase ou da palavra. Daí que o significado emotivo de uma expressão é a atitude, ou outro estado emocional, que é convencionalmente tomada como aquilo que o seu uso normal exprime. Mas muitas das expressões através dos quais exprimimos aprovação ou desaprovação têm também componentes descritivos, ou seja, são termos que têm simultaneamente um conteúdo descritivo e valorativo ("termos densos"). A interpretação, isto é, a captação do significado e do sentido prático da linguagem falada no domínio do direito e das situações da vida real sujeitas ao escrutínio do direito penal (que por definição avalia condutas, inclusive verbais ou gestuais) não se compadece com construções desencarnadas do sentido prático e comum, por exemplo com avaliações literárias, estilísticas ou metafísicas que não encontrem uma compreensão no mundo dos seres comuns, ou seja, no mundo dos homens reais que usam uma determinada linguagem comum (partilhada) e dentro do contexto de utilização de tal linguagem, com os significados e o valor descritivo e valorativo que as palavras têm dentro de tal uso corrente e do respectivo contexto" [*in* Ac. RP citado].

4. Segundo JOSÉ FARIA COSTA (*Comentário Conimbricence ao Código Penal*, I, 1999, p. 630), o significado das palavras, tem um determinado *valor de uso*. Valor que se aprecia, justamente, no contexto situacional, e que ao deixar intocado o significante ganha ou adquire intencionalidade bem diversa, no momento em que apreciamos o significado, o que não

quer dizer que não haja palavras cujo sentido primeiro e último seja tido, por toda a comunidade falante, como ofensivo da honra e consideração.

5. Por conseguinte, as palavras e gestos devem ser configuradas de acordo com o contexto específico e os sujeitos entre os quais são proferidas, porém não podem deixar de ser conformadas, quando expressas para o público em geral, com a leitura possível e lógica que das mesmas seja passível de ser efectivada por qualquer cidadão ou "homem médio" sem que a este seja exigível um especial esforço hermenêutico.

causas

47 **Parque de sucata em RAN**
Não pode invocar a figura da colisão de direitos para impedir a procedência do pedido de cessação da sua actividade uma empresa que está a explorar sem licença camarária um parque de sucata parcialmente integrado em área de Reserva Agrícola Nacional e em circunstâncias tais que ofende os direitos previstos nos arts. 66.º, n.º 1, da Constituição (ambiente e qualidade de vida) e 70.º do Código Civil (personalidade física ou moral) – *Ac. do S.T.J de 09 de Maio de 2006*

53 **Aterro sanitário**
A localização dos aterros sanitários não se faz exclusivamente em função das características geológicas, geotécnicas e hidrogeológicas do local, devendo ter-se em conta também as regras da sua construção e da sua impermeabilização, de forma a concluir-se que o mesmo não afecta o direito a um ambiente sadio – *Ac. do S.T.J de 26 de Janeiro de 2008*

77 **Controle de trabalhadores por GPS**
O empregador não pode utilizar meios de vigilância à distância no local de trabalho, mediante o emprego tecnológico, com a finalidade de controlar o desempenho profissional do trabalhador. Exceptua-se de tal proibição quando a vigilância vise a protecção e segurança de pessoas e bens, ou existência de particulares exigências inerentes à natureza da actividade que justifiquem o uso de tais meios. Todavia, quando tal vigilância electrónica se efective, incumbe ao empregador o ónus de prova de ter procedido ao cumprimento do dever de informação ao trabalhador – *Ac. da Relação de Lisboa de 21 de Setembro de 2006*

85 **Caducidade de direitos de nascituro**
A caducidade do direito de acção de um nascituro às prestações reparatórias de acidente de trabalho que vitimou mortalmente o seu pai – *Ac. da Relação de Coimbra de 12 de Julho de 2007*

91 **Picada de insecto**
Não configura um acidente de trabalho indemnizável a situação em que a trabalhadora, ao sair do seu local de trabalho quando caminhava na rampa que liga o edifício à via pública foi atingida por um insecto no glóbulo ocular esquerdo – *Ac. da Relação do Porto de 28 de Maio de 2007*

n.º 42
2008
Janeiro/Março
Trimestral

99 Descaracterização de acidente
Só não dá direito a reparação o acidente sofrido pela vítima em estado de embriaguês quando essa embriaguês for a causa exclusiva do acidente – *Ac. da Relação do Porto de 8 de Maio de 2006*

107 Criança de etnia cigana
Na espécie processual jurisdição voluntária, não deve buscar-se um verdadeiro conflito de interesses a compor, mas tão só um interesse a proteger – o da criança ou jovem perigo (apesar de poder desenhar-se um conflito de representações ou de opiniões acerca desse mesmo interesse), sem sujeição a critérios de legalidade estrita e antes devendo adoptar a solução tida por mais conveniente e oportuna para o caso concreto – *Ac. da Relação de Guimarães de 12 de Julho de 2007*

115 Direito de visitas dos avós
O poder/dever de educação dos filhos encontra-se, em princípio, entregue aos cuidados dos progenitores, que serão, à partida, as pessoas mais habilitadas para levarem a cabo tal difícil tarefa.

Cabe no âmbito desse seu poder/dever de educar, a gestão desse convívio entre irmãos ou entre avós e netos, a qual deve ser pautada por princípios de racionalidade e equilíbrio, visando a salvaguarda dos superiores interesses dos menores.

Só em casos em que os pais não permitam a existência desse convívio com um mínimo de regularidade e de tempo para o relacionamento comunicacional entre irmãos ou entre avós e netos, é que será admissível, a quem se sentir lesado com tal impedimento, pedir em Tribunal a concretização desse convívio – *Ac. da Relação de Coimbra de 15 de Junho de 2005*

121 Distinção entre burla e fraude civil
Debate-se neste acórdão a questão de saber se é censurada penalmente a "burla processual", com recurso à instauração de acção judicial, já que o legislador sobre ela, «não tomou ainda a opção de a consagrar», diferentemente do que fez em relação às burlas relativas a seguros, para obtenção de alimentos, bebidas ou serviços, burla informática e nas comunicações e relativa a trabalho ou emprego – *Ac. do S.T.J. de 4 de Outubro de 2007*

133 Um processo, duas acusações sucessivas, duas anulações em dois acórdãos
O tribunal nunca poderia deixar de se pronunciar por si, *ex officio*, quanto aos efeitos intraprocessuais da existência algo incomum de duas acusações sucessivas no mesmo processo, ambas comportando exactamente os mesmos factos apenas divergindo nas qualificações jurídicas, ao menos, com vista a definir exactamente os limites do *thema decidendum* com que iria ter que lidar – *Acs. do S.T.J. de 25 de Janeiro de 2007 e de 5 de Setembro de 2007*

155 Cumprimento de mandado de detenção europeu
A recusa facultativa de cumprimento de mandado de detenção europeu não pode ser concebida como um acto gratuito ou arbitrário do tribunal. Há-de assentar em argumentos e elementos de facto adicionais aportados ao processo e susceptíveis de adequada ponderação, nomeadamente factos invocados pelos interessados, que, devidamente equacionados, levem a dar justificada prevalência ao processo nacional sobre o do Estado requerente – *Ac. do S.T.J. de 6 de Junho de 2007*

161 Pagamento voluntário de dívida sob execução fiscal extinta por prescrição

Só há coacção moral se a ameaça for feita com a cominação de um mal ilícito, de um mal que a parte ameaçada não esteja juridicamente vinculada a suportar.

Não constitui coacção a ameaça do exercício normal de um direito – *Ac. do T.C. Administrativo do Norte de 10 de Janeiro de 2008*

169 Equilíbrio entre liberdade de expressão e protecção de direitos dos queixosos

O debate sobre questões de corrupção no futebol era, à época dos factos, muito intenso e fazia regularmente "manchete" na imprensa generalista. O próprio processo litigioso atraiu na época, como as partes sublinharam, uma larga cobertura mediática. O queixoso era uma personalidade bem conhecida do público, que à época desempenhava – como de resto desempenha ainda hoje – um papel importante na vida pública do país por ser o presidente de um grande clube de futebol, e ao tempo dos factos, da Liga que tinha por missão a organização do campeonato de futebol profissional e a entrevista em causa versava exclusivamente sobre as suas actividades públicas enquanto presidente de um grande clube de futebol e da Liga, o que confere à entrevista o levantamento de questões de interesse geral – *Ac. do T.E. dos Direitos do Homem de 26 de Abril de 2007*

Parque de sucata em RAN

"Não pode invocar a figura da colisão de direitos para impedir a procedência do pedido de cessação da sua actividade uma empresa que está a explorar sem licença camarária um parque de sucata parcialmente integrado em área de Reserva Agrícola Nacional e em circunstâncias tais que ofende os direitos previstos nos arts. 66.º, n.º 1, da Constituição (ambiente e qualidade de vida) e 70.º do Código Civil (personalidade física ou moral)" – *Ac. do S.T.J. de 09 de Maio de 2006*

Relatório.

- Acórdão do Supremo Tribunal de Justiça
Data: 09 de Maio de 2006
Relator: Juiz Conselheiro Dr. Nuno Cameira
Processo: 06A636

Acordam no Supremo Tribunal de Justiça:

1. Termos essenciais da causa e do recurso

O Ministério Público propôs no Tribunal de Espinho uma acção para defesa de interesses difusos, alegando, em resumo, que ré Empresa-A, explora sem licença camarária num prédio rústico situado em ..., freguesia de Anta, conhecido por "Parque de Sucata da...", uma indústria de depósito e transformação de entulho, ferro velho, carcaças de veículos automóveis, navios, fogões, frigoríficos, baterias e outros resíduos sólidos, ali procedendo, em solo não impermeabilizado, à queima de parte desses resíduos sólidos, o que provoca fumos, poeiras, cheiros, gases tóxicos e escorrências de produtos poluentes para os terrenos circundantes, perigosos para a saúde dos habitantes da zona envolvente.

Com base nisto pediu que a ré fosse condenada a cessar de imediato a actividade desenvolvida pelo Parque de Sucata da..., procedendo ao respectivo encerramento, à remoção de todo o espólio ali existente e à reposição do terreno na situação anterior à instalação.

Na contestação a ré alegou essencialmente que o depósito de sucata funciona no local indicado na petição inicial há mais de vinte anos, em zona arborizada e murada a toda a volta, encontrando-se o solo impermeabilizado e não havendo escorrências para os prédios vizinhos, nem queimadas de lixo, ruídos ou poluição de qualquer tipo.

Após o julgamento da matéria de facto foi proferida sentença que julgou a acção totalmente procedente.

Por acórdão de 3.10.02, porém, a Relação do Porto anulou o julgamento, mandando reformular alguns quesitos e aditar outros à base instrutória.

Cumprido o determinado, a 1.ª instância voltou a julgar a acção em termos precisamente idênticos (sentença de 24.2.05 – fls 477 e sgs).

A ré apelou de novo.

Por acórdão de 29.11.05 a Relação, julgando parcialmente procedente o recurso, decidiu:
Revogar a sentença recorrida;
Proibir a ré de proceder à queima de quaisquer resíduos no depósito de sucata;
Proibir a ré de encaminhar quaisquer escorrências para os prédios vizinhos do parque e ribeiro contíguo a este;
Condenar a ré a proceder às obras necessárias para que as águas pluviais caídas no parque não escorram para aqueles prédios e ribeiro;
Condenar a ré a proceder ao desmonte da sucata, apenas na área impermeabilizada;
Condenar a ré a proceder à descontaminação imediata da sucata recebida no parque, armazenando-os adequadamente;
Condenar a ré a observar os condicionamentos de implantação prescritos no art. 4.º do DL 268/98, supra referidos, que ainda se não mostrem cumpridos.

Agora é o Ministério Público que, inconformado, recorre de revista para o Supremo Tribunal, sustentando que deve ser revogado o acórdão da Relação e reposta a sentença. Levanta duas questões úteis, em termos que adiante serão precisados e desenvolvidos:
1.ª) Nulidade do acórdão recorrido por omissão de pronúncia;
2.ª) Erro de julgamento, por se ter entendido que havia lugar a uma "ponderação de proporcionalidade da compressão da livre iniciativa económica da ré" (sic-fls 603), necessária para a compaginar com os direitos ao ambiente e à vida de que são titulares todos os afectados pela poluição que a recorrida gera.

A ré contra alegou, defendendo a confirmação do julgado.

NOVÍSSIMOS ESTILOS 2 – JURISPRUDÊNCIA

Matéria de facto.

2. Fundamentação

a) *Matéria de facto*

1 – A ré possui e explora há mais de cinco anos no prédio rústico situado no lugar da ....., ..., Anta, Espinho, uma indústria de depósito e transformação de, pelo menos, produtos metálicos provenientes do desmantelamento de navios, retalhos de diversos tipos de chapas metálicas, do desmantelamento de fábricas e instalações similares, bidões metálicos vazios, bidões plásticos vazios, máquinas e motores eléctricos.

2 – No referido parque de sucata depositam-se também baterias, óleos, carcaças de frigoríficos, máquinas de lavar e automóveis, incluindo pneus que estes também tenham.

3 – No parque são queimados objectos e resíduos provenientes daqueles produtos metálicos, tais como baterias, plásticos, tintas, borrachas e pneus.

4 – Em consequência do referido no número anterior verifica-se a libertação de fumos, fuligem e cheiros, os quais causam incómodos e mal estar aos moradores vizinhos, e o lançamento para a atmosfera de substâncias susceptíveis de afectar negativamente a qualidade do ar.

5 – Alguns dos materiais e detritos depositados no parque de sucata e libertados em resultado da actividade aí desenvolvida pela ré revestem a natureza de "resíduos perigosos".

6 – Das actividades referidas em 1, 2 e 3 já resultaram inadvertidamente, por uma ou outra vez, algumas escorrências para os prédios vizinhos, sendo outras dessas escorrências deliberadamente encaminhadas para o ribeiro mencionado em 16.

7 – E afectando os terrenos adjacentes ao parque, que passaram a revelar uma subida significativa de cálcio, magnésio e sódio, classificados como poluidores.

8 – O referido no número anterior reflecte-se nas culturas efectuadas nos terrenos atingidos por tais escorrências ou infiltrações.

9 – No terreno do parque e, pelo menos, nas zonas onde não se encontram amontoados os produtos metálicos referidos, foi colocada uma camada betuminosa, que é tendencialmente impermeabilizante.

10 – A camada betuminosa referida em 9 é variável, tendo uma espessura aproximada de 50 cm.

11 – À volta do parque de sucata existe um muro enterrado no solo, com profundidade não apurada, que emerge do mesmo, a cerca de 3 metros de altura, construído parte em alvenaria e parte com chapas metálicas fixas.

12 – As escorrências que não se dirigem para os prédios vizinhos ou para o ribeiro, nos termos referidos em 6, são conduzidos para o poço referido em 22, mormente na sua zona circundante, e por força da topografia desse terreno, designadamente, de um ligeiro declive aí existente.

13 – O parque não se encontra licenciado, e situa-se a menos de 1 Km das estradas nacionais e municipais mais próximas;

14 – A ré promoveu o registo do parque de sucata, ao abrigo do disposto no Dec-Lei 268/98, de 28/8.

15 – Parte do terreno onde se situa o parque de sucata encontra-se abrangido pela Reserva Agrícola Nacional, e a totalidade do seu terreno encontra-se numa zona abundantemente arborizada.

16 – O parque é contíguo a um ribeiro, tem uma área aproximada de 5250 m2 e é envolvido e delimitado por uma vedação, sendo visíveis do exterior, quando amontoados de modo a ultrapassar a vedação, alguns dos produtos metálicos aí depositados.

17 – Por força do normal desenrolar da sua actividade, é frequente a vinda ao local de camiões para efectuar cargas e descargas.

18 – A actividade normal do referido parque, com a deslocação de camiões e com as cargas e descargas dos produtos metálicos transportados, provoca ruídos e poeiras.

19 – Antes de 14.7.98 o parque chegou a laborar aos fins de semana, designadamente aos sábados, e para além das 18 horas, o que, posteriormente àquele data, principalmente no verão, veio a suceder, ainda que com carácter esporádico, provocando ruídos com as máquinas.

20 – Com as suas actuais dimensões, o parque labora no local após 1984.

21 – Apenas uma ou outra casa de habitação existentes no local foram edificadas já depois dele se encontrar com as actuais dimensões.

22 – O parque possuía um poço sumidouro, cuja base está, actualmente, cimentada.

23 – Após 14-7-1998, e sem prejuízo do mencionado em 19, o parque passou a laborar, essencialmente, entre as 8 e as 18 horas, de segunda a sexta-feira.

b) Matéria de Direito

1) Análise da 1.ª questão

Segundo o recorrente, o acórdão é nulo porque omitiu indevidamente a pronúncia sobre um dos fundamentos do pedido formulado na acção, que é a instalação do parque de sucata da ré em área de Reserva Agrícola Nacional, contra o determinado pelo art. 8.º do DL 274/92 (preceito segundo o qual todos os solos de RAN[1] devem ser exclusivamente afectos à agricultura, sendo proibidas todas as acções que diminuam ou destruam as suas potencialidades agrícolas).

Segundo o art. 660.º, n.º 2, do CPC, o juiz deve resolver todas as questões que as partes tenham submetido à sua apreciação, exceptuadas aquelas cuja decisão esteja prejudicada pela solução dada a outras.

Foi o que aconteceu no caso presente.

Na verdade, a Relação não deixou de apreciar e decidir a questão que lhe foi posta na apelação – a de saber se havia ou não fundamento jurídico bastante para decretar o encerramento do parque de sucata. Ora, parece certo que em tal contexto o problema a que o recorrente alude assume-se em bom rigor, já não como um ponto necessariamente carecido de decisão, sob pena de nulidade, por estar integrado na causa de pedir invocada, mas sim como um verdadeiro e próprio argumento ou razão de que se serviu, a par de outros, para justificar a pretensão formulada. De qualquer modo, o que no acórdão recorrido textualmente se afirma sobre o assunto é isto (fls 567): "Resulta da factualidade provada que parte do parque de sucata abrange terreno incluído na Reserva Agrícola Nacional e que o mesmo não está licenciado. Estas questões hão-de ser resolvidas pelas autoridades administrativas competentes".

Perante tão claras palavras parece-nos evidente que não pode assacar-se ao acórdão o vício de que o MP fala: não há omissão indevida de pronúncia, no sentido que atrás se referiu, justamente porque, tomando posição explícita sobre o tema, o acórdão considerou que ele era da competência do foro administrativo; portanto, vício, a existir, será de julgamento, realidade que, podendo conduzir à revogação total ou parcial da sentença, diverge substancialmente das situações elencadas no art. 668.º do CPC, conducentes à sua nulidade.

2) Análise da 2.ª questão

Concluiu o autor, quanto a esta questão, que a Relação julgou mal porque o "resultado a que chegou não previne adequadamente as previsíveis lesões do direito à vida, ao ambiente e à saúde" (fls 600); e acrescentou ainda que, não estando o parque de sucata licenciado, nem sendo licenciável, além de se integrar, em parte, em área pertencente à RAN, a ré "não está a exercer qualquer direito de natureza económica protegido por lei, mormente o previsto no art. 61.º da CRP[2] quando exerce a referida actividade económica naquele local".
Vejamos.

Constituíram fundamentos essenciais da presente acção a violação por parte da ré do direito à saúde e à qualidade de vida das pessoas e a um ambiente sadio e ecologicamente equilibrado.

Ora, as instâncias convergiram por inteiro nos aspectos essenciais da valoração ou qualificação jurídica dos factos definitivamente assentes: em resumo entenderam, e bem, que o funcionamento do parque de sucata explorado pela ré nos moldes que ficaram demonstrados – melhor se diria, talvez, com as consequências que os factos 4) a 8) retra-

---

Matéria jurídica.

Nulidade do acórdão por omissão de pronúncia.

Fundamentos para a cessação da actividade do parque de sucata.

Ofensa do direito à saúde e à qualidade de vida das pessoas e a um ambiente sadio e ecologicamente equilibrado.

tam – ofende o direito previsto no art. 66.º, n.º 1, da CRP (o direito de todos a um ambiente de vida humano, sadio e ecologicamente equilibrado), e também, acrescentamos nós, o direito consignado no art. 70.º, n.º 1, do Código Civil, que, estabelecendo uma tutela geral da personalidade física ou moral de todas as pessoas contra qualquer ofensa ilícita ou ameaça de ofensa que lhe seja feita, deve ser tido como uma concretização antecipada daquele direito fundamental pela lei ordinária (anterior à CRP aprovada em 1976).

Legitimidade do M.ºP.º.

De igual modo, tendo em conta, por um lado, o disposto no art. 26.º-A, do CPC, e, por outro, o art. 45.º, n.º 3, da LBA[3], não se questiona a legitimidade, quer processual, quer substantiva do MP para patrocinar esta causa – quer dizer, uma acção com o pedido e a causa de pedir configurados nos termos que se expuseram.

Onde se regista divergência entre a 1.ª instância e a Relação é na decisão final adoptada para o litígio e, logicamente, na fundamentação que a ela conduziu, cerne da questão agora posta pelo recorrente.

O conflito de direitos entre a iniciativa económica privada e o ambiente.

Assim, no entendimento da sentença, mesmo que se parta do pressuposto de que há, no caso, um "conflito de direitos" a dirimir segundo o art. 335.º do CC – conflito entre o direito à iniciativa económica privada (art. 61.º, n.º 1, da CRP) e o "direito subjectivo do ambiente" – sempre a balança pesa mais a "favor dos tais interesses difusos promovidos pelo MP, porquanto está em causa a tutela do direito subjectivo a um ambiente sadio, mormente dos residentes da zona circundante àquele parque de sucata, os direitos de personalidade destes, através do seu núcleo duro (a integridade física, a saúde e a qualidade de vida)".

A Relação também começou por dizer que "a lesão do ambiente, quando atinja a qualidade de vida das pessoas, ofende a sua integridade física, sendo que o direito a esta é um dos direitos fundamentais constitucionalmente reconhecidos (art. 25.º, n.º 1, da CRP)", acrescentando que "este direito, pela sua própria natureza, sobreleva os direitos de conteúdo económico, social e cultural". No entanto, porque em última análise se mantinha de pé, segundo o acórdão impugnado, a questão de saber se seria necessário encerrar as instalações da ré para pôr fim às violações do direito ao ambiente registadas, tal como a 1.ª instância decidira, veio a concluir-se, tudo ponderado, que haveria "outras formas" de "corrigir" a fonte dos danos ocorridos. A forma escolhida foi aquela que está claramente expressa na parte decisória do acórdão impugnado. Podem ali ver-se, com efeito, diversas proibições e injunções que têm a ré por destinatária e cuja finalidade é limitar e condicionar, mas não suprimir por inteiro a actividade do parque de sucata, encerrando-o. De tudo isto se infere que a razão última da decisão que a 2.ª instância escolheu para o litígio, o verdadeiro fundamento jurídico que lhe presidiu, não deixou de ser a ideia de que existe uma colisão de direitos na situação analisada, a resolver nos termos previstos no art. 335.º do CC. Será assim?

A figura da colisão de direitos.

A figura da colisão de direitos está incluída num Título da Parte Geral do nosso Código Civil denominado "Das relações jurídicas", e num subtítulo cuja epígrafe é "Do exercício e tutela dos direitos". Segundo o n.º 1 do indicado preceito, "havendo colisão de direitos iguais ou da mesma espécie, devem os titulares ceder na medida do necessário para que todos produzam igualmente o seu efeito, sem maior detrimento para qualquer das partes"; de acordo com o n.º 2, "se os direitos forem desiguais ou de espécie diferente, prevalece o que deva considerar-se superior". Parece-nos resultar com toda a evidência, quer da inserção sistemática desta norma legal, quer da sua própria letra, e mais ainda do seu espírito, da sua ratio legis, que o problema da aplicação prática deste instituto só pode colocar-se depois de o intérprete chegar à conclusão de que, tendo na sua frente uma pluralidade de direitos pertencentes a titulares diversos, não é possível o respectivo exercício simultâneo e integral. Enquanto limitação do exercício de um direito pelo exercício de outro – e quem diz direito diz qualquer posição jurídica activa passível de actuação – a colisão de direitos pressupõe a efectiva existência de ambos. Portanto, averiguando-se que de duas normas atributivas de direitos potencialmente aplicáveis à situação ajuizada só uma delas, afinal, tem aplicação, conferindo, na prática, um único direito, então deixa de poder falar-se em colisão real de direitos: tratar-se-á, em tal caso, duma colisão meramente aparente, sem correspondência na realidade. Isto é assim porque as limitações ao exercício do direito – referimo-nos, claro está, às limitações extrínsecas, de entre as quais avulta precisamente a colisão de direitos, e não às intrínsecas, atinentes ao seu conteúdo e objecto – determinando, no fundo, como ele deve ser actuado, pressupõem a sua existência, validade e eficácia, que, o mesmo é dizer, um direito em concreto. Não se afigura que faça sentido, pois, aludir a uma colisão de direitos em abstracto, isto é, não referida a situações jurídicas activas de que dois diferentes sujeitos jurídicos sejam titulares em dado momento. Se, ponderada a situação de facto comprovada, o julgador chegar à conclusão de que na realidade só um direito existe, radicado na esfera jurídica de um dos litigantes, o instituto da colisão de direitos deixa de poder aplicar-se. Ora, é precisamente isto o que se passa no caso sub judice.

A ré, na realidade, não se apresenta em face dos titulares dos interesses difusos representados pelo MP como titular efectiva de um qualquer direito, designadamente do direito à iniciativa económica privada reconhecido pelo art. 61.º da CRP, cujo exercício se torne necessário regular em ordem a que todos, se possível, produzam o seu efeito; não dispõe, em concreto, desse direito, exactamente porque, consoante ficou amplamente provado, está a exercer a actividade económica em causa – exploração lucrativa dum parque de sucata – totalmente à margem da lei: o parque não está licenciado, uma parte dele encontra-se abrangido pela RAN e as actividades propriamente ditas ofendem direitos fundamentais, constitucionalmente protegidos. Conclui-se, deste modo, que a decisão do acórdão recorrido não pode subsistir, pois assentou num pressuposto – o direito da ré a que atrás se aludiu – que não se verifica. Deve, assim, ser reposta a decisão da primeira instância, ainda que com fundamentos parcialmente distintos.

A exploração de uma actividade sem licenciamento e o conflito de direitos.

Na verdade, como resulta do exposto, o pedido procede na totalidade porque a ré, além do mais, não demonstrou ser titular de qualquer direito que lhe permita prosseguir a exploração do parque de sucata, e não exactamente porque os direitos (ou interesses difusos) patrocinados pelo MP devam, no caso, prevalecer, por serem superiores, no quadro do art. 335.º, n.º 2, do CC.

3. Decisão

Acorda-se em conceder a revista, revogando o acórdão recorrido para ficar a subsistir a decisão da 1.ª instância.

Custas pela ré.

Lisboa, 9 de Maio de 2006
Nuno Cameira
Salreta Pereira
João Camilo

---

[1] Reserva Agrícola Nacional.
[2] Constituição da República Portuguesa.
[3] Lei da Bases do Ambiente (Lei 11/87, de 7 de Abril).

Aterro sanitário

"A localização dos aterros sanitários não se faz exclusivamente em função das características geológicas, geotécnicas e hidrogeológicas do local, devendo ter-se em conta também as regras da sua construção e da sua impermeabilização, de forma a concluir-se que o mesmo não afecta o direito a um ambiente sadio" – *Ac. do S.T.J. de 26 de Janeiro de 2008*

- Acórdão do Supremo Tribunal de Justiça
Data: 26 de Janeiro de 2008
Relator: Juiz Conselheiro Dr. Custódio Montes
Processo: 05B3661

ACORDAM NO SUPREMO TRIBUNAL DE JUSTIÇA:

Relatório

"A" de Sendim" intentou contra a "B, do Vale do Sousa", o C, de Felgueiras, "E, – Resíduos Industriais, S.A." e "D – Empresa de Construção e Obras Públicas", acção declarativa de condenação pedindo:

– seja declarado que o local onde as RR. iniciaram já as obras de implantação e construção do aterro industrial é inadequado e inidóneo para a eliminação de resíduos industriais ou outros e para a instalação e manutenção do dito aterro industrial;
– sejam as Rés condenadas a absterem-se de proceder, na área geográfica do lugar de Francoim, da freguesia de Sendim, C de Felgueiras, à execução de quaisquer actividades ou obras que se tornem necessárias para processamento, depósito ou eliminação de resíduos industriais, sólidos ou não, ou a tal equiparados nos termos da lei, designadamente, que se abstenham de proceder à execução ou Construção de infra-estruturas de estações de transferências, aterro sanitário, unidades de tratamento e manutenção das mesmas e bem assim de quaisquer infra-estruturas associadas, tais como as que tenham por objecto deposição e eliminação daqueles resíduos ou outros;
– para a eventualidade de, à data em que nos presentes autos vier a ser proferida sentença, já se encontrar construído e em funcionamento o aludido aterro industrial, sejam as RR. condenadas a cessar todas as actividades que são objecto da deposição e eliminação de lixos no referido aterro, na eliminação e destruição de qualquer das obras implantadas naquele local e ao levantamento imediato de todos os resíduos que hajam depositado no aludido aterro e local de Francoim, da freguesia de Sendim, desta comarca e, bem assim, a reporem no estado em que anteriormente se encontrava o solo correspondente à área de implantação de todas as instalações do aterro;
– bem como a condenação das RR. no pagamento de uma sanção compulsória no valor diário de 200.000$00 (duzentos mil escudos), por cada dia de incumprimento das respectivas sanções em que forem condenadas.

Alegou para o efeito que as RR. promoveram a concepção, construção e funcionamento de um centro de enterramento técnico, conhecido por "Aterro Industrial de Felgueiras", no lugar de Francoim, freguesia de Sendim, destinado a receber resíduos tóxicos gerados pela indústria do calçado de Felgueiras e de outros cinco concelhos limítrofes, que é causador de lesão gravíssima e de difícil, ou quase impossível, reparação, no ambiente e na qualidade de vida, não só das populações da área geográfica de Sendim, como das que residem na vizinhança do local. Isto porque entre os resíduos das peles que se destina a receber se encontram grandes quantidades de crómio que dura por centenas de anos enquanto o período de garantia das telas de impermeabilização do aterro não ultrapassa 10 anos. Uma vez em contacto com o meio aquoso e transmutado em crómio VI, o crómio contido nas peles torna-se um metal pesado, cancerígeno e extremamente perigoso para a saúde e para a vida humana. Também outras substâncias e líquidos depositados e produzidos no aterro (como sulfuretos, hidróxidos, zinco, chumbo e outros metais pesados, lexiviados, resíduos de tintas e vernizes com ou sem solventes e respectivas lamas de remoção, pentaclorofenol 9, colas, diluentes, entre outros) mantém a sua toxicidade e prejudicialidade para a saúde humana durante mais de uma dezena de anos, sendo certo que há várias casas habitadas a cerca de 200 metros do aterro e em toda aquela área abundância de minas e águas subterrâneas que abastecem aquelas casas e são utilizadas na rede de abastecimento pública, para além de uma corrente de água permanente não navegável nem flutuável conhecida por regato de "Levadas" que atravessa a freguesia de Sendim, infiltrando-se nos terrenos por onde passa. Mais alegaram que as características geológicas dos terrenos onde o aterro está a ser implantado não são as mais favoráveis, permitindo, caso se escapem lixiviados do aterro, a infiltração das estruturas aquíferas subterrâneas. Mais alegaram que não foram efectuados estudos de impacto ambiental ou de natureza hidrológica ou geológica com vista a definir a localização do aterro.

A "E", S.A. contestou, negando a natureza de "resíduos tóxicos industriais" relativamente aos que estão previstos para o aterro em apreço, tratando-se antes de resíduos sólidos industriais, equiparados a urbanos, dando conta de que 95% dos resíduos destinados ao aterro provêm do concelho de Felgueiras e sustentando que foram realizados estudos técnicos apropriados para as várias questões suscitadas pela A. na sua petição inicial, demonstrando que a localização do aterro é adequada e inócua do ponto de vista ambiental quando é certo que no mesmo local funciona uma lixeira onde são depositados resíduos industriais juntamente com sólidos urbanos sem qualquer triagem prévia.

A "B, do Vale do Sousa" e o C, de Felgueiras, deduziram a excepção de incompetência absoluta do tribunal e defenderam-se por impugnação alegando que o aterro para resíduos sólidos industriais, equiparados a urbanos, foi objecto de estudos de viabilidade técnico-económica, designadamente, de natureza geográfica, geológica e hidro-geológica, tendo o projecto sido aprovado pelo Ministério do Ambiente que também vem acompanhando a respectiva execução, não se destinando a resíduos considerados tóxicos. Ao lado do local onde está a ser construído o aterro existe, há 17 anos, uma lixeira a céu aberto onde são mensalmente depositadas cerca de 900 toneladas de resíduos industriais e cerca de 1100 toneladas de resíduos urbanos que será eliminada com a entrada em funcionamento do aterro, o que permitirá uma melhoria qualitativa da qualidade de vida das populações e do ambiente. Mais alegaram que a composição do aterro evita a infiltração de lixiviados nos solos e este será dotado de uma estação de triagem destinada a separar os resíduos e a eliminar, à partida, os resíduos perigosos, bem como de uma estação de tratamento de lixiviados cujo efluente não terá quaisquer efeitos poluentes e nocivos, não sendo conhecida qualquer falha activa do subsolo do aterro, nem o local considerado de risco sísmico. A quantidade de crómio depositada anualmente no aterro não excederá as 150 toneladas/ano, tratando-se de crómio 3 quando só o crómio 6 é considerado tóxico. As águas das habitações circundantes do local do aterro já são impróprias para consumo devido às infiltrações provocadas pela lixeira existente no local. No caso do aterro de Sendim a lei não exige a realização de estudo de impacto ambiental por não se destinar ao depósito de resíduos perigosos, pese embora haja sido realizado um estudo de incidência ambiental com o mesmo âmbito aquele estudo de impacto.

A Ré "D" contestou deduzindo defesa por excepção, aqui não relevante.

A A replicou, defendendo-se das excepções.

Foi proferido despacho saneador, no qual foram julgadas improcedentes as excepções de incompetência do tribunal em razão de matéria, de ineptidão da petição inicial, da ilegitimidade activa da Autora e da litispendência invocadas nas contestações das Rés. Seleccionou-se a matéria de facto, que foi objecto de reclamações, as quais foram indeferidas.

Por despacho de fls. 713 foi ordenada a citação dos titulares dos interesses em causa na presente acção, nos termos e para efeito do disposto no art. 15.º da Lei n.º 83/95, de 31.08.

Teve lugar nos autos a realização de perícia, cujo relatório está junto a fls. 733 e sgts., tendo tido lugar, após, nova perícia para resposta à matéria que aqueles peritos consideraram não ser da sua competência técnica.

II – A A deduziu articulado superveniente e ampliou nele o pedido, invocando as disposições dos arts. 506.º/1 e 2 al. b) e 3, e art. 273.º/2 e 6, pedindo, a título subsidiário, para a eventualidade dos pedidos antes formulados não procederem:

– que as RR. sejam condenadas a colocarem na base e taludes das células de deposição de lixos do referido Aterro, após ser retirada a fracção arenosa inferior, uma barreira artificial compacta de argilas cujo valor de permeabilidade não exceda $K< 10 (-9)$ m/s e com uma espessura não inferior a cinco (5) metros, cuja execução se mostra necessária para a protecção do solo e das águas subterrâneas e de superfície existentes no local onde se encontra a ser implantado o Aterro e bem assim a realização de estudos completos de natureza hidrológica e hidrogeológica que integrem um rigoroso programa analítico para que se possa avaliar correctamente a área de dispersão dos poluentes que vão ser produzidos no aludido aterro quer nos seus aspectos qualitativos, quan-

titativos e áreas onde o processo de contaminação possa vir a acontecer, bem como a substituição da tela bentonítica com a espessura de 2 mm por uma outra com uma espessura de 7 (sete) mm;
– que para a eventualidade do referido Centro de Enterramento Técnico já se encontrar em funcionamento na data em que vier a ser proferida decisão, seja determinada a cessação imediata da deposição de resíduos naquele Aterro e a proibição do funcionamento deste enquanto as obras, trabalhos, actividades e estudos referidos no anterior parágrafo não se encontrarem completamente realizados;
– que as RR sejam condenadas a pagarem à Autora uma sanção pecuniária compulsória de valor não inferior a 1.000.000$00 (um milhão de escudos) por cada dia de incumprimento ou de atraso no cumprimento de qualquer das determinações, ora requeridas, que possam vir a ser decretadas.

Alegou que nos termos do relatório pericial junto aos autos foram esclarecidas as condições a que deverá obedecer a construção do aterro (face às concretas condições do local) e que não foram adoptadas no caso concreto e que se traduzem nas medidas apontadas na ampliação do pedido.

A R "E pronunciou-se no sentido da inadmissibilidade do articulado superveniente e da ampliação do pedido formulados pela A.

Foi liminarmente indeferida a admissão do articulado superveniente apresentado pela A., mas foi admitida, ao abrigo da 2.ª parte do n.º 2 do e n.º 4 do art. 273.º, entendendo--se como ampliação aos pedidos primitivos, o aditamento dos pedidos subsidiários atrás referidos.

III – Os RR "Associação de Municípios" e C, de Felgueiras agravaram do despacho que admitiu a alteração dos pedidos, tendo concluído as respectivas alegações nos seguintes termos:

1. Os novos pedidos formulados pela A "A", no final do articulado superveniente que produziu, são uma mera alteração, mesmo a título subsidiário, dos pedidos inicialmente formulados na acção.
2. Tais pedidos não podem ser considerados como mera ampliação dos pedidos iniciais, até porque são incompatíveis e contraditórios com eles.
3. Ainda que pudessem ser considerados tais novos pedidos como ampliação dos pedidos iniciais, não são de modo nenhum o desenvolvimento ou a consequência daqueles pedidos primitivos, segundo a doutrina mais classificada.
4. Ao considerar tais novos pedidos como mera ampliação dos pedidos primitivos e como seu desenvolvimento, o despacho recorrido, violou, por errada interpretação, as normas do n.º 2 do art. 273.º do CPC.

O A. apresentou contra-alegações nelas defendendo a manutenção do despacho recorrido.

Já iniciada a realização da audiência de julgamento, a A. veio deduzir novo articulado superveniente, alegando que cerca de 30 dias antes tinham ocorrido graves actos de poluição do solo dos terrenos agrícolas da freguesia de Sendim e das nascentes, poços e tanques que na mesma freguesia se situam em plano inferior ao do aterro e da lixeira, provocados pela lixiviação dos lixos e resíduos depositados no aterro e na lixeira agravada pelas intensas chuvas que caíram naqueles dois últimos meses.

Admitido o articulado superveniente, responderam as RR "E" e "Associação de Municípios"/"C, de Felgueiras", impugnando que sejam provenientes do aterro os lixiviados que deram origem às descargas poluentes a que a A. faz referência, sendo apenas originários da lixeira que no local existe há cerca de 20 anos. Alegou ainda a "Associação de Municípios" que em consequência da anormal precipitação verificada foram encetadas diligências no sentido de realizar o tratamento complementar de lixiviados de modo a que de futuro, todas as descargas provenientes da lixeira respeitem os parâmetros legais pelas regras da comunidade europeia.

Concluído o julgamento foi proferida sentença na qual foi julgada improcedente a acção, sendo os RR. absolvidos dos pedidos formulados.

NOVÍSSIMOS ESTILOS 2 – JURISPRUDÊNCIA

Inconformada, a A. interpôs recurso de apelação, julgado improcedente; o recurso de agravo interposto pelas RR. B, de Vale do Sousa e C, de Felgueiras não foi apreciado, o que apenas aconteceria, diz-se no Acórdão recorrido, se a apelação viesse a ser julgada procedente relativamente ao pedido subsidiário.

Conclusões do recurso da revista interposto pela A.

Novamente inconformada, a A. interpôs recurso de revista, terminando as alegações com as seguintes conclusões:

1.ª Os direitos ao ambiente, à saúde e à qualidade de vida constituem no ordenamento jurídico-constitucional português direitos fundamentais de natureza análoga aos direitos, liberdades e garantias consagrados na Constituição da República Portuguesa, pelo que lhes é aplicável o regime constitucional específico destes.

2.ª Tais direitos gozam de aplicabilidade directa, independentemente de eventual intervenção do legislador e vinculam imediatamente os poderes públicos e as entidades privadas.

3.ª Nos termos do disposto na alínea b) no n.º 2 do artigo 66.º da Constituição da República Portuguesa incumbe ao Estado ordenar e promover o ordenamento do território tendo em vista uma correcta localização das actividades e um equilibrado desenvolvimento socio-económico e, nos termos do disposto na alínea a), n.º 2 do mesmo preceito, prevenir e controlar a poluição e os seus efeitos.

4.ª O local onde as recorridas pretenderam instalar, e instalaram, o Aterro Industrial referido nos autos e procedem à deposição dos resíduos foi escolhido em critérios político-administrativos, económicos, sociais e técnicos.

5.ª Não houve em toda a área dos concelhos beneficiários do dito Aterro, estudos sérios ou séria indagação de outros locais que se pudessem revelar idóneos ou oferecer condições adequadas e seguras à prevenção de previsíveis riscos de sérios danos no ambiente que a construção e funcionamento do Aterro em causa, em grau elevado, sempre acarreta.

6.ª As obrigações imputadas ao Estado e, consequentemente à administração pública descentralizada, como é o caso das autarquias locais, por imposição dos princípios jurídicos fundamentais contidos nas alíneas a) e b), n.º 2, do artigo 66.º da C.R.P. obrigavam a que as entidades recorridas, na ordenação e promoção do ordenamento do território, tivessem procedido e não devessem alhear-se de uma correcta localização das actividades, com vista a assegurar um equilibrado desenvolvimento socio-económico.

7.ª A continuação, por forma cautelosa e previdente da defesa do ambiente e do aproveitamento dos recursos naturais, designadamente, a manutenção da qualidade das águas das várias nascentes minas e poços existentes nas proximidades do Aterro, tendo em vista sobretudo a sua preservação futura, a médio e longo prazo, e a sua capacidade de renovação e estabilidade ecológica, garantidos pelo artigo 66.º, n.º 2, alínea d) da C.R.P., não permitia, antes vedava, às entidades recorridas a escolha do local onde foi instalado o Aterro, alheia às vinculações jurídico-constitucionais inscritas nas normas daquele preceito legal.

8.ª Da omissão da pré-selecção de outros locais para a construção do dito Aterro, resultou a ausência do conhecimento de outro que, podendo ser encontrado noutro local correspondente à área dos seis concelhos utilizadores daquele, pudesse oferecer características adequadas à correcta localização da implantação do Aterro, à salvaguarda da capacidade de recursos naturais e à estabilidade ecológica e, quanto àquele local onde foi construído o Aterro, a inobservância dos factores que, em grau mais elevado, e tendo em vista, neste domínio, os princípios fundamentais da precaução, da segurança e da prevenção, pudessem garantir a eliminação de receios sérios e fundados de que a capacidade de renovação das águas, da estabilidade ecológica, da saúde, do bem-estar e da qualidade de vida dos residentes na freguesia de Sendim não será alterada, nem lesada, a curto, médio e longo prazo.

9.ª Na situação em apreço não pode perder-se de vista a especificidade do caso e do quadro normativo que lhe é aplicável, designadamente o previsto no n.º 1, 2.ª parte, do artigo 19.º da Lei n.º 83/95, de 3i.8, onde se preceitua a possibilidade de o Julgador decidir por forma diversa fundado em motivações próprias do caso concreto.

10.ª Contrariamente ao sustentado no douto acórdão foi colocada ao Tribunal da Relação a questão da não prévia selecção do local mais adequado à instalação do aterro industrial, designadamente nos artigos 67.º a 70.º e 99.º da petição inicial, pelo que nos termos das alíneas a), h) e d), do n.º 2 do artigo 66.º da Constituição da República

Portuguesa, o Tribunal da Relação deveria ter considerado que a questão lhe foi colocada com autonomia e dela deveria ter conhecido.

11. Ao assim não ter considerado o douto acórdão em mérito, e a douta decisão proferida pelo Tribunal a quo, violaram o disposto nas alíneas a), h) e d) do artigo 66.º n.º 2 da C.R.P. e o disposto nos artigos 17.º e 18.º do mesmo Diploma Fundamental, tendo deixado de conhecer de questões que deveriam ter apreciado, assim tendo também violado o disposto na alínea d) do artigo 668.º do C.P.C.

12.ª Afigura-se à recorrente que o entendimento a que o douto acórdão deu guarida constitui inaceitável caminho para que da apreciação do caso concreto se arrede a obrigação do Estado de cumprir o disposto no artigo 66.º, n.º 2, alíneas a), h) e d) da C.R.P. e toda a demais legislação, quer de ordem comunitária, quer de ordem internacional, quer ainda nacional que impõe regras severas quanto à prévia selecção de locais adequados à instalação de aterros como o dos autos.

13.ª O local onde foi instalado o Aterro Industrial referido nos autos, pela sua localização, morfologia, pelas suas características geológicas e hidrológicas é inadequado e inidóneo para nele ter sido construído e nele se manter em funcionamento o Aterro em causa, bem como para, neste, se proceder à deposição e manutenção dos resíduos.

14.ª Não é tolerável, repugnando ao Direito e às normas jurídicas que visam salvaguardar e preservar o ambiente, a qualidade das águas e a saúde das pessoas residentes na freguesia de Sendim, que se permita a construção e manutenção de um aterro industrial e se proceda à deposição de lixos, por si, perigosos para a saúde e pelos lixiviados que geram, num local onde as condições naturais constituem, por si mesmas, um elevadíssimo risco para a infiltração de efluentes que possam provir dos alvéolos de deposição de lixos para os aquíferos de superfície e de profundidade, que se encontram sob os alvéolos de deposição, e assim poderem ser contaminadas as águas das inúmeras nascentes, poços e minas situadas, quer na área do próprio aterro (quanto a estas), quer em plano inferior àquele em que se situa o aludido Aterro.

15.ª Mostra-se intolerável e é absolutamente inadmissível que se tenha permitido a construção do referido Aterro e continue a permitir-se a sua existência e manutenção, sobretudo numa área cujas características geológicas e hidrológicas não se conformam com os requisitos mínimos exigidos para que possa ocorrer a segurança do referido Aterro, permitindo-se que os alvéolos de deposição dos resíduos e de produção de lixiviados se situem numa zona de recarga dos aquíferos que abastecem as inúmeras fontes minas e nascentes referenciadas na matéria de facto dada como provada e cujo caudal de água é utilizado para fins de abastecimento humano, público e particular.

16.ª À luz dos factos apurados e da experiência comum é fundado e sério o receio futuro dos habitantes da freguesia de Sendim que os resíduos e lixiviados produzidos pelo dito Aterro, dada a falta de condições de segurança do mesmo, possa causar lesão grave e de quase impossível reparação ao direito ao ambiente objecto da defesa e da actividade da recorrente e do direito à saúde e a um ambiente de vida humano sadio e ecologicamente equilibrado de que os representados pela ora recorrente são legítimos titulares.

17.ª Incumbindo ao Estado prevenir e controlar a poluição, situação a que a douta decisão não deu acolhimento, violou esta, o disposto no n.º 2, alínea a), do artigo 66.º da C.R.P.

18.ª Deve, pelas razões expostas, proceder-se à anulação do douto acórdão impugnado e ser proferido douto acórdão que considere o local onde foi instalado e se mantém em funcionamento o Aterro industrial referido nos autos, sito no lugar de Francoim, da freguesia de Sendim, do concelho de Felgueiras, inadequado e inidóneo para a instalação do referido Aterro sanitário e para a deposição e eliminação dos resíduos que nele têm vindo a ser depositados, devendo as recorridas serem condenadas a cessar todas as actividades que são objecto de deposição e eliminação de lixos no referido Aterro e à eliminação e destruição de todas as obras implantadas no local, assim como ao levantamento imediato de todos os resíduos que hajam depositado naquele Aterro e às demais diligências necessárias à reposição dos estado em que anteriormente se encontrava o solo, no local.

19. Se assim não for considerado, deverão as recorridas serem condenadas, atentas as condições hidrológicas e geológicas do terreno, no local, e a natureza dos resíduos, à colocação na base e taludes das células de deposição de lixos do referido Aterro, de uma barreira artificial compacta de argilas, cuja valor de permeabilidade não exceda $K < $ ou $= 10^{(-9)}$ m/s e com uma espessura não inferior a cinco (5) metros; à substituição da tela bentonítica com a espessura de 2 mm por uma outra com uma espessura de sete (7) mm e à realização de estudos completos de natureza hidrológica e hidrogeológica que integrem um programa analítico para avaliar correctamente a área de dispersão dos poluentes pro-

duzidos, bem como a cessação imediata da deposição de resíduos naquele Aterro e a proibição do funcionamento deste enquanto as obras, trabalhos, actividades e estudos referidos não se encontrarem completamente realizados.

20.ª O douto acórdão ora em mérito e a douta sentença para a qual este remeteu, violaram o disposto na alínea e) do artigo 9.º, o n.º 1 do artigo 66.º, o disposto nas alíneas a), b), c), d) do n.º 2 do artigo 66.º; o disposto nas alíneas a) e e) do artigo 81.º, todos da Constituição da República Portuguesa; o disposto na alínea a) do artigo 3.º da Lei de Bases do Ambiente; o disposto no artigo 10.º e o preceituado na 1.ª parte n.º 2 do artigo 174.º do T.C.E.; a Directiva Comunitária 99/31/CE, de 26 de Abril de 1999; a Portaria n.º 818/97, de 5 de Setembro; o disposto no artigo 1.º, no n.º 1 do artigo 47.º, ambos do Dec-Lei n.º 74/90, de 7 de Março, o disposto no n.º 3 do Anexo I da Directiva 1999/31/CE, do Conselho, de 26 de Abril de 1999; o disposto na alínea b) do artigo 6.º do Dec. Lei n.º 152/02, de 23/5; a Decisão 2001/118/CE, da Comissão Europeia, de 16 de Janeiro de 2001, publicada in JOL 47/1, de 16/2/2001 e o disposto no n.º 1 do Anexo III do Dec-Lei n.º 152/02, de 23 de Maio.

21.ª O douto acórdão impugnado e a douta decisão proferia pelo Tribunal a quo para a qual remeteu, violaram ainda o disposto no artigo 700.º, 344.º, n.º 1 e 349.º, todos do Código Civil; o preceituado no artigo 12.º, n.º 1, da Lei n.º 83/95, de 31.08, e bem assim o disposto nos artigos 2.º, 3.º, als a) e b), 5.º, 10.º, 11.º, 14.º, n.º 4 do artigo 24.º, 26.º, 30.º, 400, n.º 4, da Lei n.º 11/87, de 7 de Abril, o n.º 2 do artigo 4.º do Dec-Lei n.º 310/95, de 20.1] (que operou a transposição para a ordem jurídica interna portuguesa das Directivas 91/156/CEE e 91/689/CEE, ambas do Conselho), o disposto no n.º 1 do artigo 130.º do Tratado da União Europeia, o n.º 1 do artigo 30.º da Lei n.º 11/87, de 11.04, as normas constantes da Directiva 75/442, CEE, do Conselho de 15.07.1975, as normas constantes da Directiva 91/156/CEE, do Conselho, de 18.03.1991, os princípios gerais da Comunicação da Comissão ao Conselho relativa à aplicação das Directivas 75/439/CEE, 75/442/CEE, 78/319/CEE e 86/278/CEE, relativa à Política em matéria de resíduos (COM (97) 23 final), e bem assim as disposições da Directiva 75/440/CEE, do Conselho de 16.06.1975; as normas constantes da Directiva n.º 80/68/CEE, do Conselho de 17.12.89, da Directiva n.º 80/78/CEE, do Conselho de 15.07.1980, as normas integradoras do Dec-Lei n.º 74/90, de 07.03.1990 (designadamente o preceituado nos seus artigos 1.º, 3.º, 8.º, 12.º, 13.º, n.º 2, 15.º e 16.º), as normas constantes da Directiva do Conselho n.º 85/337/CEE, de 27.06, violando ainda o disposto no n.º 2 do artigo 2.º e artigo do Dec-Lei n.º 186/90, de 06.06, rectificado in D. Rep., I Série, n.º 175, de 31.07.90.

Consequentemente

– Deve proceder-se à anulação do douto acórdão em revista e ser proferida douta decisão que considere o local onde foi instalado e se mantém em funcionamento o Aterro industrial referido nos autos, sito no lugar de Francoim, da freguesia de Sendim, do concelho de Felgueiras, inadequado e inidóneo para a instalação manutenção e funcionamento do referido Aterro sanitário e para a deposição e eliminação dos resíduos que nele têm vindo a ser depositados, devendo as recorridas serem condenadas a cessar todas as actividades que são objecto de deposição e eliminação de lixos no referido Aterro e à eliminação e destruição de todas as obras implantadas no referido local, assim como ao levantamento imediato de todos os resíduos que hajam depositado naquele Aterro e às demais diligências necessárias à reposição dos estado em que anteriormente se encontrava o solo, no local, ou, se assim não for considerado, deverão as recorridas serem condenadas, atentas as condições do terreno, no local, e a natureza dos resíduos, à colocação na base e taludes das células de deposição de lixos do referido Aterro, de uma barreira artificial compacta de argilas, cuja valor de permeabilidade não exceda K< ou = 10 (-9)m/s e com uma espessura não inferior a cinco (5) metros; à substituição da tela bentonítica com a espessura de 2 mm por uma outra com uma espessura de sete (7) mm e à realização de estudos completos de natureza hidrológica e hidrogeológica que integrem um programa analítico para avaliar correctamente a área de dispersão dos poluentes que vão ser produzidos, bem como a cessação imediata da deposição de resíduos naquele Aterro e a proibição do funcionamento deste enquanto as obras, trabalhos, actividades e estudos referidos não se encontrarem completamente realizados.

A recorrida E – Resíduos Industriais, S.A.. contra alegou, pugnando pela manutenção da decisão recorrida, fazendo referência à legislação em vigor à data da abertura do concurso público do aterro e que, em sua opinião, é a aplicável ao caso dos autos.

Também a R. B do Vale do Sousa e o R. C de Felgueiras contra alegaram pugnando pela manutenção da decisão recorrida e chamando a atenção para o facto de os pedidos subsidiários deduzidos pela A. não poderem ser apreciados sem o conhecimento do objecto do agravo, nos termos do art.710.º do CPC, muito embora os agravantes sejam parte vencedora.

Corridos os vistos legais, cumpre decidir.

Fundamentação

Factos Provados:

1. A Autora foi constituída por escritura pública no dia 27 de Maio de 1998, nos termos da fotocópia autenticada da referida escritura de constituição junta como documento n.º 1 da petição inicial – al. A) dos factos assentes;[1]
2. Os estatutos da Autora encontram-se publicados, por extracto, no Diário da República (Suplemento), III Série, de 4 de Agosto de 1998 – B);
3. A Autora não tem por fim o lucro económico dos seus associados, tratando-se de uma associação sem fins lucrativos e foi exclusivamente constituída tendo por objecto a promoção da cultura, recreio e desporto, a divulgação do património histórico, a preservação do ambiente e o incentivo turístico, como melhor consta dos seus Estatutos – Disposições Gerais – (art. 5.º, ais. c) e d) a ora A., com vista à prossecução dos seus objectivos deverá, entre outras, desenvolver as seguintes actividades: al. c) – "promover a preservação do património natural, do meio ambiente e da paisagem, através da educação ecológica da população e da exigência de parâmetros de desenvolvimento sustentável no que toca à implantação de indústrias"; al. d) – "incrementar uma vida saudável da população, sobretudo infantil e juvenil" – C) e D) ;
4. As Rés estão a promover a concepção, construção, funcionamento, manutenção; gestão e administração, no local conhecido por Francoim, da freguesia de Sendim, desta comarca de Felgueiras, de um centro de Enterramento Técnico, também conhecido por "Aterro industrial de Felgueiras", destinado a absorver, pelo menos, resíduos sólidos industriais, designadamente os gerados pela indústria do calçado, provenientes das indústrias existentes no concelho de Felgueiras e de, pelo menos, mais cinco concelhos circunvizinhos, Lousada, Paços de Ferreira, Penafiel, Paredes e Castelo de Paiva – E);
5. Tendo, para o efeito, iniciado já, no interesse, por conta, sob vigilância e por directa administração das ora RR. ou de comitidos seus, alguns estudos e trabalhos com vista à implantação do dito aterro e bem assim tendo já programado e iniciado o desmate de terreno e procedido ao inicio de escavações com vista à preparação das áreas destinadas à abertura dos locais onde se situarão os respectivos alvéolos de deposição daqueles resíduos – al. F);
6. Foi a 1.ª Ré, B do Vale do Sousa, quem pôs a concurso, em 26 de Abril de 1997, a concepção, construção e gestão de um sistema de tratamentos de resíduos sólidos industriais, do sector do calçado, no C de Felgueiras, e a ser implantado no referido lugar de Francoim, na freguesia de Sendim, desta comarca – G);
7. Após a consignação, o consórcio a quem foi adjudicada a referida construção, implantação e manutenção fez uma primeira apresentação do projecto de execução, elaborado em continuidade ao projecto base que apresentou na fase de candidatura ao concurso internacional – al. H);
8. Uma outra reunião realizada nos mesmos serviços do Ministério do Ambiente, em 04.11.98, decidiu, face aos elementos do projecto complementares apresentados pelo consórcio, confirmar a anterior aprovação, na especialidade, condicionada à verificação de alguns aspectos, em obra – I);
9. A Câmara Municipal de Felgueiras é parceiro interessado no respectivo projecto, tendo referido o seu interesse no acompanhamento sistemático de todo o processo e no facto de em cada momento estar conhecedora das decisões tomada – J);
10. O "Aterro Para Resíduos Industriais Equiparados a Urbanos" – projecto piloto – é um dos aterros que constituem o Sistema Intermunicipal de Gestão de Resíduos Sólidos

Matéria provada.

do Vale do Sousa (constituído, ainda, por 2 aterros para resíduos urbanos, uma Estação de Transferência, uma Estação de Triagem) financiado pelo Fundo de Coesão da Comunidade Europeia, tendo a Ré B, do Vale do Sousa assumido a qualidade de dona da obra – L);

11. O terreno destinado à implantação do Aterro Sanitário Industrial desenvolve-se por uma área de cerca de 1,9 ha, considerando-se como fazendo parte da instalação, a zona do aterro propriamente dito, a zona de implantação das infra-estruturas de apoio, e a zona de tratamento de lixiviados, numa área total de 5 ha – M);

12. Tal aterro receberá resíduos industriais do sector do calçado correspondentes a um volume de negócios equivalente a mais de 115 milhões de contos, em cada ano – N);

13. Constitui um projecto-piloto, cujo início de exploração se encontra previsto para o ano de 1999 – O);

14. O aterro está projectado para receber, pelo menos, diariamente 40 toneladas de resíduos, em dias úteis, correspondente a 12.500 toneladas/ano e a 125.000 toneladas no período considerado de 10 anos – P);

15. A quantidade de crómio proveniente dos resíduos no predito período de 10 anos será de, peio menos, em média, cerca de 150 toneladas/ano – O);

16. O crómio aparece na natureza em dois estados de oxidação, ou seja, na forma trivalente (Cr3+) ou na forma hexavalente (Cr6+), sendo, pelo menos, este último considerado tóxico e perigoso para a vida humana e para a saúde das pessoas, causando efeitos perversos na saúde através da inalação e ingestão da água e alimentos que o contenham – R);

17. As peles que serão depositadas no referido aterro não são biodegradáveis, peio menos a curto e médio prazo, sendo crómio acumulável durante dezenas ou até mesmo centenas de anos – S);

18. A pele curtida utilizada pela indústria do calçado contém de 2,5% a 3,5% de crómio e a composição média dos resíduos sólidos da indústria do calçado contém, aproximadamente, entre outros, aparas de pele e pó de 60% – T);

19. O "Aterro Industrial de Felgueiras", para além das quantidades referidas em 14), poderá absorver ainda uma capacidade de resíduos de mais 20 (vinte) toneladas diárias, podendo assim o fluxo de resíduos a serem depositados no aterro, para os dez (10) anos de horizonte de recolha previstos, atingir o total de cerca de 250.000 toneladas ou 250.000 m 3 – 2.°;

20. A quantidade de lixo que no referido aterro será depositada, em cada ano, corresponderá, no mínimo, a 8.362 toneladas de peles (67%), a que corresponderá um total mínimo de depósito de crómio de cerca de 250 toneladas por ano – 3.°;

21. A garantia assumida pelo fabricante de bom funcionamento das telas de impermeabilização é de 10 anos – 4.°;

22. As telas de impermeabilização artificiais, pela sua constituição e resistência, são a habitualmente utilizadas a nível mundial para impermeabilização de aterros – 5.°;

23. No projecto do aterro está previsto, como complemento das telas, um geo-composto bentonitico que contém uma argila expansiva cuja função é servir de barreira passiva como reforço da função das telas e cuja durabilidade é praticamente ilimitada – 6.°;

24. O crómio (mesmo com a valência III) presente em quantidade excessiva no organismo é prejudicial para a saúde humana – 7.°;

25. O crómio III, após oxidação e transmutado em crómio de valência VI é um metal potencialmente cancerígeno – 8.°;

26. No couro, o crómio encontra-se geralmente fixado com a valência III – 9.°;

27. O referido aterro foi concebido para receber resíduos industriais então equiparados a resíduos urbanos – 11.°;

28. Os resíduos que se pretende venham a ser depositados no dito aterro foram convenientemente caracterizados – 12.°;

29. Aquando do respectivo concurso internacional, foram efectuados e apresentados em relação à zona de implantação do aterro e área envolvente diversos estudos de geologia, geotecnia e hidrogeologia; estudo de escavabilidade dos terrenos de fundação e prospecção sísmica; estudo prévio, estudo técnico do sistema de tratamento e estudo preliminar de incidência ambiental do aterro sanitário 13.° e 15.°;

30. As substâncias e líquidos produzidos no dito aterro – como sucede com os lixiviados e resíduos e lamas da remoção de tintas e vernizes com ou sem solventes halogenados – são poluentes e causam danos à água, ao ambiente e à saúde das pessoas, quando lançados no meio ambiente sem qualquer tratamento adequado – 16.°;

31. Caso não se realize uma correcta e adequada triagem e recolha selectiva na origem, o referido aterro poderá ainda receber, vindo a ser aí depositados, elementos tóxicos, como é o caso do pentaclorofenol 9, colas, diluentes e outros lixos industriais perigosos – 17.º;

32. O período da produção de líquidos e de efluentes perigosos para a qualidade da água e para a saúde humana após a data do encerramento do aterro (10 anos a contar do inicio de funcionamento) mantém-se ainda por muitos anos, sendo possível que os produza por mais quinze (15) ou vinte (20) anos, pelo menos – 18.º;

33. Considerado o sentido de orientação Norte/Sul, do lado direito do local onde se encontra projectado o aterro, a cerca de 200 metros da face externa do limite dos terrenos que se prevê o venham a integrar, encontram-se algumas dezenas de casas, nas quais residem dezenas de pessoas – 19.º;

34. Também a Sul da face externa do limite dos terrenos para onde se encontra projectada a construção do dito aterro, e a cerca de 200 metros daquela, se situam mais de uma dezena de casas onde habitam dezenas de pessoas – 20.º;

35. O local onde se encontra prevista a implantação do aterro e os respectivos alvéolos de deposição dos resíduos situa-se numa cota mais elevada, em mais de cinquenta metros, do que o nível onde se encontram implantadas as ditas casas que lhe ficam a Poente e a Sul – 21.º;

36. Em toda a área territorial destinada ao aterro há abundância de minas e de águas subterrâneas – 22;

37. O local para onde se encontra prevista a implantação do aterro drena naturalmente as escorrências superficiais e as águas das nascentes para os terrenos onde se encontram implantadas as casas que lhe ficam a Poente e a Sul – 23.º;

38. Tais casas abastecem-se através de poços e fontes que ficam em plano inferior, pelo menos em 50 metros, do local onde se prevê a implantação do aterro, ficando os respectivos aquíferos que abastecem as referidas fontes e nascentes no plano mais elevado e na zona para onde se prevê a construção do dito aterro – 24.º;

39. O local onde este se encontra projectado tem um pendor inclinado a Poente e a Sul – 25.;

40. A morfologia do local previsto para a implantação do aterro drena, actualmente, as águas superficiais e das nascentes para uma corrente de água permanente, não navegável nem flutuável, que lhe fica a Poente, conhecida por regato de "Levadas" – 26.º;

41. Essa ribeira ou regato forma-se na vertente Poente do planalto onde se prevê a instalação do aterro sanitário, situando-se em sentido perpendicular ao plano da área territorial prevista para a implantação do aterro – 27.º;

42. As águas de tal ribeira atravessam, depois, no sentido Norte/Poente a área da freguesia de Sendim, correndo as suas águas a céu aberto, e infiltrando-se nos terrenos por onde passa o seu caudal – 28.º;

43. Tais terrenos integram-se em prédios destinados designadamente à exploração agrícola dos seus proprietários, os quais chegam ainda a utilizar dos poços aí existentes para consumo doméstico – 29.º;

44. A essa ribeira, desde tempos imemoriais, que afluem, naturalmente, as fontes e as nascentes, superficiais e subterrâneas, existentes na vertente Sul/Poente do local para onde se encontra projectada a construção do aterro – 30.º;

45. Na zona de implantação dos alvéolos de deposição do referido aterro passam, pelo menos, dois troços de duas minas de água, ambas com um caudal fluente – 31.º, 32.º e 71.º;

46. Na área onde se encontra prevista a construção do aterro ocorre um litotipo graníticos, de grão grosseiro, porfiróide, alterado, sendo que a alteração desta rocha origina um saibro de quartzo, feldspatos e argila a envolver blocos de rocha menos alterada ou menos compacta – 33.º;

47. A drenagem da área onde se prevê a implantação do aterro evidencia um controlo tectónico – 34.º;

48. Na zona onde se estão a desenvolver trabalhos para a instalação do aterro a rocha aflorante é um granito, denominado "granito de Guimarães", rocha ígnea, biotítica, porfiróide de grão grosseiro, tardi-tectónico – 37.º;

49. Tais granitos são classificados como possuindo grão médio e grosseiro, apresentando elevado grau de alteração, ocorrendo algumas zonas com uma alteração mais moderada – 38.º;

50. Este tipo de alteração dos granitos é vulgar, relacionando-se, designadamente, com a proximidade ou afastamento das zonas de diáclases ou fracturas dos maciços rochosos – 39.º;

51. Imediatamente a S.W. do local onde pretende instalar o aterro, junto ao denominado C rasto, ocorre um contacto complexo (de direcção aproximadamente N.W. – S.E.) entre este último granito e uma rocha muito mais antiga, da idade silúrica, caracterizada por ser um xisto (rocha metamórfica) – 40.°;

52. Os xistos, na proximidade dos granitos, encontram-se afectados por fenómenos de metamorfismo de contacto – 41.°;

53. A S.W. ocorre o granodiorito de Felgueiras, porfiróide, com orientação dos minerais, o que denota a presença de tensões durante a formação desta rocha – 42.°;

54. A última rocha é designada como sendo ante a sintectónica, que ocorreu em plena orogenia – 43.°;

55. A sua instalação foi condicionada pelo campo de tensões dessa fase dos acontecimentos geológicos – 44.°;

56. Na zona envolvente do local determinado para a localização do aterro, existem cartografados alinhamentos de possíveis fracturas da crusta – 45.°;

57. Uma delas encontra-se correlacionada com a área aproximadamente paralela e contígua àquela que é alvo da intervenção com vista à construção do aterro – 46.°;

58. Em todas as rochas da zona, designadamente no local para onde se encontra prevista a instalação do aterro existem, pelo menos, cinco (5) famílias de diáclases que, em alguns casos, encontram-se abertas – 47.° e 48.°;

59. Durante a exploração do aterro e mesmo depois de este ser selado, caso se escape qualquer quantidade de lixiviados (licores contaminados) do seu interior em direcção ao substrato que o suporta, será através do meio aquoso que esse escape se processará com maior velocidade – 49.°;

60. O processo de contaminação do meio pode vir a acontecer até longa distância da fonte (Aterro) – 50.°;

61. No processo em causa prevê-se a implantação de sistemas de monitorização dos recursos hídricos subterrâneos – 51.°;

62. Se ocorrer fuga de lixiviados para a circulação hídrica subterrânea, a sua remediarão na maioria dos casos é difícil e envolve geralmente estudos e obras de vulto com elevados custos que, muitas vezes, não conduzem a soluções satisfatórias – 52.°;

63. Nos maciços, como o da zona onde se pretende construir o aterro, a infiltração, circulação, armazenamento e emergência de águas subterrâneas faz-se ao longo de descontinuidades, o que corresponde à existência de uma permeabilidade do tipo fissural – 53.°;

64. A ocorrência de águas subterrâneas em ambientes geológicos do tipo daquele onde se pretende implantar o aterro, depende da interconexão de numerosos factores, nomeadamente a topografia da região, o clima, o grau de alteração das rachas, as falhas, as fracturas e diáclases, os contactos geológicos, etc. – 54.°;

65. As estruturas referidas, factores de anisotropia do meio geológico, constituem os canais de circulação da água – 55.°;

66. É através de contactos geológicos, nomeadamente os que ocorrem por meio falhas e entre duas estruturas com índices de permeabilidades diferentes, que se dará potencialmente a circulação da água – 56.°;

67. Tais estruturas e factores, a fim de se tornarem conhecidos e apreciados os seus efeitos na circulação das águas subterrâneas, exigem apurados estudos – 57.°;

68. São as fracturas e diáclases abertas as que possuem melhores características para a circulação da água – 59.°;

69. Não foram realizados quaisquer estudos sobre as possíveis extensões das anisotropias encontradas no terreno e que possam contactar lateralmente e em profundidade com estruturas geológicas da envolvente – 62.°;

70. A altitude a que a construção daquele centro se encontra prevista facilitará a circulação gravítica das águas contaminadas, mesmo a longa distância – 65;

71. Toda a água da escorrência superficial e da circulação subterrânea na zona já demarcada para a implantação do referido aterro tem grande probabilidade de atingir e intersectar o caudal e o leito do regato de "Levadas" – 66.°;

72. Localmente, existe escassez de material inerte, designadamente para a cobertura dos resíduos durante o período de exploração e funcionamento do aterro – 67.°;

73. Na zona da implantação dos alvéolos de deposição passam, pelo menos, dois troços de duas minas de água, ambas com um caudal fluente – 71.°;

74. Apenas uma das minas desemboca a corrente de água que por ela corre, dentro da área para onde se encontra previste construção do aterro – 72;

75. Na direcção Sul/Poente, água que brota da mina referida no anterior parágrafo, já há muito contaminada pela lixeira e que agora entubada se dirige para o lugar de Quintã e Cimo de Vila, Sendim, chega a produzir mau cheiro, surgindo ainda com uma cor ferruginosa – 142.º;
76. As localidades de Quintã e de Cimo da Vila são compostas por dezenas de casas – 154.º;
77. Numa área de 1 km2 no redor do perímetro da área da instalação do aterro, em direcção ao vale de Sendim – situado imediatamente abaixo do local para onde se encontra projectada a construção do aterro – existem dezenas de poços, nascentes e minas – 73.º;
78. A água deles extraída é utilizada sobretudo para fins de cultura agrícola, tais como pastagens, cultivo de árvores de fruto e produção de bens hortícolas, chegando a ser utilizada igualmente para gastos domésticos (para bebida de pessoas e animais, cozinhar e lavar) – 74.º;
79. À distância de cerca de 100 metros do perímetro do local para onde se encontra prevista a implantação do aterro, encontra-se uma nascente a qual possui um caudal permanente – 76.º;
80. Tal nascente situa-se em plano inferior em cerca de 20 metros do local para onde se encontra projectado o referido aterro 77.º,
81. O caudal desta nascente destina-se a consumo público já que abastece fontanários públicos (St.a Quitéria) e se integra e abastece a rede de abastecimento público do concelho de Felgueiras – 78.º,
82. A maior parte da área geográfica da freguesia de Sendim é constituída por um vale agrícola, fértil, relativamente ao qual a água se constitui como elemento essencial para a sobrevivência das pessoas e das culturas que ai se praticam – 79.º,
83. O solo onde se prevê a implantação do aterro, resultante da alteração do granito aflorante no local, é saibroso e tem comportamento arenoso, sendo um solo permeável – 80.º;
84. Não foram efectuadas canalizações de ribeiros – 82.º;
85. O nível hidrostático na zona onde se encontra projectada a implantação do aterro é de 1,5 metros – 83;
86. E os aquíferos existentes no local são de pouca espessura e fortemente dependentes de recarga – 84.º;
87. Os alvéolos de deposição dos lixos ficarão instalados numa zona de recarga de aquíferos – 85.º;
88. No local onde se encontra projectada a implantação do aterro existem dois aquíferos: um superficial e outro profundo – 86.º;
89. O local projectado para a implantação do dito aterro apresenta elevados riscos de percolação – 88.º;
90. Não foi estimada a quantidade de lixiviado – 97.º;
91. Não foi estudada a vegetação natural em torno do local e a fauna habitual, nem foi feito qualquer estudo que tomasse em consideração a orientação e a velocidade do vento, de forma a minorar-se as consequências dos riscos do levantamento dos elementos leves e a diminuir-se a propagação de cheiros nauseabundos – 99.º e 100.º;
92. A Ré "B do Vale do Sousa" é integrada por seis municípios – Paredes, Penafiel, Castelo de Paiva, Paços de Ferreira, Lousada e Felgueiras, com uma população global de cerca de 350.000 habitantes – 102.º;
93. Em 1995 o Ministério do Ambiente apresentou ao país o chamado Plano Estratégico dos Resíduos Sólidos que previa que dos cerca de 250 sistemas de gestão de resíduos sólidos existentes, quase todos constituídos por lixeiras a céu aberto, passariam a existir somente 40 sistemas, devidamente controlados e respeitando toda a legislação em matéria do ambiente – 103.º e 104.º;
94. Um destes 40 sistemas criados foi o "Sistema Intermunicipal de Gestão de Resíduos Sólidos Urbanos do Vale do Sousa", abreviadamente Sistema do Vale do Sousa, de natureza intermunicipal, cuja área de intervenção coincide com a área dos seis municípios acima mencionados – 105.º;
95. Considerado um projecto estruturante, o Sistema Intermunicipal de Gestão de Resíduos Sólidos do Vaie do Sousa, foi incluído, na candidatura nacional ao Fundo de Coesão da Comunidade Europeia – 106.º;
96. O Ministério do Ambiente aprovou a seguinte composição do Sistema do Vale do Sousa: dois Aterros para Resíduos Sólidos Urbanos; duas Estações de Transferência; uma Estação de Triagem; e um Aterro para Resíduos Sólidos Industriais, Equiparados a Urbanos – 107.º;

97. O Ministério do Ambiente aprovou a distribuição e localização daquele sistema, como segue: um Aterro em Canelas, no concelho de Penafiel, para deposição e tratamento dos resíduos sólidos urbanos produzidos nos concelhos de Penafiel, de Paredes e de Castelo de Paiva; um Aterro em Lustosa, no concelho de Lousada, para deposição e tratamento dos resíduos sólidos urbanos produzidos nos concelhos de Lousada, de Paços de Ferreira e de Felgueiras; um Aterro em Sendim, no concelho de Felgueiras, para deposição e tratamento dos resíduos sólidos industriais, equiparados a urbanos, do sector do calçado, produzidos nos seis mencionados concelhos; duas Estações de Transferência, uma no concelho de Penafiel e outra no concelho de Paredes; e uma Estação de Triagem, a localizar junto de um daqueles dois primeiros aterros, ou em Penafiel ou em Lousada – 108.°;

98. Aquela distribuição e localização baseou-se em critérios político-administrativos, sociais, económicos e técnicos, tendo sido realizados, designadamente, alguns estudos de incidência ambiental – 109.°;

99. Os dois mencionados Aterros para Resíduos Sólidos Urbanos e uma das mencionadas Estações de Transferência já estão construídos e em funcionamento – 110.°;

100. O acima mencionado aterro localizado em Sendim, concelho de Felgueiras, Aterro que se discute na presente acção, designado "Aterro para Resíduos Sólidos Industriais, Equiparados a Urbanos", foi objecto do concurso público internacional aberto no âmbito da Uni ao Europeia, por iniciativa da Ré "B do Vale do Sousa", consistindo na adjudicação dos trabalhos e da obra de "concepção, construção e gestão de um sistema de tratamento de resíduos sólidos industriais, equiparados a urbanos, no sector do calçado, no C de Felgueiras" – 111.°;

101. Para além da construção do aterro, foi considerado naquele sistema objecto do concurso público o encerramento, a selagem e a recuperação ambiental de uma lixeira que existe há cerca de dezassete anos junto ao local do projectado aterro – 112.°;

102. Os concorrentes ficaram obrigados a instruir a sua proposta, em termos de preconcepção do sistema, com um estudo prévio do sistema proposto, com um estudo prévio da incidência ambiental causada pelo sistema proposto e ainda com outros estudos que se reputem fundamentais para a compreensão cabal da concepção proposta e respectiva exequibilidade – 113.°;

103. E a entidade adjudicatária, relativamente às fases de gestão provisória, de concepção e de construção, ficou obrigada a proceder, posteriormente à adjudicação da proposta, à gestão transitória da deposição de resíduos sólidos naquela mencionada lixeira, à elaboração do projecto de execução do sistema e do projecto de execução da recuperação ambiental, bem como à construção do mesmo sistema em conformidade com o projecto de execução – 114.°;

104. E na fase posterior à construção do sistema, a entidade adjudicatária ficou obrigada a proceder à gestão do sistema pelo prazo de cinco anos e à construção da recuperação ambiental e selagem da actual lixeira – 115.°;

105. Do caderno de encargos respeitante ao concurso, sob a epígrafe "V – Dados Técnicos, Anexo 1" no ponto 2.1.2., na rubrica "D – Arranjo Paisagístico", consta expressamente que a entidade adjudicatária fica obrigada a apresentar descrição e justificação das soluções propostas para as fases de exploração pós-encerramento, com identificação das espécies vegetais consideradas – 116.°;

106. Por força do programa e do caderno de encargos respeitante ao mesmo concurso também na execução destes trabalhos de encerramento, selagem e recuperação ambiental da actuai lixeira se exige o mesmo rigor e controlo ambiental que são postos na construção do próprio aterro, com especial incidência no que respeita aos lixiviados e ao biogás – 117.°;

107. Durante os anos de 1997 e de 1998, ocorreu acto público da abertura de propostas relativas a este concurso, a adjudicação da obra, o visto do Tribunal de Contas à minuta do contrato e a consignação dos trabalhos e da obra – 118.°;

108. Todas estas fases e passos processuais tiveram o acompanhamento e a própria participação do Ministério do Ambiente, incluindo a aprovação dos respectivos Programa de Concurso e Caderno de Encargos – 119.°;

109. Para além dos serviços do Ministério do Ambiente, também o Instituto dos Resíduos acompanhou e acompanha o desenvolvimento do processo de todo o sistema objecto do concurso público – 120.°;

110. Após a consignação, o consórcio a quem foi adjudicado o sistema fez uma primeira apresentação do projecto de execução, elaborado no seguimento do projecto base que apresentou na fase da candidatura ao concurso internacional, tendo o mesmo merecido

aprovação na generalidade na reunião havida na Direcção Regional do Ambiente e Recursos Naturais Norte – 121.º;

111. Numa segunda reunião, realizada nos mesmos serviços do Ministério do Ambiente foi decidido, face aos elementos de projecto complementares apresentados pelo consórcio, confirmar a anterior aprovação, agora na especialidade, condicionada à verificação de alguns aspectos da obra – 122.º;

112. As obras de construção do aterro e todos os edifícios e infra-estruturas de apoio estão em fase adiantada de execução, prevendo-se a sua conclusão em final de 1999, e tais obras respeitam os projectos e os estudos aprovados – 123.º;

113. Com efeito, a indústria do calçado no C de Felgueiras é responsável por cerca de 50% da exportação nacional de calçado, um volume equivalente a mais de 115 milhões de contos/ano – 124;

114. No C de Felgueiras concentra-se cerca de 95% da indústria de fabrico de calçado de todos os municípios que integram a requerida B do Vale do Sousa – 125.º;

115. Esta importância estratégica para a economia nacional foi a razão da consideração deste aterro sectorial no quadro da candidatura ao Fundo de Coes ao, aterro que foi o único no país a merecer este tratamento sendo, por isso, considerado peio Ministério do Ambiente um projecto piloto – 126.º e 127.º;

116. Os resíduos industriais provenientes da indústria do calçado nos municípios de Castelo de Paiva, Penafiel, Paredes, Paços de Ferreira, Lousada e Felgueiras, abrangidos na área da Ré "B dos Vale do Sousa", são actualmente depositados e mesmo abandonados em diversos locais, a maioria deles sem qualquer controlo e todos sem qualquer tratamento adequado – 128.º;

117. No C de Felgueiras, mesmo ao lado do local onde está prevista a construção do Aterro, existe há cerca de 17 anos uma lixeira a céu aberto, só recentemente controlada em termos limitados pela Câmara Municipal de Felgueiras – 129.º;

118. Nesta lixeira são mensalmente depositadas várias centenas de toneladas de resíduos industriais e de resíduos urbanos, constituindo um grave foco de insalubridade e de efectivo prejuízo para a qualidade do meio ambiente – 130.º;

119. Após a construção do Aterro em causa será eliminada a mencionada lixeira, eliminação a fazer mediante a sua selagem e respectiva recuperação ambiental, como consta do programa e caderno de encargos do concurso público – 131.º;

120. O "Aterro de Resíduos Industriais" é composto de duas células de deposição de resíduos – 132.º;

121. No fundo das células, a impermeabilização é garantida mormente por uma camada de meio metro de espessura constituída por solos devidamente compactados, seguindo-se a colocação de uma micro-tela bentonítica, de uma geomembrana PEAD de 2 milímetros, de um geotêxtil drenante e de uma camada drenante com meio metro de espessura, esta ultima destinada à protecção de elementos impermeabilizantes e facilitação do escoamento dos lixiviados – 133.º;

122. Nos taludes este geotêxtil é substituído por um geocomposto drenante tipo TENAXTN500 – 134.º;

123. Na fase de exploração, os resíduos v ao ser prensados e depois acomodados nas células em diversos níveis de fardos, cada nível com cerca de dois metros de altura, entre si separados por uma camada de material terroso com a espessura de 20 centímetros, até se esgotar a capacidade projectada das células – 135.º;

124. Terminada a exploração do aterro, proceder-se-á ao seu encerramento mediante a colocação, por cima da última camada de material terroso, de uma geomembrana de 0,75 milímetros, de um geocomposto drenante com geotêxtil numa das faces, tipo TENAX TN 500, de uma camada de material terroso de 60 centímetros de espessura, finalizando com uma camada de terra vegetal de 20 centímetros de espessura – 136.º;

125. Todas as águas de superfície, designadamente as águas provenientes de chuvas, são conduzidas por uma valeta periférica em betão, envolvente da zona do aterro, valeta que as desviará do aterro evitando que venham aumentar o caudal de lixiviados – 137.º;

126.º. O aterro será ainda dotado de uma Estação de Triagem destinada a separar resíduos e a eliminar à partida a possibilidade de nele serem depositados resíduos perigosos – 138.º;

127. Também será dotado de uma Estação de Tratamento de Lixiviados cujo efluente resultante desse tratamento já não vai ter efeitos poluentes e nocivos quer para a água, quer para as pessoas e para o ambiente – 139.º;

128. A Câmara Municipal de Felgueiras já instalou o sistema público de abastecimento de água de forma a poder servir todas as casas existentes à volta do local do Aterro, por-

que as águas até então nelas aproveitadas já estavam impróprias para consumo – 140.º; 129; O sistema de impermeabilização projectado para os alvéolos, desde que obedeça a todos os critérios previstos, permite minimizar significativamente a importância e a relevância da natureza do solo na implantação e manutenção do aterro em causa – 141.

O direito

As questões jurídicas a resolver.

Nas suas conclusões, a recorrente suscita, no essencial, três questões, duas em via principal e uma em via subsidiária:

1.ª o Ac. da Relação é nulo por não ter conhecido da questão suscitada pela recorrente de que não foi previamente seleccionado o local mais adequado para a localização do "Aterro de Vale do Sousa" na área geográfica abrangida pelos seis concelhos que constituem a B do Vale do Sousa,[2] através de "estudos sérios ou séria indagação de outros locais...."

2.ª o local onde foi instalado o aterro industrial é inadequado e inidóneo para nele ter sido construído e nele funcionar o aterro, com a deposição e manutenção dos resíduos, face à sua localização, à sua morfologia e pelas suas características geológicas e hidrológicas.

3.ª se não proceder o pedido da inadequação e inidoneidade da localização do aterro sanitário, a recorrente suscita, então, a questão do reforço da base e dos taludes das células de deposição de lixos do aterro, como descreve, pedindo a procedência do correspondente pedido.

Analisemos cada uma dessas questões.

Nulidade do acórdão recorrido por omissão de pronúncia.

– *Quanto à invocada nulidade do acórdão – art. 668.º, 1, d) do CPC –, por se não ter pronunciado sobre a alegada pré-selecção do local do aterro.*

Dispõe o art.668.º, 1, d) do CPC que é nula a sentença quando o juiz deixe de se pronunciar sobre questões que devesse apreciar.

A. Reis,[3] ao delimitar o conceito de "questões suscitadas pelas partes",[4] ensina que, para tal efeito, se deve atender não só aos pedidos como à causa de pedir.

Ora, o pedido formulado pela A. visa se declare que o local do aterro é inidóneo e inadequado para a eliminação dos resíduos industriais e outros e, ainda, a condenação das RR. a absterem-se de proceder à execução de quaisquer actividades nesse local ou a obras para a implantação do aterro.

Para fundamentar essa sua pretensão, a A. alegou vários factos, tendentes a demonstrar que a instalação ali do aterro causará lesão gravíssima e de difícil, ou quase impossível, reparação, no ambiente e na qualidade de vida, não só das populações da área geográfica de Sendim, como das que residem na vizinhança do local, já que, entre os resíduos, vão ali ser depositados os de peles, onde se encontram grandes quantidades de crómio que, em contacto com o meio aquoso e transmudado em crómio VI, o crómio contido nas peles se torna em metal pesado, cancerígeno, sendo extremamente perigoso para a saúde e para a vida humana; para justificar a fácil contaminação do meio ambiente, especialmente o seu elemento água, descreve a morfologia do terreno e as suas características geológicas e hidro-geológicas, bem como a proximidade e localização das povoações circundantes, em plano inferior ao aterro.

Alude também à circunstância de não ter havido pré-selecção do local do aterro, considerada a área dos concelhos que constituem a Associação R.

Mas esta alegação não tem autonomia para o pedido formulado, porque o que interesse averiguar é se o local é ou não apropriado para o aterro sanitário.

Daí que, em face do pedido e da causa de pedir, esta alegação não constitua questão a decidir, no comando dos arts. 660.º, 1 e 668.º, 1, d) citados.

De qualquer forma, o Acórdão sob recurso, pronuncia-se, para dizer que o tribunal não tinha que se debruçar sobre a questão de saber se houve ou não omissão de selecção de locais que permitisse uma decisão de localização que minimizasse os impactos do aterro, referindo que, tal questão suscitaria ainda a de saber se competia às RR. proceder a essa selecção uma vez que a escolha se "baseou em critérios político-administrativos, sociais, económicos e técnicos, tendo sido aprovado pelo Ministério do Ambiente".

O mesmo é dizer que o Acórdão sob recurso, opinou que tal questão extravasava o objecto do processo e nem tinha, por isso, autonomia para ser apreciada.

E, de facto, assim é.

Com efeito, a lei 83/95, de 31.8[5], define no art. 1.º, 1 "os casos e termos em que são conferidos e podem ser exercidos o direito de participação popular em procedimento administrativo e o direito de acção popular para a prevenção, a cessação ou a perseguição das infracções previstas no n.º 3 do art.52.º da Constituição".[6]

Por seu turno, o art.12.º, 1 da referida Lei estatui que "a acção procedimental administrativa compreende a acção para a defesa dos interesses referidos no art. 1.º e o recurso contenciosos com fundamento em ilegalidade contra quaisquer actos administrativos lesivos dos mesmos interesses"; e, "a acção popular civil[7] pode revestir qualquer das formas previstas no Código de Processo Civil".

Portanto, a lei distingue a acção procedimental administrativa e a acção popular civil: para os actos administrativos, os cidadãos utilizam a acção procedimental administrativa; para as questões civis, utilizam a acção popular civil.

Ora, a escolha do local para o aterro sanitário em análise nos autos constituiu acto administrativo, apenas podendo ser atacado através da acção procedimental administrativa, estando, por isso, a montante desta acção que versa sobre questões do foro civil.

É isto o que se diz no Ac. do STJ de 23.9.98[8]: "uma coisa consiste em averiguar se, na perspectiva do pedido e da causa de pedir da presente providência cautelar, a disciplina do art. 66.º, 2 da Constituição da República Portuguesa foi respeitada, ou, pelo contrário, terá sido infringida; outra, diferente, consistiria em sindicar da legalidade da actuação da Câmara de..., e/ou de outras entidades públicas envolvidas no processo decisório conducente à escolha do local.

Se, relativamente à primeira vertente, não pode este Supremo Tribunal deixar de a considerar, já em relação à segunda a competência pertencerá aos tribunais Administrativos.

Podendo mesmo dar-se, obviamente, o caso de a actividade dos órgãos municipais envolvidos no referido processo de escolha ser ilegal, sem que daí resultasse qualquer ofensa do disposto no n.º 2 do artigo 66.º da CRP.

Podendo o inverso ser também verdadeiro. Ou seja, poderia o processo administrativo de selecção do local ser , do ponto de vista da legalidade, intocável, e haver, todavia, razões para,..., se julgarem verificados os requisitos para o respectivo decretamento."

Assim, a questão de saber se houve ou não pré-selecção do local para o aterro não cabe no contexto destes autos; o que importa é saber se a "obra de engenharia"[9] do aterro está conforme à legislação vigente à data da sua aprovação e começo de execução e se o mesmo é eficaz para impedir a contaminação do ambiente, o que a A. contesta.

E se se chegar à conclusão de que o aterro não reúne as condições para poder funcionar sem poluir o ambiente, então, o tribunal já poderá ordenar o seu encerramento, mesmo que isso implique a eliminação do acto administrativo que determinou a escolha do local da sua construção.

Improcede, por isso, a primeira questão e as correspondentes conclusões atinentes à nulidade do Acórdão por omissão de pronúncia.

NOVÍSSIMOS ESTILOS 2 – JURISPRUDÊNCIA

Adequação e idoneidade do local para construir e fazer funcionar o aterro sanitário.

– *É inadequado e inidóneo o local para nele construir e fazer funcionar o aterro sanitário?*

O acelerado desenvolvimento económico e industrial da nossa sociedade, pressionado pelo aumento demográfico, pelo crescente bem-estar e pelo lucro económico, gera nas pessoas a necessidade da aquisição de bens cada vez mais sofisticados, com a consequente substituição dos usados que, rapidamente, ficam fora de moda, o que gera quantidades incomensuráveis de desperdícios.[10]

Por outro lado, o consumismo, as mais das vezes para além do necessário, muito por causa de uma publicidade cada vez mais agressiva, pressiona-nos à aquisição de bens, cujas sobras abandonamos nos mais díspares lugares, sendo frequente vermos nas praias e em todos os sítios de lazer, como nos montes e vales, nas bermas das estradas, nas ruas das cidades, estendais de desperdícios, de sobras alimentares, amontoados de sucata da mais variada, medicamentos deteriorados, produtos perigosos para a saúde....

Uns criticam mas nada fazem para impedir os atropelos ao ambiente.

Outros, diluídos na pouca instrução da nossa sociedade, continuam anestesiados, convivendo com uma cada vez maior degradação do ambiente e dos recursos naturais.

Como povo somos também incapazes de, colectivamente, seguirmos o exemplo do povo galego que, perante a catástrofe do derramamento do petroleiro Prestige, na sua costa marítima, arregaçou as mangas, conseguindo, com muito esforço e paciência, limpar a sua costa, permitindo que, novamente, o marisco acedesse aos seus mares.

Por isso, à falta de tratamento adequado do lixo que, dia a dia, aumentamos nas nossas cidades, vilas, aldeias e campo, passaram a coabitar no nosso solo inúmeras lixeiras a céu aberto, com a contaminação do solo e subsolo, da água, do ar, da luz, enfim, de todos os elementos que constituem o ambiente que nos rodeia e que é indispensável à nossa vivência como seres humanos.

Surgiu, por isso, a necessidade do tratamento do lixo que a nossa comunidade produz, discutindo-se acaloradamente qual o método mais adequado para o efeito, uns defendendo a co-incineração, outros os aterros sanitários e outros ainda as duas formas de tratamento desses resíduos.

Entre nós, em sintonia com a comunidade europeia, está já em prática a recolha e tratamento de resíduos em aterros sanitários, tendo sido decidido construir vários[11] espalhados pelo País, na execução do plano nacional de gestão de resíduos, conforme determina o art. 3.º, d) da Lei n.º 11/87.[12][13].

Em princípio e de acordo com a lógica das coisas, é de todo razoável que a distribuição desses aterros sanitários tenha em atenção as zonas onde os lixos se produzem,[14][15] desde que os locais escolhidos e as regras para a sua construção obedeçam aos comandos legais nacionais e comunitários, por forma a impedir a contaminação do ambiente,[16]. permitindo que as gerações presentes e futuras desfrutem de um "direito a um ambiente de vida humano, sadio e ecologicamente equilibrado."[17]

Se a sociedade em que nos inserimos tem necessidade de construir aterros sanitários para que todos tenham direito a um ambiente de vida humano, sadio e ecologicamente equilibrado, esse direito tem que ser compatibilizado com o mesmo direito que assiste aos vizinhos onde se localize o aterro.[18]

Há, pois, que encontrar a forma de sanar esse conflito que visa, no essencial, a mesma finalidade: garantir a todos o direito a um ambiente de qualidade.

A decisão que levou à escolha do local para o aterro foi uma decisão política, como já se disse, dentro das competências das respectivas autoridades e que não foi posta em causa por qualquer procedimento administrativo[19].

Agora, nesta fase, apenas temos que ver se o aterro foi construído dentro do condicionalismo previsto nas leis nacionais e comunitárias sobre a questão, de forma a garantir que o mesmo não afecte aquele direito a um ambiente sadio.

Ninguém põe em dúvida que, actualmente, vivemos numa sociedade de risco, porque, como acima deixámos dito, as necessidades do homem obrigam a que, cada vez mais, se recorra aos avanços tecnológicos que geram esses mesmos riscos.

Porém, nesse desenvolvimento tecnológico, há também técnicas que nos afiançam, com um elevado grau de confiança, que, se se seguirem determinadas regras, os riscos são toleráveis.

E, desde que o risco seja tolerável, não com uma certeza absoluta, mas numa perspectiva de razoabilidade, então, é possível a compatibilização entre o direito da sociedade em geral à eliminação dos lixos e o direito dos vizinhos à não contaminação do ambiente.

É que, como diz Jair Teixeira dos Reis[20] "o direito ambiental,..., tem uma dimensão humana, uma dimensão ecológica e uma dimensão económica que se deve harmonizar sob o conceito de desenvolvimento sustentado".

Como diz Gomes Canotilho,[21] "...os problemas ambientais inserem-se na problemática das relações de vizinhança;" contudo, "o direito ao ambiente salubre não poderá aspirar a qualquer pretensão de imodificabilidade dos elementos físico-químico-bológicos do espaço e do território a não ser quando eles ocasionam situações de perigo para a saúde dos indivíduos numa zona concretamente delimitada"[22].

Por isso, o mesmo autor[23] ensina que "é difícil vislumbrar qual a utilidade atribuída ao indivíduo como pessoa, que seja diversa da utilidade dos restante membros da colectividade em relação ao ambiente", considerando que o direito ao ambiente "só pode conceber-se como bem da colectividade de fruição indivisível".

Ninguém põe em dúvida o direito que a A. tem de defender o ambiente da sua comunidade, sendo, por isso, legítimo o recurso à acção popular, pois,"os direitos que se pretende ver tutelados" têm um carácter comunitário, ou seja "um valor pluri-subjectivo e os interesses subjacentes assumem um cunho meta-individual".[24]

Direito ao ambiente que é "um verdadeiro direito fundamental, formal e materialmente constitucional", nos termos do art. 66.º, 1 da CRP, onde se consagram, para além de "imposições constitucionais de uma política de ambiente","um dever jurídico-constitucional do Estado (poderes públicos) de protecção do ambiente".[25][26]"

Para verificar se a construção do aterro salvaguarda a preservação do ambiente, no contexto do princípio da prevenção,[27]. analisemos a matéria de facto provada, bem como a lei vigente à data dos factos, para concluir se foram observadas as regras técnicas nela previstas e se o resultado é de molde a dar ou não razão à A.[28]

Na verdade, para o conceito normativo de ambiente, interessam-nos "todas as medidas juridicamente vinculantes que se destinam a proteger e a regular, de forma planificadora, conformadora, preventiva e promocional, o ambiente natural e humano perante os efeitos perturbadores do "processo civilizacional." "[29]

Da matéria de facto resulta que a obra do aterro foi posta a concurso em 26.4.97, sendo aprovada definitivamente nos serviços do Ministério do Ambiente em 4.11.98.[30]

A legislação que estava em vigor, para além do contido na CRP[31]. e na LBA[32] e Lei do Direito de participação procedimental e de acção popular,[33] a essa data, era a seguinte:

– DL. 239/97, de 9.9 – Lei-quadro dos Resíduos
– DL 74/90, de 7.3 – Lei da água[34]
– Portaria 818/97, de 5.9 – "aprova a lista harmonizada, que abrange todos os resíduos, designada por Catálogo Europeu de Resíduos (CER)

– Portaria 961/98, de 10.11
– Decisão n.º 94/3/CE, da Comissão, de 20.12.93
– Decisão n.º 94/904/CEE, do Conselho, de 22.12.94

À data ainda não vigorava, entre nós a Directiva 1999/31/CE, do Conselho, de 26.4, que apenas foi transposta para o nosso direito interno pelo DL 152/02, de 23.5.[35]

As Directivas apenas têm efeito vertical e não horizontal, embora haja quem defenda que o direito interno deve ter uma interpretação conforme com o direito comunitário,[36] "não se limitando às medidas internas de transposição da directiva", concretizando-se que "ao aplicar o direito nacional, quer se trate de disposições anteriores ou posteriores à directiva, o órgão jurisdicional chamado a interpretá-lo é obrigado a fazê-lo na medida do possível, à luz do texto e da finalidade da directiva, para atingir o resultado por ela prosseguido".[37]

De qualquer forma, deve dizer-se que à data em que o aterro sanitário foi aprovado – 4.11.98 – a Directiva em causa ainda não vigorava na ordem jurídica da Comunidade Europeia.

O facto dessa Directiva não ser aqui aplicável, ao contrário do que defende a recorrente, não significa que, nos termos do art. 50.º do DL n.º 152/02, de 23.5, o aterro em análise não tenha que ser adaptado às condições de funcionamento previstas nesse Diploma Legal que transpõe para o nosso direito interno a referida Directiva.

Mas essa questão transcende o objecto destes autos, restando à A. o direito de fiscalizar o processo administrativo que conduza a tal "adaptação", se a ela houver lugar.

Também não é aplicável ao caso dos autos, como defende a recorrente, a Convenção de Basileia, aprovada para ratificação pelo DL 37/93, de 20.10, porque essa Convenção tem por objecto o "controlo de Movimentos Transfronteiriços de Resíduos Perigosos e sua Eliminação", o que não é o caso dos autos.

Vejamos, então, o direito vigente à data dos factos e se, em face da matéria de facto provada, o mesmo foi respeitado ao aprovar o aterro e se o mesmo funciona sem os perigos que a A. lhe aponta.

A lei[38] determina que "os resíduos e efluentes devem ser recolhidos, transportados, eliminados ou reutilizados de tal forma que não constituam perigo imediato ou potencial para a saúde humana nem causem prejuízo para o ambiente", consistindo nisso a "gestão de resíduos", como o art. 3.º, i) do DL 239/97 a define: "as operações de recolha, transporte, armazenamento, tratamento, valorização e eliminação de resíduos, incluindo a monitorização dos locais de descarga após o encerramento das respectivas instalações, bem como o planeamento dessas operações".

Dado que no caso dos autos, é a água o principal elemento ambiental cuja salvaguarda se pretende, convém, assinalar que, embora o art. 26.º da LBA se inicie pela epígrafe da "proibição de poluir", remete, no n.º 2, para legislação especial a regulamentação da deposição de quaisquer produtos susceptíveis de produzir poluição.

E, no que respeita à água, como medidas preventivas, dispõe o art.47.º, 1 do DL 74/90, de 7.3,[39] que "sempre que seja detectada uma situação susceptível de pôr em risco a saúde e a qualidade da água, as entidades competentes de fiscalização e inspecção deverão tomar as providências que no caso se justifiquem para prevenir ou eliminar tal situação, podendo ser determinados a suspensão da laboração e o encerramento preventivo da unidade poluidora, no todo ou em parte, ou proceder à apreensão de todo ou parte do equipamento mediante selagem".

Portanto, por um lado é proibido poluir, mas se se detectar que ocorre essa poluição ou a sua ameaça, as entidades competentes podem tomar as medidas adequadas ao caso.

A lei-quadro dos resíduos[40] define, no art. 3.º, resíduos, resíduos perigosos, resíduos industriais, resíduos urbanos e outros tipos de resíduos.

ATERRO SANITÁRIO

Resíduos perigosos são os que apresentem características de perigosidade para a saúde ou para o ambiente, nomeadamente os definidos em portaria dos Ministérios da Economia, da Saúde, da Agricultura, do Desenvolvimento Rural e das Pescas e do Ambiente, em conformidade com a Lista de Resíduos Perigosos, aprovada por decisão do Conselho da União Europeia.

Resíduos industriais são os gerados em actividades industriais....

Vem desmontado em sede de matéria de facto que:

- o aterro se destina a "absorver, pelo menos, resíduos sólidos industriais, designadamente os gerados pela indústria do calçado, provenientes das indústrias existentes no concelho de Felgueiras e de, pelo menos, mais cinco concelhos circunvizinhos, Lousada, Paços de Ferreira, Penafiel, Paredes e Castelo de Paiva".
- "...está projectado para receber, pelo menos, diariamente 40 toneladas de resíduos, em dias úteis, correspondente a 12.500 toneladas/ano e a 125.000 toneladas no período considerado de 10 anos" e que "a quantidade de crómio proveniente dos resíduos no predito período de 10 anos será de, pelo menos, em média, cerca de 150 toneladas//no".
- "o crómio aparece na natureza em dois estados de oxidação, ou seja, na forma trivalente (Cr^{3+}) ou na forma hexavalente (Cr^{6+}), sendo, pelo menos, este último considerado tóxico e perigoso para a vida humana e para a saúde das pessoas, causando efeitos perversos na saúde através da inalação e ingestão da água e alimentos que o contenham"
- "as peles que serão depositadas no referido aterro não são biodegradáveis, pelo menos a curto e médio prazo, sendo crómio acumulável durante dezenas ou até mesmo centenas de anos"
- "a pele curtida utilizada pela indústria do calçado contém de 2,5% a 3,5% de crómio e a composição média dos resíduos sólidos da indústria do calçado contém, aproximadamente, entre outros, aparas de pele e pó de 60%"
- "o "Aterro Industrial de Felgueiras", para além das quantidades referidas em 14), poderá absorver ainda uma capacidade de resíduos de mais 20 (vinte) toneladas diárias, podendo assim o fluxo de resíduos a serem depositados no aterro, para os dez (10) anos de horizonte de recolha previstos, atingir o total de cerca de 250.000 toneladas ou 250.000 m3"
- "a quantidade de lixo que no referido aterro será depositada, em cada ano, corresponderá, no mínimo, a 8.362 toneladas de peles (67%), a que corresponderá um total mínimo de depósito de crómio de cerca de 250 toneladas por ano".

A Portaria 818/97, de 5.9, aprovou a lista de resíduos designada por Catálogo Europeu de Resíduos" (CER), aprovado pela Decisão n.º 94/3/CE, de 20 de Dezembro de 1993.

O índice 04 dos Resíduos das Indústrias do Couro e Produtos de Couro e Têxtil, integra sob 040106 lamas, em especial do tratamento local de efluentes, contendo crómio e sob 040108 – resíduos de pele curtida (aparas azuis, surragem, poeiras), contendo crómio.

Assim, face àquelas definições e a este índice, dúvidas não restam de que o aterro se destina a resíduos industriais e também a resíduos industriais perigosos, como é o couro e o crómio em que ele se transforma.

As normas técnicas a ter em conta na construção do aterro vêm definidas nos anexos I e II da Portaria 961/97, já referida.

Para além de considerar que as características geológicas, geotécnicas e hidrogeológicas do local não são adequadas à instalação do aterro, a crítica fundamental da recorrente tem a ver com a respectiva impermeabilização, que, segundo afirma, não é adequada a evitar a contaminação do ambiente.

As características do local do aterro constam da matéria de facto, especialmente a dos n.ºs 29, 33, 34, 36 a 45.

Dessa matéria de facto resulta que a cerca de 200 m para Norte e para Sul se localizam dezenas de casas, com dezenas de moradores numa cota inferior de cerca de 50 metros; que na área territorial onde se situa o aterro há abundância de minas e de águas subterrâneas, ficando sob a implantação dos alvéolos dois troços de duas minas de água, ambas com caudal fluente.

A morfologia do local previsto para a implantação do aterro drena, actualmente, as águas superficiais e das nascentes para uma corrente de água permanente, não navegável nem flutuável, que lhe fica a Poente, conhecida por regato de "Levadas"; essa ribeira ou regato forma-se na vertente Poente do planalto onde se prevê a instalação do aterro sanitário, situando-se em sentido perpendicular ao plano da área territorial prevista para a implantação do aterro; à ribeira afluem, naturalmente, as fontes e as nascentes, superficiais e subterrâneas, existentes na vertente Sul/Poente do local para onde se encontra projectada a construção do aterro; essas águas atravessam, depois, no sentido Norte/Poente a área da freguesia de Sendim, correndo as suas águas a céu aberto, e infiltrando-se nos terrenos por onde passa o seu caudal.

Esses terrenos integram-se em prédios destinados designadamente à exploração agrícola dos seus proprietários, os quais chegam ainda a utilizar a dos poços aí existentes para consumo doméstico.

Resulta ainda da matéria de facto[41] que as características geológicas do terreno não garantem a impermeabilidade da ocorrência de lixiviados procedentes do aterro, se tal viesse a acontecer.

De todo o exposto torna-se evidente que se a impermeabilização do aterro não for eficiente, a perda de lixiviados contaminará o ambiente, designadamente o seu elemento água, bem fundamental da existência humana e de enorme importância para irrigação dos campos agrícolas das populações circunvizinhas e mesmo para o consumo humano.

Tal evidência resulta, desde logo, da lixeira a céu aberto que ali existia, como se vê da matéria de facto[42], que já contaminou as águas à volta do aterro, tendo tido necessidade a Câmara de Felgueiras de instalar o sistema público de abastecimento de água a todas as casas à volta do local do aterro.[43]

Analisemos, agora, a "obra de engenharia" da construção do aterro para verificar se se conclui ou não pela contaminação do ambiente, para além daquele risco tolerável a que acima aludimos.

Resulta da matéria de facto[44] que foi observada a legislação em vigor para a aprovação do aterro, designadamente, o contido nos anexos I e II da Portaria 961/98, de 10.11,[45] impondo-se também à entidade adjudicatária a recuperação ambiental da actual lixeira, com especial incidência no que respeita aos lixiviados e ao biogás.

Resulta ainda provado que em todo o processo de licenciamento do aterro houve o acompanhamento e a participação do Ministério do Ambiente, entidade máxima na matéria.

O aterro é composto de duas células de deposição de resíduos; no fundo das células, a impermeabilização é garantida mormente por uma camada de meio metro de espessura constituída por solos devidamente compactados, seguindo-se a colocação de uma micro-tela bentonítica, de uma geomembrana PEAD de 2 milímetros, de um geotêxtil drenante e de uma camada drenante com meio metro de espessura, esta última destinada à protecção de elementos impermeabilizantes e facilitação do escoamento dos lixiviados.

Nos taludes este geotêxtil é substituído por um geocomposto drenante tipo TENAXTN500.

Na fase de exploração, os resíduos vão ser prensados e depois acomodados nas células em diversos níveis de fardos, cada nível com cerca de dois metros de altura, entre si separados por uma camada de material terroso com a espessura de 20 centímetros, até se esgotar a capacidade projectada das células.

Terminada a exploração do aterro, proceder-se-á ao seu encerramento mediante a colocação, por cima da última camada de material terroso, de uma geomembrana de 0,75 milímetros, de um geocomposto drenante com geotêxtil numa das faces, tipo TENAXTN 500, de uma camada de material terroso de 60 centímetros de espessura, finalizando com uma camada de terra vegetal de 20 centímetros de espessura.

Todas as águas de superfície, designadamente as águas provenientes de chuvas, são conduzidas por uma valeta periférica em betão, envolvente da zona do aterro, valeta que as desviará do aterro evitando que venham aumentar o caudal de lixiviados.

O aterro será ainda dotado de uma Estação de Triagem destinada a separar resíduos e a eliminar à partida a possibilidade de nele serem depositados resíduos perigosos.

Também será dotado de uma Estação de Tratamento de Lixiviados cujo efluente resultante desse tratamento já não vai ter efeitos poluentes e nocivos quer para a água, quer para as pessoas e para o ambiente.

Desta matéria de facto resulta que não existe perigo sério de contaminação do ambiente.

De facto, o risco de os lixiviados contaminarem o ambiente é praticamente nula, já que, na zona do aterro não há possibilidade de as chuvas aumentarem o seu caudal pela existência da valeta periférica em betão, envolvente da zona do aterro, que dele as desviará.

Por outro lado, prevê-se o tratamento dos lixiviados,[46] cujo efluente resultante desse tratamento já não vai ter efeitos poluentes e nocivos quer para a água, quer para as pessoas e para o ambiente.

Além disso vem demonstrado que a impermeabilização é adequada a evitar a contaminação do ambiente, em face da legislação existente à data da adjudicação da obra do aterro.

As telas utilizadas na impermeabilização do aterro são as habitualmente utilizadas a nível mundial para a impermeabilização de aterros e, em complemento delas, foi ainda usado um "geo-composto bentonítico que contém uma argila expansiva cuja função é servir de barreira passiva como reforço das telas e cuja durabilidade é praticamente ilimitada.[47]

A recorrente não demonstrou, como lhe competia, que o aterro é susceptível de contaminar o ambiente,[48] demonstrando-se, antes, que a sua construção e fiscalização pelas autoridades competentes asseguram o seu funcionamento dentro das regras do risco tolerado a que acima aludimos.

Finalmente, diga-se que, em face das características do aterro, não se demonstra que se encontrem reunidas as condições para que o "crómio III", em cuja valência se encontra no couro, se transforme, por oxidação, na valência VI, a que representa maior gravidade na poluição.

As suposições da A. são hipóteses não demonstradas e que, por isso, não ultrapassam aquele risco tolerável a que aludimos.

Claro que catástrofes há-as sempre, como a que ainda há dias ocorreu em Inglaterra, nos depósitos de Buncefield ou no já falado derramamento do Prestige... mas isso são ocorrências que não são tidas em conta na análise do risco tolerável a que vimos aludindo.

Por isso, improcede também a questão agora analisada, não merecendo as instâncias as críticas da recorrente.

| A aplicabilidade da Directiva 1999//31/CE à situação. | *A 3.ª questão – a não proceder o pedido da inadequação e inidoneidade da localização do aterro sanitário, a recorrente suscita, então, a questão do reforço da base e dos taludes das células de deposição de lixos do aterro, como descreve, pedindo a procedência do correspondente pedido.*

Como acima já deixámos salientado, a Directiva 1999/31/CE não é aplicável ao caso dos autos, à data da aprovação do projecto do aterro.

De qualquer forma, sempre se dirá que a Directiva tem uma norma aplicável aos aterros já existentes[49], norma transposta para o direito interno pelo art. 50.º do DL 152/02, já referido, cujo cumprimento a A. poderá acompanhar através dos meios de procedimento administrativo adequado,[50] ou, mesmo, voltar a recorrer ao tribunal comum, verificados que estejam os respectivos pressupostos.

Assim, não se torna necessário conhecer ou mandar à Relação conhecer do agravo interposto do despacho que admitiu o mencionado pedido.

Por isso, nem sequer se vê necessidade de discutir aqui o problema de saber se o agravo interposto pela apelada era susceptível de conhecer ou se nada obstaria a tal, uma vez que a apelada insistiu pelo seu conhecimento, se tal se revelasse necessário, verificando-se o condicionalismo referido por A. Reis para o efeito.

Diz, de facto, A. Reis,[51] que "de modo geral pode estabelecer-se a doutrina seguinte: em princípio, a Relação só deve conhecer dos agravos interpostos pelo apelante, porque, em regra, os interpostos pelo apelado não têm interesse nem utilidade; perderam a razão de ser. Mas pode excepcionalmente, num ou noutro caso, continuar a ter interesse e razão de ser algum agravo interposto pelo apelado; deverá então este insistir pelo julgamento dele."

Considerando, no entanto, que a Directiva não é aqui aplicável, no contexto da acção, não há lugar ao conhecimento do agravo nem, por outro lado, ao conhecimento do pedido subsidiário formulado.

A revista não procede, por isso. |
|---|---|
| Decisão. | Decisão

Pelo exposto, nega-se a revista, confirmando-se a decisão recorrida.
Sem custas – art.13 da Lei 10/87, de 4.8.[52]

Lisboa, 26 de Janeiro de 2006
Custódio Montes
Neves Ribeiro
Araújo Barros |

---

[1] Doravante apenas se referirá a alínea dos factos assentes e, depois, os números da base instrutória, correspondentes.
[2] Felgueiras, Lousada, Paços de Ferreira, Penafiel, Paredes e Castelo de Paiva.
[3] CPC Anot.,Vol.V, págs. 53 e 54.
[4] Arts. 660.º, 1 e 668.º, 1, d) do CPC.
[5] Que define o "direito de participação procedimental e de acção popular.
[6] Este normativo define o "direito de petição e o direito de acção popular".
[7] N.º 2 do art.12.º da Lei 83/95.
[8] Itij doc. n.º sj199809230002001, citado no ac. da RP de 25.11.99, proferido na prov. caut. n.º 89/99, apensa, a fls. 396 e 397.
[9] Para utilizar a expressão usada na decisão da 1.ª instância, de 5.5.99, proferida na providência cautelar n.º 282-C/99 Apenso B, 2.º Vol., pág. 287.
[10] Como se diz no Relatório da Comissão Científica Independente, criada pelo DL 120/99, de 16.4, a págs. 3.25, com a lógica do mercado de consumo "passamos a considerar como normais, factos que, analisados fora do contexto, acabam por se revelar inaceitáveis", opinando-se que "combater a publicidade que conduz à espi-

ral do consumo é uma das formas de evitar a delapidação de recursos e diminuir os subprodutos industriais, que vão destruindo o nosso equilíbrio ecológico....".

[11] No n.º 93 da matéria de facto refere-se que o "Plano Estratégico dos Resíduos Sólidos" previa encerrar cerca de 250 sistemas de gestão de resíduos sólidos existentes, quase todos a céu aberto, passando a existir cerca de 40 sistemas, devidamente controlados e respeitando toda a legislação em matéria ambiental, sendo um deles o referido nos autos.

[12] "Da unidade de gestão e acção: deve existir um órgão nacional responsável pela política de ambiente e ordenamento do território, que normalize e informe a actividade dos agentes públicos ou privados interventores, como forma de garantir a integração da problemática do ambiente, do ordenamento do território e do planeamento económico, quer a nível global, quer sectorial, e intervenha com vista a atingir esses objectivos na falta ou e substituição de entidades já existentes".

[13] Ver também o DL 152/02, de 23.5.

[14] Como s diz no DL 516/99, de 2.12, que aprova o plano Estratégico de Gestão de Resíduos Industriais, os resíduos "cujo destino final é a deposição em aterro, deverão ser aplicados adequadamente os princípios da proximidade e da auto-suficiência, segundo os quais os resíduos deverão ser depositados numa das instalações mais próximas e que, sendo gerados na comunidade, não devem ser depositados noutro local".

[15] Resulta da matéria de facto – n.º 114 – que no C de Felgueiras se concentra cerca de 95% da indústria de calçado de todos os municípios que integram a R. B Vale do Sousa.

[16] Mesmo no contexto da Directiva 1999/31, que, como adiante veremos, não é aplicável ao caso dos autos, não se atende apenas às condições geológicas e hidrogeológicas, para a instalação de um aterro, exigindo-se, antes, que "a instalação de uma aterro só pode ser autorizada se as características do local no que se refere aos requisitos acima mencionados ou as medidas correctoras a implementar indicarem que o aterro não apresenta risco grave para o ambiente".

[17] Art.66.º, 1 da CRP.

[18] Como ensina G. Canotilho, RLJ 124, 9, "o direito ao ambiente sadio e ecologicamente equilibrado surge como direito subjectivo inalienável pertencente a qualquer pessoa".

[19] Seguindo-se os trâmites previstos no D. L. 239/97, de 9.9 e da Portaria n.º 961798, de 10.11 que estabelece nos seus dois anexos (I e II) as "peças escritas" e "outras operações de gestão de resíduos" a que tem de obedecer um aterro sanitário para a sua aprovação pelas entidades competentes.

[20] Ordenamento Jurídico Ambiental, in verbojuridico.net/doutrina/brasil

[21] RLJ 123, pág. 291

[22] Mesmo A. e RLJ 123, pág. 292.

[23] Ob. Cit., pág. 292 e 293.

[24] Ver Ac. deste STJ de 20.1005 (do aqui 2.º Conselheiro Adjunto, in dgsi.pt doc. n.º sj200510200025787.

[25] G. Canotilho, RLJ 124, 8.

[26] Como diz Jorge Miranda, Revista do Ambiente e Ordenamento do Território, n.º1, pág. 116, embora sujeito ao regime dos direitos liberdades e garantias consagrado no art.17.º da CRP, o direito ao ambiente também pode sofrer, como os demais direitos, "restrições ou condicionamentos...; tudo está em conseguir nesta matéria, a harmonização e optimização de todos os direitos..."

[27] Definido no art.3.º, a) da Lei 11/87, de 7.4 (lei de Bases do Ambiente), nos seguintes termos: "as actuações com efeitos imediatos ou a prazo no ambiente devem ser considerados de forma antecipativa, reduzindo ou eliminando as causas, prioritariamente à correcção dos efeitos dessas acções ou actividades susceptíveis de alterarem a qualidade do ambiente, sendo o poluidor obrigado a corrigir ou recuperar o ambiente, suportando os encargos daí resultantes, não lhe sendo permitido continuar a acção poluente".

[28] Sendo o direito ao ambiente um bem jurídico, o seu "título jurídico autónomo" radica na lei nacional e comunitária – G. Canotilho, ob. cit., pá. 325.

[29] G. Canotilho, Ob cit., pág. 290.

[30] Ver n.os 6 e 8 da matéria de facto.

[31] Arts. 66.º e 52.º.

[32] Lei 11/87, de 7.4.

[33] Lei 83/95, de 31.8.

[34] Agora revogada pela Lei 58/05, de 29.12, art.98.º, 2, a).

[35] A Directiva entrou em vigor na data da publicação no Jornal Oficial das Comunidades Europeias – 16.7.99 – e a mesma deveria ser transposta para o direito interno no prazo de 2 anos após a sua entrada em vigor – art.18.º, 1.

[36] art.174.º do Tratado da UE.

[37] Sofia Oliveira Pais e Maria de Fátima Ribeiro, "Dois Temas de Direito Comunitário do Trabalho", Incumprimento das Directivas Comunitárias", pág. 32.

[38] Art.24.º, 4 da LBA.

[39] Lei da Água, então em vigor.

[40] DL 239/97, de 9.9.

[41] N.os 48 a 58 70 a 90 da matéria de facto.

[42] N.os 117 e 118.

[43] N.º 128 da matéria de facto.

[44] N.os 102 a 106.

[45] Mesmo em face da legislação actual, verificam-se cumpridas as regras básicas de segurança, como resulta da análise do Anexo II, 2.1, b) e 2.2. do DL 152/02, de 23.5, que transpôs para a ordem jurídica interna a Directiva 1999/31/CE, do Conselho, de 26.4.

[46] Lixiviado é o líquido que escorre pelo interior de um monte de resíduos ou de outras substâncias sólidas. Os lixiviados dos aterros contêm normalmente partículas ou têm dissolvidas substâncias que podem ser nocivas.

[47] N.os 22 e 23 da matéria de facto.

[48] A perícia levada a efeito e que consta dos autos não é matéria de facto mas, antes, um dos meios de prova dos "factos relevantes para o exame e decisão da causa", conforme se dispõe no art. 513.º do CPC.
[49] Art. 14.º.
[50] Deve, no entanto, para tal efeito, resolver-se o problema levantado na sentença da 1.ª instância ao se referir que o Anexo II do DL 152/02 não exige nos aterros nacionais a barreira reclamada pela recorrente e prevista no Anexo I, 3 da Directiva.
[51] CPC Anot., vol.V, pág. 466.
[52] Ver Joel Pereira, CCJ e legislação complementar, pág. 10.

Controle de trabalhadores por GPS

"O empregador não pode utilizar meios de vigilância à distância no local de trabalho, mediante o emprego tecnológico, com a finalidade de controlar o desempenho profissional do trabalhador. Exceptua-se de tal proibição quando a vigilância vise a protecção e segurança de pessoas e bens, ou existência de particulares exigências inerentes à natureza da actividade que justifiquem o uso de tais meios. Todavia, quando tal vigilância electrónica se efective, incumbe ao empregador o ónus de prova de ter procedido ao cumprimento do dever de informação ao trabalhador" – *Ac. da Relação de Lisboa de 21 de Setembro de 2006*

Relatório.

- Acórdão do Tribunal da Relação de Coimbra
Data: 21 de Setembro de 2006
Relator: Juiz Desembargador Dr. Serra Leitão
Processo: 175/05 [inédito]

ACORDAM OS JUÍZES DA SECÇÃO SOCIAL DO TRIBUNAL DA RELAÇÃO DE COIMBRA:

José..., residente na Rua....., ..., instaurou acção declarativa com processo comum contra C.... SA, com sede em ... alegando, no essencial, que trabalhou para esta empresa, como vendedor, de 01/04/1989 até 02/08/2004.

Fê-lo na execução de um contrato de trabalho subordinado, que tinha ultimamente como contrapartida uma remuneração base mensal de € 502,00 e diuturnidades, a que acrescia uma comissão de 1% para as carnes frescas e 2% para as carnes transformadas.

Para o desempenho desta sua actividade, a Ré atribuiu-lhe um veículo automóvel, cujos encargos de manutenção suportava.

Além disso, gozava ainda de isenção de horário de trabalho, a que correspondia, também ultimamente, uma remuneração mensal de € 249,40.

Todavia, esta remuneração era-lhe retirada do valor das comissões, prática que se manteve ao longo de toda a relação laboral.

A partir de Novembro de 2003, aumentou significativamente o volume das vendas mas, a Ré tentou baixar-lhe o valor das comissões, o que recusou.

A partir daí, a relação laboral com a Ré foi-se deteriorando.

Além do aumento das tabelas de preços dos produtos por ele vendidos, a troca de giro dos clientes e a retirada gradual da cobrança de facturas, a Ré acabou por lhe instalar um dispositivo de GPS na viatura por ele conduzida, procedimento que foi adoptado contra a sua vontade e sem qualquer explicação adicional ou mesmo sem que se tivesse verificado a mesma atitude em relação aos demais vendedores.

Por esta razão, considerando que a colocação daquele instrumento era proibida, por ser um meio de vigilância à distância, de controlo da sua vida pessoal e desempenho profissional, decidiu rescindir o contrato de trabalho que mantinha com a Ré, em 02/08/2004, invocando justa causa.

Peticionou pois, que a Ré fosse condenada a pagar-lhe o valor das retribuições que indevidamente lhe deduziu pela isenção do horário de trabalho, as diferenças salariais relativas a comissões, remuneração de férias e subsídios de férias e de Natal dos anos de 2003 e 2004, e ainda a indemnização correspondente à sua antiguidade num total de € 99.762,57, acrescidos dos correspondentes juros moratórios vencidos e vincendos desde a data da citação até integral pagamento.

*

A Ré contestou, reconhecendo o vínculo laboral, a categoria profissional do A. e a sua remuneração base.

Mas já deu distinta versão sobre o modo de cálculo das comissões, pois, segundo o acordado, à soma destas era sempre deduzida a retribuição devida pela isenção do horário de trabalho.

Sempre assim foi, quer para o A., quer para os demais vendedores, afirmou.

Por outro lado, além da distinta versão que deu sobre as razões do aumento da tensão entre ambos, alegou ainda que a instalação do equipamento de GPS na viatura do A. foi aleatória e obedeceu apenas a razões técnicas, não existindo, assim, da sua parte qualquer intuito persecutório.

Não reconheceu igualmente qualquer um dos créditos salariais reclamados pelo A., sendo que ao invés, era ela quem tinha o direito a ser indemnizada pelo A., por este não ter respeitado o prazo de aviso prévio.

Pediu, em síntese, que se julgasse improcedente a acção e que o A. fosse condenado a pagar-lhe € 1.127,48 de indemnização pela falta de aviso prévio para a rescisão e ainda condenado como litigante de má-fé, numa indemnização de € 1.000,00.

*

Em resposta, o A. refutou a má-fé que lhe foi imputada, tal como impugnou o pedido reconvencional, uma vez que entendendo que rescindiu o contrato de trabalho que mantinha com a Ré por justa causa, assiste a esta o direito à indemnização que reclama.

Terminou assim, pedindo a improcedência do pedido reconvencional e da sua condenação como litigante de má-fé.

Prosseguindo o processo seus regulares termos veio afinal a ser proferida decisão que:

a) Julgou a acção parcialmente procedente, por provada e por consequência, condenou a Ré, C...SA., a pagar ao A., José..., a quantia de € 12.934,72 (doze mil novecentos e trinta e quatro euros e setenta e dois cêntimos), acrescidos dos juros moratórios vencidos desde a data da citação até esta data e dos vincendos até integral pagamento, à taxa legal, absolvendo-a do restante peticionado
b) Julgou improcedente, por não provado, o pedido reconvencional da Ré, dele absolvendo o A.

Discordando apelaram A e Ré alegando e concluindo.

[...]

Matéria dos factos.

Dos Factos

Foi a seguinte a factualidade dada como assente na 1.ª instância:

1. O A. trabalhou por conta da Ré, sob a autoridade e direcção desta, entre 01/04/1989 e 02/08/2004.
2. Exerceu, durante todo aquele período, a categoria profissional de vendedor.
3. Como contrapartida do seu trabalho, o A. auferia, desde Junho de 2003, € 502,00 de remuneração base mensal, a que acresciam comissões, diuturnidades e uma remuneração específica pela isenção do horário de trabalho.
4. As comissões eram variáveis e calculadas segundo uma base percentual sobre o montante das vendas de boa cobrança efectuadas pelo A., sendo de 1% para as carnes frescas e de 2% nas carnes transformadas.
5. A prestação de trabalho consistia na deslocação do A. aos clientes da Ré, na Região Centro, até à Guarda, para vender os diferentes produtos, proceder aos recebimentos das facturas e processar notas de devolução de mercadorias.
6. O A. apresentava-se semanalmente na sede da Ré e ainda sempre que solicitado por esta.
7. Para o desempenho da respectiva actividade, isto é, para as deslocações em serviço de e para a sede da R. e visitas aos clientes, a Ré atribuiu ao A. um veículo automóvel, suportando ela os respectivos encargos de manutenção.
8. A actividade do A., dada a sua natureza, foi exercida, desde o seu início e até ao seu termo, com isenção de horário de trabalho.
9. Antes de emitir o recibo das remunerações, a Ré deduzia à soma do valor das comissões auferidas pelo A., a remuneração deste pela isenção do horário de trabalho.
10. Essa remuneração pela isenção do horário de trabalho era actualizada com regularidade, normalmente anual.

11. O montante mensal de remuneração pela isenção de horário de trabalho era, desde Outubro de 2002, de € 249,40.
12. Desde o início da relação laboral que a Ré adoptou o mesmo procedimento para o pagamento da remuneração pela isenção do horário de trabalho.
13. Este procedimento quanto ao pagamento da remuneração pela isenção do horário de trabalho, a Ré segue-o também quanto aos outros vendedores que tem ao seu serviço.
14. O A. subscreveu o acordo com a Ré que consta de fls. 21, no qual se estabeleceu que, pela isenção do horário de trabalho, aquele teria direito a receber uma retribuição especial no montante de € 130,00, a ser paga com a mesma periodicidade com que lhe era paga a retribuição base.
15. Tal acordo, datado de 05/04/2004, foi entregue no IDICT em 19/04/2004.
16. O A., em data não apurada, mas depois de 1 Dezembro de 2003, subscreveu igualmente o acordo com a Ré que consta de fls. 53, no qual ficou estipulado que, pela isenção do horário de trabalho, aquele teria *"direito a uma retribuição especial constituída por comissões sobre as vendas de boa cobrança que efectuar, nas percentagens de 1% sobre as carnes frescas e de 2% sobre os produtos transformados, que não deverá ser inferior à retribuição correspondente a uma hora de trabalho suplementar por dia, e será paga com a mesma periodicidade com que é paga a retribuição base"*.
17. A partir de Novembro de 2003, o A. aumentou as vendas, o que teve reflexo imediato no valor das comissões.
18. Este aumento de vendas resultou também das grandes quantidades de carne que Álvaro José Batista Lázaro, cliente da Ré, adquiria para revenda, por intermédio do A.
19. A Ré tentou, então, baixar as comissões, propondo ao A. uma redução para metade da percentagem das comissões na carne fresca, 1% para 0,5%.
20. Todavia, o A. nunca aceitou a redução de percentagem das comissões.
21. No dia 12 de Julho de 2004, foi mandado instalar pela Ré um dispositivo com GPS na viatura utilizada pelo A.
22. Este dispositivo foi instalado em regime de experiência, por um período de 15 dias.
23. Tal dispositivo com GPS não foi instalado em mais nenhuma das demais viaturas dos outros vendedores ao serviço da Ré.
24. Com base neste procedimento, e atendendo as características do aludido dispositivo GPS, o A., por carta datada de 02/08/2004, cuja cópia consta de fls. 22 e 23 e que aqui se dá por reproduzida, resolveu o contrato de trabalho que mantinha com a Ré, invocando justa causa.
25. O equipamento GPS permitia, à distância, controlar a localização da viatura do A. e os percursos pela mesma seguidos.
26. Em Setembro de 2004, a Ré pagou ao A., € 10.051,52, obtidos pela forma discriminada a fls. 24, que aqui se dá por reproduzida.
27. De Julho de 2003 a Julho de 2004, inclusive, o A. auferiu ao serviço da Ré os valores que constam de fls. 81 e 57 a 68, cujo teor aqui se dá por reproduzido.

Do Direito

Sabe-se que é pelas conclusões das alegações, que se delimita o âmbito da impugnação – arts. 684 n.º 3 e 690.º n.ºs 1 e 3 ambos do CPC.

Pelo que e no que concerne ao recurso do A cumpre apenas dilucidar se deve ou não haver condenação pelo não pagamento de IHT até Outubro de 2002.

E no que respeita à impugnação da Ré:

– Alteração da matéria de facto
– Análise de existência de justa causa para a rescisão contratual operada pelo A

Previamente porém há que decidir sobre a tempestividade do recurso interposto pela Ré.

Entendemos – salvo o devido respeito – que esta apelação foi interposta em tempo.

Na verdade e como determina o art. 80.º do C. P. Trabalho no seu n.º 2 o prazo para interposição do recurso de apelação é de 20 dias, sendo que por força do seu n.º 3 este

> Questões de direito a decidir.

prazo é acrescido de 10 dias, sempre que o recurso tiver por objecto a reapreciação da prova.

E é inquestionavelmente o caso dos autos.

A Ré pretende que seja tomada em conta certa factualidade que o Tribunal recorrido não considerou.

Logo existe impugnação da matéria de facto, devendo ser respeitado o prazo de 30 dias resultante dos tais n.ºs 2 e 3.

Problema diferente – e que a seu tempo se decidirá – é o de se saber se a Ré deu cumprimento a todo o formalismo legal, para que se possa conhecer desta sua parte do recurso.

Mas isso nada tem a ver, com o facto da impugnação ser perfeitamente tempestiva.

Posto isto analisemos então ambas as apelações, começando pelo

I. RECURSO DO A.

[...]

II. RECURSO DA RÉ

Como supra se referiu, este visa dois aspectos essenciais
– a impugnação da matéria de facto
– a problemática relativa à justa causa da rescisão contratual operada pelo A

Ora bem.

Impugnação da matéria de facto.

No que concerne ao primeiro item, haverá que observar o seguinte:

Nos termos do art. 690 – A n.º 1 do CPC, quando se impugne a decisão proferida sobre a matéria de facto deve o recorrente obrigatoriamente especificar, sob pena de rejeição

a) Quais os concretos pontos de facto que considera incorrectamente julgados
b) Quais os concretos meios probatórios constantes do processo ou do registo ou gravação nele realizada, que impunham decisão diferente sobre os pontos da matéria de facto impugnada, daquela que foi tomada.

Para além disso e de acordo com o n.º 2 do mesmo normativo, quando há (como foi o caso) gravação da prova, incumbe ainda ao recorrente, também sob pena de rejeição do recurso indicar os depoimentos em que se funda, por referência ao assinalado na acta, nos termos do n.º 2 do art. 522 – C, da mesma codificação.

Ora basta ler as doutas alegações apresentadas pela Ré, para se verificar, que ela não cumpriu de forma cabal, os ditames acima referidos, mormente no que concerne á especificação concreta dos pontos de facto que considerava incorrectamente julgados e quais os concretos meios probatórios que impunham na sua óptica decisão diversa, sobre aqueles, da que foi proferida no Tribunal recorrido.

Existência de justa causa para a rescisão contratual.

Pelo que se impõe a rejeição do recurso, nesta parte, devendo assim manter-se integralmente a fundamentação de facto dada como assente.

Passemos agora à análise do último ponto desta impugnação – consideração da existência de (ou não) de justa causa, para a rescisão contratual que o A levou a efeito.

Como resulta da factualidade dada como assente o A motivou a sua rescisão contratual no facto da Ré ter mandado instalar na viatura que lhe estava adstrita um dispositivo com GPS, sendo que tal dispositivo não foi instalado em mais nenhum das demais viaturas dos outros vendedores ao serviço da Ré.

Mais se apurou que o dito equipamento permitia à distância controlar a localização da viatura e os percursos pela mesma seguidos.

O controlo à distância da actividade do trabalhador.

Ora e de acordo com o disposto no art. 20.º n.º 1 do C. Trabalho o empregador não pode utilizar meios de vigilância à distância no local de trabalho, mediante o emprego tecnológico, com a finalidade de controlar o desempenho profissional do trabalhador.

Ressalvam-se as hipóteses previstas no n.º 2 do mesmo artigo (protecção e segurança de pessoas e bens, ou existência de particulares exigências inerentes à natureza da actividade que justifiquem o uso de tais meios), sendo que de qualquer jeito o empregador deve informar nestes casos o trabalhador, nos termos do n.º 3 ainda do mesmo artigo.

Assim e na economia deste preceito a utilização dos ditos meios de vigilância será sempre ilícita (ainda que com aviso prévio da sua instalação feito ao trabalhador), desde que tenha a finalidade de controlar o seu desempenho profissional.

No caso concreto, a Ré não logrou provar que se estava perante uma das situações previstas no citado n.º 2, sendo que tal ónus a ela competia (art. 342.º n.º 2 do CCv).

E para além disso, atenta a factualidade provada, através do tal GPS, sempre é possível um controle ainda que não total e indirecto da actividade profissional do trabalhador, que assim vê violado o seu direito de personalidade.

Note-se que é o próprio legislador quem considera esta conduta como ofensiva dos direitos de personalidade do trabalhador, considerando tal conduta como contra ordenação muito grave, prevendo até que a decisão condenatória, seja publicitada (cfr. art. 641.º do C. Trabalho).

A licitude ou ilicitude da instalação do "GPS".

Portanto – e salvo o devido respeito por entendimento diverso – a instalação do GPS no veículo que estava distribuído ao A – é ilícita, mesmo que feita a título experimental (cujo período aliás já decorrera aquando da rescisão contratual que este efectuou).

Ora e de acordo com o disposto no art. 441.º n.º 1 ainda do C. Trabalho, o trabalhador pode fazer cessar imediatamente o contrato, quando ocorra justa causa.

E constituem justa causa para tal rescisão diversos comportamentos do empregador, como seja p. ex. a violação culposa das garantias legais ou convencionais do trabalhador (n.º 2 b) do citado art. 441.º).

Note-se que não se exige o dolo (nas suas diversas formas – directo, necessário ou eventual) para que a conduta da entidade patronal seja passível de desencadear a reacção do trabalhador.

Ao utilizar a expressão culposa, naturalmente o legislador admite a possibilidade de rescisão com justa causa, mesmo que a conduta da patronal seja meramente negligente.

Acresce que segundo o n.º 4 do citado art. 441.º a justa causa é apreciada nos termos do n.º 2 do art. 396.º, com as necessárias adaptações.

Ou seja em síntese que a conduta da entidade patronal se já de molde a que se torne impossível, a continuação do vínculo laboral, por não ser exigível ao trabalhador que continue, numa situação se subordinação económica – e fundamentalmente jurídica – relativamente a quem ofendeu os seus direitos.

Em suma:

A rescisão contratual em causa, com justa causa pressupõe a existência dos seguintes elementos:

NOVÍSSIMOS ESTILOS 2 – JURISPRUDÊNCIA

– um de natureza subjectiva traduzido no comportamento culposo do empregador;
– um de natureza objectiva compaginada na impossibilidade da subsistência da relação de trabalho;
– a existência de nexo de causalidade entre aquele comportamento e esta impossibilidade.

"In casu", cremos que a conduta do empregador, ao colocar aquele mecanismo de controlo exactamente no veículo que o A utilizava (excluindo todos os outros vendedores) sem se saber qual a finalidade, sem lhe dar qualquer explicação e decorrido algum tempo após a Ré lhe ter tentado baixar as comissões (o que o A não aceitou, o naturalmente e pela lógica da vida levou á criação de alguma tensão entre ambos), é de molde a criar no empregado uma falta de confiança na sua entidade patronal, que na óptica do funcionário está já a desconfiar dele.

Este quadro, acaba a nosso ver, por tornar impossível a subsistência da relação laboral, ou melhor dito, por tornar inexigível ao trabalhador, que mantenha o vínculo laboral.

Vale isto dizer e em suma que, em nossa modesta opinião ocorreu justa causa, para que o A rescindisse o contrato de trabalho, como o fez.

E daí que nenhuma censura, neste ponto deva ser feita à sentença em crise.

Parte dispositiva.

Termos em que e concluindo:

a) Se rejeita o recurso interposto pela Ré, relativamente à matéria de facto;
b) Se julga improcedente a apelação interposta por esta;
c) Se julga parcialmente procedente o recurso interposto pelo A e em consequência, condena-se a Ré a pagar-lhe a título de retribuição por IHT e até Outubro de 2002, a quantia que se vier a liquidar em execução de sentença e que deverá ser calculada nos termos oportunamente expostos (ou seja com base na remuneração correspondente a uma hora de trabalho extraordinário por dia).

Custas da apelação interposta pela Ré a cargo desta. As relativas ao recurso do A serão suportadas provisoriamente em parte iguais, fazendo-se o rateio de acordo com a sucumbência na execução de sentença.

Coimbra, 29 de Setembro de 2006
Relator: Joaquim Horácio Serra Leitão

NOTAS:

1. Apesar desta decisão ter sido revogada pelo Supremo Tribunal de Justiça, cujo acórdão de 22 de Maio de 2007 foi publicado na CJSTJ, Tomo II (2007), pp. 283 ss. (Relator: Juiz Conselheiro Pinto Hespanhol), o acórdão transcrito mantém a sua relevância, face à natureza inédita e à solução inovadora consubstanciada numa fundamentação jurídica que, face à inexistência de outras decisões sobre a matéria, constitui um verdadeiro *case study*.
2. O Acórdão do STJ, supra referido, foi sumariado da seguinte forma:

"I – O autor resolveu o contrato de trabalho com fundamento de que a instalação de um sistema GPS no veículo automóvel que lhe estava atribuído violava o artigo 20.º do Código do Trabalho, assim como o seu direito à igualdade e à não discriminação, e que o tinha afectado psíquica e fisicamente.
II – Na prestação do seu trabalho, o autor tinha de se deslocar aos clientes da ré na região Centro até à Guarda, tendo-lhe a ré atribuído um veículo automóvel, suportando todos os encargos de manutenção.
III – A ré mandou instalar um dispositivo com GPS na viatura atribuída ao autor que lhe permitia controlar a localização daquele veículo e respectivos percursos, bem como referenciar, por forma indirecta, a localização geográfica do trabalhador, enquanto este permanecesse na viatura.
IV – Tendo em conta as potencialidades do sistema GPS e a natureza da actividade prestada pelo autor, não se pode qualificar esse equipamento como meio de vigilância à distância no local de trabalho, uma vez que tal situação não permite captar as circunstâncias, a duração e os resultados de cada visita efectuada pelo autor aos seus clientes, nem identificar os respectivos intervenientes.
V – Considerar-se-á assim afastado qualquer controlo da vida privada do autor, não tendo por isso a ré, com tal actuação, violado o disposto no invocado art. 20.º do Código do Trabalho".

(Sumário: Maria Paula Moreira Sá Fernandes)

3. O mesmo Acórdão do STJ, foi sumariado pelo Relator, na base de dados do ITIJ, da seguinte forma:

"I. Embora a formulação literal do n.º 1 do artigo 20.º do Código do Trabalho não permita restringir o âmbito da previsão daquela norma à videovigilância, a verdade é que a expressão adoptada pela lei, «meios de vigilância a distância no local de trabalho, mediante o emprego de equipamento tecnológico, com a finalidade de controlar o desempenho profissional do trabalhador», por considerações sistemáticas e teleológicas, remete para formas de captação à distância de imagem, som ou imagem e som que permitam identificar pessoas e detectar o que fazem, quando e durante quanto tempo, de forma tendencialmente ininterrupta, que podem afectar direitos fundamentais pessoais, tais como o direito à reserva da vida privada e o direito à imagem.
II. Não se pode qualificar o dispositivo de GPS instalado no veículo automóvel atribuído a um técnico de vendas como meio de vigilância a distância no local de trabalho, já que esse sistema não permite captar as circunstâncias, a duração e os resultados das visitas efectuadas aos seus clientes, nem identificar os respectivos intervenientes.
II. Assim, deve concluir-se que carece de justa causa a resolução do contrato de trabalho efectivada por aquele trabalhador com fundamento em alegada violação do disposto no artigo 20.º do Código do Trabalho".

4. Da fundamentação do Acórdão do STJ consta que "embora a formulação literal do n.º 1 do artigo 20.º do Código do Trabalho não permita restringir o âmbito da previsão daquela norma aos sistemas de videovigilância, a verdade é que a expressão adoptada pela lei, «meios de vigilância a distância no local de trabalho, mediante o emprego de equipamento tecnológico, com a finalidade de controlar o desempenho profissional do trabalhador», por considerações sistemáticas e teleológicas, remete para formas de captação à distância de imagem, som ou imagem e som que permitam identificar pessoas e detectar o que fazem, quando e durante quanto tempo, de forma tendencialmente ininterrupta, que podem afectar direitos fundamentais pessoais, tais como o direito à reserva da vida privada e o direito à imagem. (…)
Tendo em conta as indicadas potencialidades do sistema GPS e a natureza da actividade prestada pelo autor, não se pode qualificar esse concreto equipamento tecnológico como meio de vigilância a distância no local de trabalho, uma vez que tal sistema não permite captar as circunstâncias, a duração e os resultados de cada visita efectuada pelo autor aos seus clientes, nem identificar os respectivos intervenientes. Doutro passo, sendo a atribuição da viatura limitada às necessidades do serviço, está afastado qualquer controlo da vida privada do autor".

Caducidade de direitos de nascituro

"A caducidade do direito de acção de um nascituro às prestações reparatórias de acidente de trabalho que vitimou mortalmente o seu pai" – *Ac. da Relação de Coimbra de 12 de Julho de 2007*

- Acórdão do Tribunal da Relação de Coimbra
Data: 12 de Julho de 2007
Relator: Juiz Desembargador Dr. Serra Leitão
Processo: 338/1994.C1

Relatório.

ACORDAM OS JUÍZES DA SECÇÃO SOCIAL DO T. RELAÇÃO DE COIMBRA:

Ana Raquel... de menor idade, representada por sua mãe Carla ..., intentou acção especial emergente de acidente de trabalho contra Companhia de Seguros X..., alegando em suma:

– Nasceu em 29/12/93, sendo filha da aludida Maria ... e de Olindo ...
– Sucede que seu pai foi vítima de um acidente simultaneamente de trabalho e de viação, ocorrido em 15/7/93 quando laborava sob as ordens, direcção e fiscalização de Z... – Serviços e Sistemas de Segurança Lda.
– De tal acidente resultou a morte de seu pai
– A aludida entidade patronal tinha a respectiva responsabilidade infortunística transferida para Ré seguradora
– Não foi possível a conciliação na fase administrativa já que quer a entidade patronal, quer a seguradora declinaram a sua responsabilidade, a primeira baseando-se no facto da existência do mencionado contrato de seguro; a segunda porque afirmou nunca lhe foi participado qualquer sinistro relativamente ao falecido
– O direito de acção foi exercido tempestivamente, já que a A á data do acidente era nascitura (nasceu em 20/12/93).

Pelo exposto concluiu peticiona a procedência da acção e consequentemente a condenação da Ré seguradora a pagar-lhe:

A) com início em 16/7/93 a pensão anual e temporária de € 997 até perfazer 18 anos, ou até perfazer 22 e 25 anos (enquanto frequentar respectivamente o ensino secundário, ou curso equiparado ou o ensino superior;
B) A quantia de € 51 referentes a despesas de transportes e alimentação decorrentes de suas deslocações a Tribunal.
C) Juros de mora á taxa legal, sobre estas quantias.

A Ré citada contestou invocando desde logo a caducidade do direito que a A pretende exercer e alegando que o acidente se encontra descaracterizado, já que foi exclusivamente devido a conduta temerária do trabalhador, pelo que não há lugar a qualquer reparação infortunística
A A respondeu á excepção, mantendo a sua posição inicial.
Prosseguindo o processo seus regulares termos veio a ser proferido saneador sentença que, julgando procedente a excepção da caducidade do direito invocado pela A, absolveu a Ré do pedido.

Inconformada apelou a A alegando e concluindo:

1.ª – A A. e ora recorrente discorda frontalmente de tal decisão proferida pelo Mmo Juiz do douto Tribunal a quo porque, na sua modesta opinião, entende que no caso vertente o direito de accionar foi tempestivamente exercido, não se verificando de forma alguma a caducidade de tal direito. Vejamos:
2.ª – Conforme é mui doutamente referido pelo Mmo Juiz no douto despacho ora recorrido, para apreciação da questão suscitada e, e tendo presente tudo o alegado pelas partes, há que ter presente os seguintes factos:

"a) No dia 27-10-1994 deu entrada em Juízo a participação relativa ao acidente de trabalho discutido nos autos;
b) O acidente ocorreu no dia 15-07-1993, tendo falecido no acidente o sinistrado dos autos, Olindo...;
c) No dia 20-12-1993 nasceu Ana Raquel (ora A.) sendo registada apenas como filha de Carla ...;
d) Na acção ordinária de investigação de paternidade n.º 154/94, do Tribunal de Círculo de Castelo Branco foi proferida sentença, transitada em 01-03-1995, ali se decidindo que a menor Ana Raquel, nascida no dia 20-12-1993, é filha de Olindo... (o sinistrado dos autos);

e) No dia 18-05-1995 teve lugar tentativa de conciliação no Serviços do MP junto do Tribunal do Trabalho de Castelo Branco, a qual não surtiu efeito, estando presente, entre outros, Carla ..., em representação da filha do sinistrado, Ana Raquel.

f) Por despacho de 14-06-95 foi declarada suspensa a instância (despacho de fls. 73, cujo teor aqui se dá por reproduzido);

g) Por despacho de 01-087-96 foi ordenado o arquivamento dos autos (despacho de fls. 73 v.º, cujo teor aqui se dá por reproduzido);

h) No dia 01-07-2005, Ana Raquel... (que antes se chamava apenas Ana Raquel), representada por sua mãe, Carla ..., instaurou a presente acção especial emergente de acidente de trabalho, contra a Companhia de Seguros X... – articulado de fls. 74 e segs, cujo teor aqui se dá por reproduzido.

3.ª – Estipula a Lei que rege os Acidentes de Trabalho (quer o n.º 1.º da Base XXXVIII da Lei 2127, de 3 de Agosto de 1965 – vigente na data em que ocorreu o dito acidente de trabalho que vitimou o pai da A. – quer o artigo 32.º da L.A.T., actualmente vigente) que o direito de acção respeitante ás prestações fixadas nessa Lei caduca no prazo de um ano a contar da morte resultante do evento E,

4.ª – dispõe o artigo 329.º do Código Civil que o prazo de caducidade, se a lei não fixar outra data, começa a correr no momento em que o direito puder legalmente ser exercido.

5.ª – Decorre do Código de Processo de Trabalho (C.P.T.) vigente à data do acidente (Decreto-Lei n.º 272-A/81 de 30 de Setembro) que o processo emergente de acidente de trabalho tem natureza urgente, corre oficiosamente e a instância inicia-se com o recebimento da participação (cfr. n.ºs 1 e 2 do artigo 27.º de tal diploma). E,

6.ª – que tal processo inicia-se por uma fase conciliatória dirigida pelo Ministério Público, tendo por base a participação do acidente. (cfr. n.º 1 do art. 102 de tal diploma).

7.ª – De igual modo dispõe o actual C.P.T. (D.L. 480/99 de 9 de Novembro) que o processo emergente de acidente de trabalho tem natureza urgente, corre oficiosamente e a instância inicia-se com o recebimento da participação (cfr. n.ºs 1 e 2 do artigo 26.º de tal diploma). E,

8.ª – que tal processo inicia-se por uma fase conciliatória dirigida pelo Ministério Público, tendo por base a participação do acidente. (cfr. n.º 1 do art. 99.º de tal diploma).

9.ª – De referir ainda que tem sido mui doutamente defendido pela Jurisprudência que a tramitação dos processos emergentes de acidente de trabalho não pode ser legalmente afectada pela inércia de qualquer das partes, não podendo, por isso, ser-lhe aplicável o regime previsto no n.º 2 do artigo 332 do Código Civil relativo à caducidade do direito de acção. E, o que marca o momento exacto do início da instância é a data do recebimento no tribunal competente da participação do acidente. A partir dessa data, os processos emergentes de acidentes de trabalho correm oficiosamente, jamais podendo reiniciar-se o decurso do prazo de caducidade do direito de acção – Cfr, por todos, douto Acórdão do Venerando Supremo Tribunal de Justiça, datado de 30/11/94, Processo n.º 004166, N.º Convencional JSTJ00026019, in www.dgsi.pt. Ora,

10.ª – tendo em conta os factos acima expostos e as referidas disposições legais constatamos que em 01-03-1995, data em que começaria a correr o prazo de caducidade de um ano para a A. exercer o seu direito de acção, a presente instância já se iniciara no douto Tribunal a quo, estando nessa altura a decorrer a fase conciliatória,

11.ª – sendo certo que na tentativa de conciliação que decorreu no dia 18-05-1995 nos Serviços do Ministério Público a A., representada por sua mãe, já reclamou da Ré o pagamento daquilo a que tinha direito. Donde,

12.ª – No caso vertente o direito de acção por parte da A. foi atempadamente exercido e jamais se poderá considerar, com erroneamente decidiu o M.mo Juiz *a quo*, que existe caducidade da presente acção.

13.ª – Tal decisão violou, assim, as disposições legais acima mencionadas, ou seja, o disposto na Lei que rege os Acidentes de Trabalho (quer o n.º 1.º da Base XXXVIII da Lei 2127, de 3 de Agosto de 1965 – vigente na data em que ocorreu o dito acidente de trabalho que vitimou o pai da A. – quer o artigo 32.º da L.A.T., actualmente vigente), o artigo 329.º do Código Civil, os n.ºs 1 e 2 do artigo 27.º e n.º 1 do art. 102 do D.L. n.º 272-A/81 de 30 de Setembro bem como os n.ºs 1 e 2 do artigo 26.º e n.º 1 do art. 99.º do D.L. 480/99 de 9 de Novembro.

Contra alegou a recorrida, defendendo a justeza do saneador sentença em causa

Recebido o recurso e colhidos os vistos legais, tendo o Ex. mo Sr. PGA nesta relação emitido douto parecer no sentido da respectiva improcedência, cumpre decidir

Dos Factos

Matéria de facto.

Com interesse para dilucidação da questão em causa, está provado:

a) No dia 27-10-1994 deu entrada em Juízo a participação relativa ao acidente de trabalho discutido nos autos;
b) O acidente ocorreu no dia 15-07-1993, tendo falecido no acidente o sinistrado dos autos, Olindo...;
c) No dia 20-12-1993 nasceu Ana Raquel (ora A.) sendo registada apenas como filha de Carla ...;
d) Na acção ordinária de investigação de paternidade n.º 154/94, do Tribunal de Círculo de Castelo Branco foi proferida sentença, transitada em 01-03-1995, ali se decidindo que a menor Ana Raquel, nascida no dia 20-12-1993, é filha de *Olindo...* (o sinistrado dos autos);
e) No dia 18-05-1995 teve lugar tentativa de conciliação nos Serviços do MP junto do Tribunal do Trabalho de Castelo Branco, a qual não surtiu efeito, estando presente, entre outros, Carla ..., em representação da filha do sinistrado, Ana Raquel.
f) Por despacho de 14-06-95 foi declarada suspensa a instância (despacho de fls. 73, cujo teor aqui se dá por reproduzido);
g) Por despacho de 01-07-96 foi ordenado o arquivamento dos autos (despacho de fls. 73 v.º, cujo teor aqui se dá por reproduzido);
h) No dia 01-07-2005, Ana Raquel..., representada por sua mãe, Carla ..., instaurou a presente acção especial emergente de acidente de trabalho, contra a Companhia de Seguros X... S. A..

Do Direito

Sabe-se que é pelas conclusões das alegações que se delimita o âmbito da impugnação – art.s 684 n.º 3 e 690.º n.ºs 1 e 3 ambos do CPC.

Pelo que no caso concreto importa apenas resolver se efectivamente caducou o direito que a A alegou na acção que propôs.

Caducidade do direito de acção.

Vejamos então.

Deve desde já anotar-se que a legislação aplicável é aquela que vigorava ao tempo da ocorrência do acidente, ou seja e resumidamente, a L. 2127 de 3/8/65 e restante legislação complementar e o CPT (versão de 1981).

Ora bem.

Segundo o disposto no art. 27.º n.º 2 desta última codificação, nas acções emergentes de acidente de trabalho inicia-se com o recebimento da respectiva participação.

Acção emergente de acidente de trabalho.

O que vale dizer, que tempestivamente apresentada esta, sofra o processo as vicissitudes que sofrer, tenha as suspensões que tenha, demore o tempo que demorar, a caducidade não opera mais.

Ou seja: estando a participação em tempo, o exercício do direito de acção não mais caduca.

Ora e nos termos da Base XXXVIII n.º 1 da citada L. 2127, o direito de acção respeitante às prestações fixadas na dita lei, caduca no prazo de um ano a contar da data da cura clínica, ou se do evento resultou a morte (como alias sucedeu no caso em apreço), a contar desta.

NOVÍSSIMOS ESTILOS 2 – JURISPRUDÊNCIA

Ficou provado que o trabalhado faleceu em 15/7/93.

E a participação do acidente que o vitimou foi feito por sua mãe, apenas em Outubro de 1994, ou seja decorrido mais do que o ano referido.

Mas quererá isto significar que para a A caducou o direito de exercer o seu direito de acção?

Salvo o devido respeito, por entendimento diverso, cremos que não.

Na realidade é fora de dúvida, que em tese, provado que seja que se está perante um acidente de trabalho indemnizável, a A teria direito a reparação infortunística.

Na verdade e conforme a Base XIX n.º 1 c) da dita L. 2127, se do acidente de trabalho resultar a morte os familiares da vítima receberão as seguintes pensões anuais: filhos, incluindo os nascituros, até perfazerem 18, 22 ou 25 anos enquanto frequentarem respectivamente o ensino secundário ou curso equiparado ou o ensino superior e os afectados de doença física ou mental que os incapacite para o trabalho 20% da retribuição base da vítima se for apenas um, 40% se forem dois, 50% se forem três ou mais, recebendo o dobro destes montantes até ao limite de 80% da retribuição da vítima, se forem órfãos de pai e mãe.

Uma vez que a A é hoje menos de 13 anos de idade, é evidente que – verificados os respectivos pressupostos – teria direito, como se disse a tal prestação infortunística, a calcular de acordo com a referida base.

Por outro lado e de acordo com o disposto no art. 21 a) do D.L. 360/71 de 21/8 a participação do acidente ao tribunal competente pode ser feito pela vítima, directamente ou por interposta pessoa.

Pela redacção da norma e em nosso modesto entendimento, ela vale para as hipóteses em que o trabalhador sobreviveu, o que não é o caso como vimos

Por seu turno a alínea b) do mesmo art. permite que a tal participação se faça pelos familiares do sinistrado.

E entre eles conta-se a A.

A participação do acidente e a condição de nascitura.

Todavia, aquando da ocorrência do acidente ela nunca poderia efectuar tal participação, pela simples razão – e além do mais – porque tratava-se de uma nascitura.

E segundo o art. 66.º n.º 2 do CCv o direito que a lei reconhece aos nascituros dependem do seu nascimento.

A A evidentemente veio a nascer (Dezembro de 1993).

Porém e nessa altura não era ainda à face da lei familiar do trabalhador falecido.

E nem o poderia ser, já que, uma vez que este já não existia nunca poderia perfilhá-la, sendo certo que por outro lado não sendo casado com a mãe dela (A), não poderia funcionar a presunção estabelecida no art. 1826 n.º 1 do CCv (presume-se que o filho nascido ou concebido na constância do matrimónio da mãe tem como pai o marido da mãe).

Só adquiriu tal qualidade quando por força de decisão judicial proferida na competente acção de investigação (oficiosa) de paternidade, foi declarada como filha do trabalhador falecido.

Mas isso apenas ocorreu em 1/3/05, ou seja muito depois do decurso do prazo de um ano a que alude a já citada Base XXXVIII n.º 1.

E então ficaria a A por isso inibida de exercer o seu direito de acção?

Salvo o devido respeito, entendemos que não e que as razões de segurança jurídica que estão subjacentes ao instituto "caducidade" têm que ceder perante direitos como aqueles que a pretende exercer.

Vale isto dizer que e tratando-se – repete-se – de um direito da acção, o tal prazo de um ano, ter-se-á que contar a partir do momento em que o seu titular possa exercer o direito.

E no caso concreto como a A apenas foi legalmente tida como filha do falecido em 1/3/95, só a partir daí poderia exercer o seu direito (incluindo o de participação do sinistro) e portanto o dito prazo de um ano deve contar-se a partir desse momento.

O que significa que a caducidade relativamente a ela apenas operava em 1/3/96.

É certo que o art. 329.º do CCv, determina que o prazo de caducidade só começa a correr no momento em que o direito puder ser legalmente exercido se a lei não fixar outra data.

O início do discurso do prazo de caducidade.

E poder-se-ia argumentar que referindo a L. 2127 a data a partir da qual se conta o prazo de um ano (a da morte do trabalhador sinistrado), fosse como fosse, a caducidade já operara relativamente á A.

Cremos todavia que não será assim.

Na verdade, estando provado que à data do acidente ela era nascitura do trabalhador entretanto falecido, o seu direito à prestação infortunística no fundo constitui-se aquando da morte de seu pai.

Só que por força de lei, por um lado o seu reconhecimento dependia do seu nascimento.

E por outro do reconhecimento legal de que era filha do trabalhador em causa.

Entendemos assim que aqui haverá que distinguir entre o momento da constituição do direito e a possibilidade do seu exercício, a qual só ocorre, pelo que está provado em 1/3/95.

E esta é mais uma razão para que se entenda que a caducidade não operou relativamente a ela.

É certo que mesmo após o reconhecimento legal como filha, a A não fez qualquer participação (ainda que e necessariamente através de legal representante – sua mãe – dada a sua menoridade).

Porém a participação já constava do processo.

E fora feita em 1994, portanto muito antes de caducar o direito da A.

Não vemos pois que houvesse necessidade dela elaborar nova participação do acidente.

E para além disso, a verdade é que o processo decorreu, logo que foi estabelecido o vínculo de filiação a A esteve presente (ainda que logicamente representada por sua mãe) em duas tentativas de conciliação (que resultaram infrutíferas) que foram efectuadas em Abril e Maio de 1995, logo antes do que consideramos a data em que opera relativamente a ela a caducidade (1/3/96).

Ora esta intervenção no processo, onde aliás peticiona a reparação a que entende ter direito, demonstra de forma cabal o seu intuito de exercer o seu direito de acção.

Por tudo isto, cremos ser em absoluto desnecessária a elaboração de uma participação pela A.

Note-se ainda que o direito de acção a que se refere a Base XXXVIII já mencionada, não pode ser entendido como a interposição da acção na fase contenciosa, do processo especial emergente de acidente de trabalho.

Ele manifesta-se através do recebimento da participação do sinistro, sendo que entre um e outro momento podem decorrer – e decorrem várias vezes anos -.

Em suma: por tudo o que se explanou – e sempre ressalvando o devido respeito por opinião diversa – entendemos que o direito da A exigir as prestações infortunísticas a que terá eventualmente direito, não caducou.

E por isso, concluindo decide-se:

Parte dispositiva.

a) *Julgar procedente a apelação e consequentemente revogar a decisão impugnada, considerando que não se verifica a excepção peremptória da caducidade invocada pela Ré seguradora.*
b) *Determinar o prosseguimento do processo, nomeadamente com a realização da audiência de discussão e julgamento para apreciação da sua questão fulcral (determinação se se está ou não perante um acidente de trabalho indemnizável com as legais consequências respeitantes á reparação infortunística relativa á A), se a tal qualquer outra circunstância não obstar.*

Custas pela Ré
Honorários Tabelares ao Ex. Patrono Oficioso da A, a pagar pelo CGT

Coimbra, 27 de Julho de 2007
Relator: Joaquim Horácio Serra Leitão

Picada de insecto

"Não configura um acidente de trabalho indemnizável a situação em que a trabalhadora, ao sair do seu local de trabalho quando caminhava na rampa que liga o edifício à via pública foi atingida por um insecto no glóbulo ocular esquerdo" – *Ac. da Relação do Porto de 28 de Maio de 2007*

- Acórdão do Tribunal da Relação do Porto
Data: 28 de Maio de 2007
Relator: Juiz Desembargador Dr. Ferreira da Costa
Processo: 0711446

Relatório.

ACORDAM NO TRIBUNAL DA RELAÇÃO DO PORTO:

B……….., patrocinada pelo Ministério Público, deduziu contra Companhia de Seguros X……….., S.A. acção declarativa emergente de acidente de trabalho, com processo especial, pedindo que se condene a R. a pagar-lhe as seguintes prestações:

1. Capital de remição de uma pensão de € 159,66, fixada na data da alta, ocorrida em 2004-07-05;
2. Indemnização pelo período de incapacidade temporária absoluta, ITA – € 719,99,00, de 2002-06-27 a 2002-09-25;
3. Indemnização pelo período de incapacidade temporária parcial de 5% – € 511,92, respeitante ao período compreendido entre 2002-09-26 a 2004-07-04;
4. A quantia de € 1.430,00 gasta em medicamentos, consultas médicas, exames médicos, óculos e transportes para receber tratamentos.
5. Juros de mora, à taxa legal de 4% ao ano, desde a citação até efectivo pagamento.

Alega, para tanto, que no dia 2002-06-26, cerca das 17,30 horas, após terminar o trabalho e quando caminhava na rampa que liga o edifício onde presta trabalho à via pública, foi atingida por um insecto no glóbulo ocular esquerdo, tendo ficado afectada com incapacidade temporária e com incapacidade permanente parcial de 2,5% a partir da data da alta, 2004-07-05. Mais alega que a tentativa de conciliação se frustrou porque a R. não aceitou a existência e caracterização do acidente como de trabalho, bem como o nexo de causalidade entre as lesões e o acidente.

Contestou a R., no que ao recurso interessa, por excepção, reafirmando a posição expressa na tentativa de conciliação e alegando que o acidente se encontra descaracterizado, uma vez que a picada do insecto nenhuma relação tem com o trabalho e corresponde a um risco genérico e independente de qualquer intervenção humana. A final, por discordar do resultado do exame médico singular, efectuado no Tribunal, requer a realização de exame por Junta Médica para determinar o grau de incapacidade da A., tendo formulado os pertinentes quesitos.

Foi proferido despacho saneador, seleccionada a matéria de facto [MF] e elaborada a base instrutória [BI], que não suscitaram qualquer reclamação, ordenando-se a final o desdobramento do processo com vista à realização do exame médico colegial.

No apenso respectivo foi fixada à A. a incapacidade permanente parcial de 2,5%.

Teve lugar a audiência de discussão e julgamento, após o que foi dada resposta à BI, sem reclamações.

Proferida sentença, foi a R. condenada a pagar à A. as seguintes prestações:

1 – Capital de remição de uma pensão de € 159,66 fixada na data da alta, 2004-07-05;
2 – Indemnização pelo período de ITA – € 719,99,00, de 2002-06-27 a 2002-09-25;
3 – Indemnização pelo período de incapacidade temporária parcial de 5% – € 511,92, de 2002-09-26 a 2004-07-04;
4 – A quantia de € 1.430,00 gasta em medicamentos, consultas médicas, exames médicos, óculos e transportes para receber tratamentos.
5 – Juros de mora, à taxa legal de 4% ao ano, desde a citação até efectivo pagamento.

Inconformada com o decidido, veio a R. interpôr recurso de apelação, pedindo que se revogue tal decisão e que se a substitua por outra, tendo formulado a final as seguintes conclusões:

1. Da discussão da causa resultou provado que a Sinistrada foi picada na vista por um insecto – vareja – quando havia terminado o seu horário do trabalho e se encontrava

ainda na rampa das instalações do local da prestação do trabalho que permite o acesso à via pública.

2. A Autora é analista e a sua entidade patronal dedica-se à produção de soros injectáveis.

3. O trabalho desenvolvido pela Sinistrada não implica o uso de insectos, bem pelo contrário, encontra-se junto aos autos com a contestação da ora Recorrente um documento escrito e assinado pela Autora em que a mesma expressamente refere não existir dentro ou fora do seu local de trabalho qualquer local onde se acumulem insectos.

4. Foi a primeira vez que a Autora foi picada por um insecto nas instalações da entidade patronal, sendo que o local em que ocorreu o evento era ao ar livre, em espaço aberto e amplo.

5. A Recorrente defende a falta de elementos para a qualificação do evento dos autos nos termos do disposto no art. 6.º da LAT, nomeadamente a falta de nexo causal entre o evento e a actividade prestada, não tendo existido qualquer risco especifico da profissão.

6. O Supremo Tribunal de Justiça entendeu que: "para qualificar um acidente como de trabalho não basta que se tenha verificado no local e hora de trabalho, pois é necessário um nexo causal com o trabalho ou serviço a ser prestado. No caso de força maior só é de considerar acidente de trabalho quando nele concorra um risco especial do trabalho ou serviço a ser executado", in BMJ N.º 341 ANO 1984 PAG 331.

7. Da discussão da causa não resultou que o evento tivesse algum ligação com o trabalho prestado pela Sinistrada ou que pudesse ter sido originado pelo mesmo.

8. O douto tribunal a quo proferiu uma sentença condenatória da ora Recorrente com base na qualificação do evento nos termos dispostos no art. 6.º da LAT fundamentando que o mesmo sucedeu no local de trabalho da Sinistrada e assemelhando o caso dos autos com uma queda sem motivo justificável tida por um trabalhador no local de trabalho.

9. Embora o tribunal a quo tenha considerado inicialmente que "a situação dos autos é daquelas que se pode prestar a algumas dúvidas dado tratar-se de uma situação pouco vulgar e que à primeira vista parece ser uma situação alheia à situação do trabalho", acabou por qualificar o evento e condenar a ora Recorrente na reparação do acidente de trabalho.

10. A ora Recorrente não se conforma com a aplicação do Direito aos factos porquanto se por um lado entende que o evento nem sequer poderá ser passível de subsunção no art. 6.º da LAT por total ausência de risco decorrente das condições de trabalho, por outro, ainda que se admitisse tal qualificação, uma vez que dos autos não resultou o contrário face a tal ausência de risco, então o tribunal a quo deveria ter aplicado o disposto no art. 7.º n.º 1 alínea d) da LAT e descaracterizar o evento não havendo lugar à reparação do infortúnio laboral por total ausência de um nexo de causalidade entre o evento lesivo e o trabalho prestado.

11. No momento em que se deu o evento a Sinistrada estava exposta a um risco genérico que atingiria qualquer pessoa colocada naquele local e circunstâncias, sendo que da discussão da causa não foi possível concluir o contrário.

12. Ao condenar a ora Recorrente nos termos da sentença proferida, o douto tribunal a quo violou o disposto nos arts. 6.º e 7.º n.º 1 alínea d) da Lei 100/97, de 13.09.

13. Deve a ora Recorrente ser absolvida do pedido nos moldes explanados.

A A. apresentou a sua alegação de resposta ao recurso de apelação interposto pela R., concluindo pelo não provimento do mesmo.

Admitido o recurso, foram colhidos os vistos legais.

Cumpre decidir.

Factos provados.

São os seguintes os factos dados como provados pelo Tribunal a quo:

A) – A autora vem prestando ininterruptamente trabalho durante cerca de vinte anos para a entidade patronal "C.........., S. A.", empresa que se dedica à produção de soros injectáveis, que vende para instituições médicas e com categoria profissional de "analista", funções que ainda desempenha na presente data.

B) – A autora prestou e ainda presta trabalho na Rua ...., ... Porto, efectuando um horário de trabalho das 8, 30 horas às 13 horas e das 14 horas às 17, 30 horas de Segunda a Sexta-Feira.

C) – Procedeu-se a tentativa de conciliação conforme o auto de fls. 60, 61 e 62.

D) – A ré seguradora não aceitou conciliar-se com a autora pelos motivos constantes do auto e apenas aceitou a transferência da responsabilidade por acidentes de trabalho por

parte da entidade patronal e pelo vencimento auferido pela autora à data do acidente.
E) – Na data do acidente vigorava entre a Ré Seguradora e a entidade patronal da Autora o contrato de Seguro titulado pela apólice n.º ...., através do qual aquela assumiu a responsabilidade infortunística emergente de acidente de trabalho sofridos pela Autora, pela retribuição de 544,00 €, acrescida de 112,00 € x 11 meses de subsídio de alimentação e 25,00 € x 11 de prémio de assiduidade e diuturnidades.
F) – Apesar de a entidade patronal da Autora ter participado à Ré Seguradora um acidente de trabalho nos termos que constam do documento de fls. 4, a Ré Seguradora recusou-se a prestar assistência à Autora e por qualquer forma a responsabilizar-se pelo evento.
G) – No dia 26 de Junho de 2002, cerca das 17,30 horas, logo após terminar o trabalho, quando caminhava na rampa que liga o edifício onde presta trabalho à via pública, logo após terminar o horário normal de trabalho, a Autora vinha a conversar com uma colega de trabalho quando foi atingida por um insecto no glóbulo ocular esquerdo.
H) – A autora teve a sensação de que o objecto que a atingiu era um insecto e, quando foi atingida, sofreu uma forte dor e pensou que ia desmaiar, o que não chegou a acontecer, e foi para casa com a sensação de ter qualquer coisa na vista.
I) – Quando chegou a casa, com o auxílio da filha e do namorado desta, verificaram que uma parte do insecto estava cravada na vista e conseguiram removê-lo.
J) – No dia seguinte ao referido na resposta dada ao quesito em 1.º (26-06-2002), a Autora foi trabalhar, apresentando o olho esquerdo inflamado.
K) – No dia 3 de Julho de 2002 a autora foi ao Hospital de .... onde lhe foram efectuados dois TACs e lhe foi diagnosticado "Querato-conjuntivite epidémica bilateral" e foi medicada com corticóides antibióticos e lubrificantes oculares de aplicação tópica.
L) – A partir de Outubro de 2002 a autora passou a ser acompanhada na "D..........., Ld.ª" onde recebeu tratamento, sendo medicada devido a Queratoconjuntivite epidémica bilateral com leucomas corneanos difusos e baixa de visão acentuada segundo o médico assistente devida a picada de "vareja" em 26/06/2002.
M) – A autora esteve impossibilitada de prestar todo e qualquer trabalho desde 26/06/2002 até 25/09/2002 e a partir desta data até à data da alta, fixada pelo perito médico deste Tribunal em 5/07/2004, prestou trabalho com uma incapacidade temporária parcial de 5%.
N) – A autora deslocou-se ao tribunal pelo menos por quatro vezes.
O) – A autora gastou em tratamentos as seguintes quantias que teve de suportar em virtude de a ré não lhe ter prestado assistência médica e como consequência do acidente sofrido:

– Consultas médicas 605,72 €
– TACs 52,38 €
– Um par de óculos que lhe foram receitados em virtude do acidente sofrido 450,00 €
– Transportes a tratamentos 6,50 €
– Medicamentos 230,80 €
– Total – 1.345,40 €.

P) – Em virtude do acidente sofrido a autora esteve incapacitada totalmente para o trabalho de 27/06/2002 até 25/09/2002 e com uma incapacidade para o trabalho temporária de 5% desde 26/09/2002 até 4/07/2004, tendo auferido da Segurança Social a quantia diária de 10,29 € (dez euros e vinte e nove cêntimos) a título de subsídio de doença referente ao período de 08/07/2002 até 16/09/2002.
Q) – Como consequência do acidente a autora apresenta as lesões descritas no parecer de oftalmologia de fls. 53 "querato conjuntivite bilateral. Ao exame oftalmológico apresenta VOD 10/10 com correcção e VOE 10/10 com correcção e apresenta em ambos os olhos alguns infiltrados corneanos fora do eixo visual. Tem naturais queixas de fotofobia." Bem como no auto de exame médico de fls. 58 que se dá por reproduzido e que determinam uma IPP de 2,5% a partir de 5/07/2004 data em que o perito médico do Tribunal de Trabalho fixou a alta, exame médico de fls. 58.

O Direito

Sendo pelas conclusões do recurso que se delimita o respectivo objecto[1], como decorre das disposições conjugadas dos arts. 684.º, n.º 3 e 690.º, n.º 1, ambos do Cód. Proc. Civil,

Fundamentação jurídica.

NOVÍSSIMOS ESTILOS 2 – JURISPRUDÊNCIA

ex vi do disposto no art. 87.º, n.º 1 do Cód. Proc. do Trabalho, a única questão a decidir nesta apelação consiste em saber se o acidente dos autos é indemnizável.

Vejamos.

O carácter indemnizável do acidente de trabalho.

Entende o Tribunal a quo que o acidente dos autos é qualificável como de trabalho, pois a picada do insecto no glóbulo ocular da A. aconteceu por causa do trabalho, na medida em que a trabalhadora se encontrava no tempo e no local do trabalho quando o evento se verificou. Entende a R., ora recorrente, que a picada do insecto não tem relação com o trabalho, estando a A. sujeita a um risco geral, como qualquer pessoa, em qualquer outro lugar e sem intervenção humana.

Ora, tendo o acidente ocorrido no dia 2002-06-26, é-lhe aplicável a Lei n.º 100/97, de 13 de Setembro[2] e o Decreto-Lei n.º 143/99, de 30 de Abril.

Dispõe o primeiro deles, o seguinte:

Artigo 6.º
Conceito de acidente de trabalho

1. É acidente de trabalho aquele que se verifique no local e no tempo do trabalho e produza directa ou indirectamente lesão corporal, perturbação funcional ou doença de que resulte redução na capacidade de trabalho ou de ganho ou a morte.
2. Considera-se também acidente de trabalho o ocorrido:

a) No trajecto de ida e de regresso para e do local de trabalho, nos termos em que vier a ser definido em regulamentação posterior;

3. Entende-se por local de trabalho todo o lugar em que o trabalhador se encontra ou deva dirigir-se em virtude dos seus trabalho e em que esteja, directa ou indirectamente, sujeito ao controlo do empregador.
4. Entende-se por tempo de trabalho, além do período normal de laboração, o que preceder o seu início, em actos de preparação ou com ele relacionados, e o que se lhe seguir, em actos também com ele relacionados, e ainda as interrupções normais ou forçosas de trabalho.

Artigo 7.º
Descaracterização do acidente

1. Não dá direito a reparação o acidente:

d) Que provier de caso de força maior.

2. Só se considera caso de força maior o que, sendo devido a forças inevitáveis da natureza, independentes de intervenção humana, não constitua risco criado pelas condições de trabalho, nem se produza ao executar serviço expressamente ordenado pela entidade empregadora em condições de perigo evidente.

Por seu turno, dispõe o Decreto-Lei n.º 143/99, de 30 de Abril:

Artigo 6.º
Conceito de acidente de trabalho

2. Na alínea a) do n.º 2 do artigo 6.º da lei estão compreendidos os acidentes que se verifiquem no trajecto normalmente utilizado e durante o período de tempo ininterrupto habitualmente gasto pelo trabalhador:

a) Entre a sua residência habitual ou ocasional, desde a porta de acesso para as áreas comuns do edifício ou para a via pública, até às instalações que constituem o seu local de trabalho.

Elementos de conceito do acidente de trabalho.

Diz-se habitualmente que o conceito de acidente de trabalho se decompõe em três elementos, a saber:

– espacial,

– temporal e
– causal.

In casu, parece claro que se verificam os dois primeiros, pois o acidente ocorreu no local e no tempo do trabalho.

Na verdade, tendo o evento ocorrido na rampa de acesso à via pública, a A. ainda se encontrava dentro das instalações da entidade empregadora, pois o acidente in itinere tem como elemento espacial o trajecto entre a residência do trabalhador e as instalações do empregador. Portanto, terminada a via pública e ultrapassada a porta de entrada das instalações do empregador, o trabalhador encontra-se no local de trabalho, sujeito ao controlo do empregador, como refere o art. 6.º, n.º 3 da Lei citada, mesmo que ainda não se encontre, propriamente, no respectivo posto de trabalho[3]. Assim, estando a A. na rampa de acesso à via pública quando o evento ocorreu, encontrava-se no local do trabalho.

O acidente também se verificou no tempo do trabalho.

Em realidade, o acidente ocorreu "...logo após terminar o trabalho..." e "...logo após terminar o horário normal de trabalho...", como vem provado sob a alínea G) da respectiva lista. Ora, considerada a definição de tempo de trabalho constante do art. 6.º, n.º 4 da Lei citada, é evidente que o acidente ocorreu no tempo de trabalho, pois o evento verificou-se logo a seguir ao termo da jornada de trabalho.

Não existindo qualquer dúvida entre as partes acerca dos elementos temporal e espacial, aceitando ambas as conclusões que acabamos de extrair, já o elemento causal do acidente de trabalho aponta o início das divergências entre elas.

Quando habitualmente se refere os três elementos em que se decompõe o conceito de acidente de trabalho, aponta-se o elemento causal, com o sentido de que deverá existir um nexo de causalidade entre o evento e as lesões. Simplesmente, logo se acrescenta que o acidente, sendo um fenómeno complexo, se divide em sub-nexos, nomeadamente, entre o trabalho e o evento, entre este e as lesões, entre estas e a incapacidade ou a morte do sinistrado[4].

In casu, interessa apenas o primeiro, respeitante à ligação entre o acidente e o trabalho, referindo

– Uns que tendo o acidente ocorrido no local e tempo de trabalho, é acidente de trabalho, pois a verificação dos dois primeiros elementos faz presumir a ocorrência do terceiro,
– Outros exigem que exista uma certa relação entre o evento e o trabalho e
– Outros, ainda, exigem para a qualificação do acidente como de trabalho, que se possa estabelecer um nexo de causalidade entre o acidente e o trabalho.

Ligação entre o acidente e o trabalho.

Esta última posição corresponde à denominada teoria do risco profissional, apenas qualificando como acidente de trabalho aqueles casos em que se pudesse estabelecer um nexo de causalidade entre o acidente e o trabalho, assim deixando sem reparação situações que claramente a demandavam.

Teoria do risco profissional.

Tal tese encontra-se, porém, desde há muito ultrapassada pela denominada teoria do risco de autoridade ou do risco económico, de modo que provada em concreto a subordinação jurídica ou económica, estaremos em princípio perante um acidente qualificável como de trabalho, bastando uma certa relação entre o trabalho e o acidente, mas não se exigindo um nexo de causalidade entre eles como característica essencial do acidente de trabalho, isto é, tem de haver apenas uma certa relação entre o agente causante do acidente e as condições de trabalho em que o evento ocorre[5].

Teoria do risco de autoridade ou do risco económico.

No entanto, sendo o acidente qualificado como de trabalho, porque se reuniram todos os pressupostos previstos no art. 6.º da LAT, pode mesmo assim não ser indemnizável, se concorreram para a sua verificação factos e circunstâncias que o tornam – legalmente –

não ressarcível. Trata-se das hipóteses previstas no art. 7.º da mesma Lei, estando invocado nos autos o caso de força maior, previsto na alínea d) do n.º 1 do artigo e definido no seu n.º 2.

O caso de força maior.

Ora, para efeitos de acidente de trabalho, "...Os tratadistas costumam caracterizar o caso de força maior como um fenómeno natural de ordem física ou moral que desafia toda a previsão e cuja causa é completamente estranha à exploração – a sua característica essencial é ser absolutamente independente da empresa: os tremores de terra, o raio, as inundações...", como refere João Augusto Pacheco e Melo Franco[6]. Todavia, já anteriormente referia A. Veiga Rodrigues o seguinte[7]: "...Os factos ou acontecimentos de força maior podem ser da natureza física: terramotos, ciclone, inundações, raios, tempestades, ataques de animais, picada de insectos [sublinhado nosso], etc., ou de ordem moral: invasões estrangeiras, pilhagem, guerra, etc. Todavia, quando tais factos constituem o risco específico do trabalho ou um risco genérico agravado, actuando sobre o trabalhador que executava trabalhos expressamente ordenados pela entidade patronal em condições de perigo evidente, dão lugar a um verdadeiro acidente de trabalho, assim se devendo considerar os sofridos pelos trabalhadores em tais condições...".

Aplicando estes ensinamentos[8], afigura-se-nos que o caso dos autos configura um acidente não indemnizável.

Na verdade, mesmo dando de barato que ele é qualificável como de trabalho – o que não nos parece, uma vez que o agente causante [picada do insecto] tem uma relação com o trabalho apenas no que aos elementos espácio-temporais concerne – certo é que o acidente resultou de caso de força maior, o qual não corresponde a risco criado pelas condições de trabalho [não se provou a existência de insectos no local de trabalho ou nas suas proximidades], nem se produziu ao executar serviço expressamente ordenado pela entidade empregadora em condições de perigo evidente [a A. estava a dirigir-se para a via pública quando sentiu a picada do insecto].

De resto, o caso invocado na sentença [Cfr. Cruz de Carvalho, in Acidentes de Trabalho e Doenças Profissionais, 1980, pág. 35], que versou sobre uma picada de abelha que foi considerado acidente de trabalho indemnizável, foi decidido em conformidade com os parâmetros acima referidos, pois havia no local de trabalho várias colmeias, o que configurava um risco criado pelas condições de trabalho, contrariamente à hipótese vertente.

Em conclusão, tendo o acidente dos autos resultado de caso de força maior, consistente na picada de um insecto, tal acidente não é indemnizável.

Procedem, deste modo, as conclusões do recurso.

Decisão.

Decisão.

Termos em que se acorda em conceder provimento à apelação, assim confirmando a douta sentença.
Sem custas, dada a legal isenção da A.

Porto, 28 de Maio de 2007
MANUEL JOAQUIM FERREIRA DA COSTA
DOMINGOS JOSÉ DE MORAIS
ANTÓNIO JOSÉ FERNANDES ISIDORO

---

[1] Cfr. Abílio Neto, in Código de Processo Civil Anotado, 2003, pág. 972 e o Acórdão do Supremo Tribunal de Justiça de 1986-07-25, in Boletim do Ministério da Justiça, n.º 359, págs. 522 a 531
[2] Abreviadamente, de ora em diante, designada apenas por LAT.
[3] Cfr. Carlos Alegre, in Acidentes de Trabalho e Doenças Profissionais, 2.ª edição, pág. 184.
[4] Cfr., a mero título de exemplo, Vítor Ribeiro, in Acidentes de Trabalho, Reflexões e Notas Práticas, 1984, págs. 219 a 221.

(5) Cfr. A. Veiga Rodrigues, in Acidentes de Trabalho, Anotações à Lei N.º 1:942, págs. 8 e 9, Feliciano Tomás de Resende, in Acidentes de Trabalho e Doenças Profissionais, 2.ª edição, págs. 17 e segs., e Carlos Alegre, in Acidentes de Trabalho e Doenças Profissionais, 2.ª edição, págs. 41 e 42.
Cfr. também os Acórdãos do Supremo Tribunal de Justiça de 1995-01-25 e de 1995-09-27, in Colectânea de Jurisprudência, Acórdãos do Supremo Tribunal de Justiça, Ano III-1995, respectivamente, Tomo I, págs. 260 a 262 e Tomo III, págs. 269 e 270.
(6) In Acidentes de Trabalho e Doenças Profissionais, Direito do Trabalho, Boletim do Ministério da Justiça (Suplemento), 1979, pág. 74, que a seguir, refere:
"…o caso fortuito escapando também às previsões humanas tem a sua causa no funcionamento da empresa: um descarrilamento, a explosão de uma caldeira.
O acidente devido a caso fortuito é indemnizável, não o sendo o devido a caso de força maior, salvo se, como se prescreve na lei, constituir risco criado pelas condições do trabalho, e por isso o pastor que no campo em dia de sol intenso tem um ataque de insolação, ou o operário da construção civil vítima de um raio, estavam sujeitos ao risco criado pelas condições do seu trabalho e, como tal, devem considerar-se vítimas de um acidente de trabalho…".
(7) Cfr. A. Veiga Rodrigues, in Acidentes de Trabalho, Anotações à Lei N.º 1:942, págs. 32 e 33.
(8) Cfr. os Acórdãos do Supremo Tribunal de Justiça de 1984-11-22, de 1988-11-03 e de 1989-03-30, in Boletim do Ministério da Justiça, respectivamente, n.º 341, págs. 331 a 335, n.º 381, págs. 476 a 480 e n.º 385, págs. 491 a 495.

Descaracterização de acidente

"Só não dá direito a reparação o acidente sofrido pela vítima em estado de embriaguês quando essa embriaguês for a causa exclusiva do acidente" – *Ac. da Relação do Porto de 8 de Maio de 2006*

• Acórdão do Tribunal da Relação do Porto
Data: 8 de Maio de 2006
Relator: Juiz Desembargador Dr. Ferreira da Costa
Processo: 717/2006 (Inédito)

Relatório.

ACORDAM NO TRIBUNAL DA RELAÇÃO DO PORTO:

Maria..., por si e em representação de seu filho menor, Carlos..., deduziram contra ICI – Companhia de Seguros... e contra Securitas... acção declarativa, com processo especial, emergente de acidente de trabalho, pedindo que se condene as RR. a pagar:

I – À A. Maria...:

a) Com início no dia 2003-06-26, a pensão anual e vitalícia de € 2.642,54, a cargo da seguradora e a pensão anual e vitalícia de € 352,84, a cargo da empregadora;
b) A quantia de € 9,60 relativa a despesas com transportes;
c) A quantia de € 2.852,80, relativa a despesas de funeral e
d) A quantia de € 4.279,20, a título de subsídio por morte.

II – Ao A. Carlos...:

a) Com início no dia 2003-06-26, a pensão anual de € 1.996,92, até perfazer a idade de 18, 22 ou 25 anos, se frequentar com aproveitamento, respectivamente, o ensino secundário ou curso equiparado ou o ensino superior, sendo todas as quantias acrescidas de juros de mora, à taxa legal.

Alegam para tanto e em síntese que no dia 2003-06-25 seu marido e pai, António...., sofreu um acidente de viação, que também é acidente de trabalho, quando se deslocava da sua residência para o local de trabalho, o qual efectuava sob as ordens, direcção e fiscalização da 2.ª co-R., como vigilante e mediante a retribuição anual de € 554,76 por 14 meses, acrescida do subsidio de alimentação no valor de € 106,92 por 11 meses e ainda, a titulo de trabalho nocturno, o montante de € 86,82 por 12 meses, estando a responsabilidade transferida para a 1.ª co-R. pela retribuição anual de € 554,76 por 14 meses, acrescida de € 86,82 por 12 meses, a titulo de trabalho nocturno.

Contestaram as RR., alegando em síntese que o acidente está descaracterizado como acidente de trabalho, pois se ficou a dever a negligência grosseira e a privação temporária do uso da razão pelo sinistrado, na medida em que ele apresentava taxa de alcoolemia superior à permitida por lei, no momento em que o sinistro ocorreu.

Os AA. responderam às contestações.

Foi proferido despacho saneador, assentes os factos considerados provados e elaborada a base instrutória, sem reclamações.

Respondeu-se aos quesitos pelo despacho de fls. 258, que não suscitou qualquer reclamação – cfr. fls. 257.

Realizado o julgamento e proferida sentença, foram as RR. absolvidas do pedido.

Conclusões do recurso de aplação.

Inconformados com o assim decidido, vieram os AA. interpôr recurso de apelação, pedindo que se condene as RR. no pedido, tendo formulado a final as seguintes **conclusões**:

A) – A matéria constante dos pontos 16, 17 e 18 foi incorrectamente julgada.
B) – Não havendo testemunhas do acidente e apresentando o velocípede danos, não poderia o Meritíssimo Juiz, sem mais, concluir que o sinistrado não colidiu com qualquer peão ou veículo.
C) – Até porque a resposta ao ponto 16 é contraditória com a resposta dada ao quesito 4.º da base instrutória.
D) – O facto de apresentar uma taxa de alcoolemia superior ao limite legalmente permitido não é por si só suficiente para dar como provado o ponto 17 da decisão recorrida.

E) – Não foram aduzidos pelas RR., outros factos que permitam concluir qual o efeito da taxa de alcoolemia apresentada pelo sinistrado, nas suas capacidades sensoriais, reflexos, concentração, atenção e capacidade de reacção.

F) – Quanto ao facto vertido no ponto 18: com base em que prova pode ser dado como assente que o sinistrado sabia que tinha ingerido bebidas alcoólicas em quantidade que tomava perigoso o exercício da condução.

G) – Os factos vertidos nos pontos 16, 17 e 18 da decisão recorrida não poderiam ter sido dados como provados, face aos meios de prova produzidos, pelo que a decisão recorrida viola assim o disposto no art. 659.°, nrs. 1, 2 e 3, do C.P.C., sendo nula.

H) – Duas questões se colocam ora em apreciação: saber se o acidente se encontra descaracterizado por ter resultado de negligência grosseira da vitima; saber se existe nexo de causalidade entre esse comportamento e o acidente.

I) – Concluiu o Meritíssimo Juiz afirmativamente a ambas as questões, em nosso modesto entender erradamente.

J) – Não pode o Meritíssimo Juiz, concluir que no acidente não interveio qualquer terceiro utente da via pública, tal facto havia sido quesitado no art. 5.° da base instrutória, sendo que o Meritíssimo Juiz na resposta dada não deu como provado o que havia sido alegado, mas sim apenas e tão só que "o ciclomotor em que o sinistrado seguia não colidiu com qualquer peão ou veiculo".

K) – Pelo que, não pode agora invocar que pode com "clareza suficiente" retirar uma conclusão de um facto que não deu como provado!!!

L) – O argumento aduzido na decisão recorrida, quanto ao facto de a conduta do sinistrado integrar um ilícito criminal não pode colher.

M) – A descaracterização do acidente de trabalho constitui facto impeditivo do direito invocado pelo sinistrado, caberia às RR. o ónus da prova dos factos integrantes de tal descaracterização.

N) – Não se tendo provado a dinâmica do acidente, as RR. não lograram demonstrar que o acidente proveio exclusivamente dessa conduta.

O) – Pois não alegaram factos, nem fizeram prova de que o acidente não se ficou a dever a outros factores.

P) – Não se pode concluir, como fez o Meritíssimo Juiz que o sinistrado conduzia num estado de intensa embriaguez, e que tal terá sido facto determinante da sua queda.

Q) – A sentença recorrida viola assim o disposto nos arts 6.° e 7.°, n.° 1, al.b) da Lei n.° 100/97, de 13 de Setembro, sendo nula.

Cada uma das RR. apresentou a sua alegação, concluindo pelo não provimento do recurso.

A Exm.ª Sr.ª Procuradora-Geral Adjunta, nesta Relação, emitiu douto parecer no sentido de que a apelação, em matéria de direito, merece provimento.

Admitido o recurso, foram colhidos os vistos legais.

Cumpre decidir

Matéria de facto.

São os seguintes os factos dados como provados pelo Tribunal *a quo*:

1. A A. é viúva de António.....
2. O segundo Autor, é filho do sinistrado, nascido a 14/09/1988, é estudante e frequenta o 9.° ano do ensino secundário.
3. O sinistrado trabalhava sob as ordens, direcção e fiscalização da segunda Ré, exercendo as suas funções de vigilante nas instalações da "XYZ....", na Zona Industrial ....
4. Tendo sido vítima de um acidente de viação, no dia 25 de Junho de 2003, cerca das 00h05m, acidente este ocorrido na Rua D. Manuel II, junto ao n.° 317, nesta cidade e comarca.
5. O sinistrado, nesse dia e hora, deslocava-se da sua residência para o seu local de trabalho, no seu velocípede com motor, quando foi vítima de um acidente de viação.
6. O sinistrado encontrava-se prostrado no solo, tendo sido assistido por uma equipa do INEM e de seguida transportado para o Hospital de S. João no Porto, pelos Bombeiros Voluntários de Moreira da Maia.

DESCARACTERIZAÇÃO DE ACIDENTE

7. O sinistrado auferia então a remuneração mensal de € 554,76 x 14 meses, acrescida do subsidio de alimentação no valor de € 106,92 x 11 meses e ainda, a titulo de trabalho nocturno no montante de € 86,82 x 12 meses.

8. Do acidente dos autos resultaram para o sinistrado as lesões descritas no relatório de autópsia de fls. 65/75, o qual se dá por reproduzido.

9. Lesões estas que determinaram a sua morte, cerca das 02h15m desse mesmo dia, no Hospital de S.João.

10. A responsabilidade infortunística por acidentes de trabalho encontrava-se transferida para a R. ICI, pela remuneração mensal de € 554,76 x 14 meses e a titulo de trabalho nocturno no montante de € 86,82 x 12 meses, através de contrato de seguro titulado pela Apólice n.º AT ….

11. Conforme consta do relatório da autópsia, o exame toxicológico feito ao sangue do sinistrado revelou a presença de sangue na quantidade de dois gramas e oitenta e um centigramas de etanol por litro (2,8g/l).

12. O sinistrado era habitualmente cuidadoso e nunca tinha sido vítima de acidente de viação.

13. Houve trasladação do cadáver do Instituto de Medicina Legal para o cemitério …, Concelho de Gondomar.

14. A A. suportou as despesas do funeral com a trasladação do Instituto de Medicina Legal para o cemitério … Gondomar.

15. O sinistrado no trajecto para o local de trabalho, foi vitima de queda, não se sabendo quais as causas da mesma.

16. O ciclomotor em que o sinistrado seguia não colidiu com qualquer peão ou veiculo.

17. A taxa de alcoolemia de 2,81g/l privou o sinistrado das suas capacidades sensoriais, diminuiu os seus reflexos, concentração, atenção e capacidade de reacção.

18. O sinistrado sabia que tinha ingerido bebidas alcoólicas em quantidade que tornava perigoso o exercício da condução.

O Direito

Sendo pelas conclusões do recurso que se delimita o respectivo objecto[1], como decorre das disposições conjugadas dos arts. 684.º, n.º 3 e 690.º, n.º 1, ambos do Cód. Proc. Civil, *ex vi* do disposto no art. 87.º, n.º 1 do Cód. Proc. do Trabalho, são **duas** as **questões** a decidir nesta apelação, a saber:

I – Se deve ser dada como não provada a matéria de facto constante dos pontos 16, 17 e 18 e

II – Se houve descaracterização [*rectius*, se ele é indemnizável] do acidente, resultante exclusivamente de negligência grosseira da sinistrada.

> Questões a decidir.

Vejamos a **1.ª questão**.

Como se referiu, consiste ela em saber se deve ser dada como não provada a matéria de facto constante dos pontos 16, 17 e 18.

> 1.ª questão de cariz factual.

Vejamos.

Dispõe o art. 690.º-A, n.ºs 1 e 2 do Cód. Proc. Civil, o seguinte:

1. Quando se impugne a decisão proferida sobre a matéria de facto, deve o recorrente obrigatoriamente especificar, sob pena de rejeição:

a) Quais os concretos pontos de facto que considera incorrectamente julgados;

b) Quais os concretos meios probatórios, constantes do processo ou de registo ou gravação nele realizada, que impunham decisão sobre os pontos da matéria de facto impugnados diversa da recorrida.

2. No caso previsto na alínea b) do número anterior, quando os meios probatórios invocados como fundamento do erro na apreciação das provas tenham sido gravados, incumbe ainda ao recorrente, sob pena de rejeição do recurso, indicar os depoimentos em que se funda, por referência ao assinalado na acta, nos termos do disposto no n.º 2 do artigo 522.º-C[2].

Por sua vez, estabelece o n.º 2 do art. 522.º-C do mesmo diploma, o seguinte:

2. Quando haja lugar a registo áudio ou vídeo, deve ser assinalado na acta o início e o termo da gravação de cada depoimento, informação ou esclarecimento[3].

In casu, não se tendo procedido à gravação dos depoimentos prestados em audiência, nem tendo os AA., ora apelantes, indicado quais os concretos meios probatórios gravados que impõem decisão diversa da recorrida, não se pode reapreciar a matéria de facto constante dos pontos 16, 17 e 18, atento o estatuído nas disposições combinadas dos arts. 690.º-A, n.ºs 1, alínea b) e 2, 522.º-C, n.º 2 e 712.º, n.º 1, alínea a), 2.ª parte, todos do Cód. Proc. Civil.

Vislumbra-se, no entanto, contradição na matéria de facto assente sob o n.º 17 [17 – A taxa de alcoolemia de 2,81g/l privou o sinistrado das suas capacidades sensoriais, diminuiu os seus reflexos, concentração, atenção e capacidade de reacção], uma vez que a ingestão de bebidas alcoólicas ou privou o sinistrado das suas capacidades sensoriais e privou-o dos seus reflexos, concentração, atenção e capacidade de reacção ou diminuiu as capacidades sensoriais do sinistrado, bem como diminui os seus reflexos, concentração, atenção e capacidade de reacção. Porém, como o sinistrado ainda efectuou parte do percurso para o trabalho, temos que concluir que a versão certa – e coerente – do facto é a apontada em segundo lugar, pois o sinistrado estaria afectado pela alcoolemia, mas apenas parcialmente. De resto, se o sinistrado estivesse privado de todas as suas capacidades, o seu estado seria de coma[4] e ele nem sequer poderia ter iniciado o trajecto que empreendeu.

Assim e em conclusão, tal facto ficará com a seguinte redacção:

17. A taxa de alcoolemia de 2,81g/l diminuiu as capacidades sensoriais do sinistrado, bem como diminuiu os seus reflexos, concentração, atenção e capacidade de reacção.

Daí que, excluída esta pequena correcção[5], seja de manter a decisão da matéria de facto, assim improcedendo as 7 primeiras conclusões do recurso.

Descaracterização do acidente de trabalho.

Vejamos, agora, a **2.ª questão** que consiste em saber se houve descaracterização [*rectius*, se ele é indemnizável] do acidente, resultante exclusivamente de negligência grosseira do falecido sinistrado.

Face à norma constante da Base VI, n.º 1, alínea b) da Lei n.º 2.127, de 1965-08-03, entendia-se que não havia reparação do acidente se cumulativamente se verificassem 3 requisitos:

– Falta grave do sinistrado na produção do acidente;
– Que essa falta fosse indesculpável e
– Que não houvesse concorrência de culpas – requisito da exclusividade.

Por último, entendia-se também que o ónus da prova dos correspondentes factos, porque impeditivos do direito do impetrante, cabia à entidade responsável pela reparação do acidente, atento o disposto no art. 342.º, n.º 2 do Cód. Civil[6].

Ora, sendo assim, o comportamento da vítima do acidente tinha de ser grave, temerário, indesculpável e não haver contribuição de terceiro para a produção do resultado, cabendo o ónus da prova ao responsável pela reparação das consequências do acidente.

Acontece, porém, que o acidente dos autos, tendo ocorrido em 2003-06-25, é regulado pela Lei n.º 100/97, de 13 de Setembro [de ora em diante designada apenas por LAT], em cujo art. 7.º, n.º 1, alínea b), se estatui:

Não dá direito a reparação o acidente que provier exclusivamente de negligência grosseira do sinistrado. Crê-se, no entanto, que a disciplina é a mesma que a constante do lugar paralelo da Lei n.º 2.127, de 1965-08-03, salvas as diferenças terminológicas. Pois *falta grave e indesculpável* tem um sentido equivalente a *negligência grosseira*, na medida em que esta é uma omissão do dever objectivo de cuidado, mas *lata* ou *grave*, confinando com o *dolo*[7]. Aliás, segundo a definição legal, negligência grosseira *é o comportamento temerário em alto e relevante grau...*, como dispõe o art. 8.º, n.º 2 do Decreto-Lei n.º 143/99, de 30 de Abril.

In casu, fazendo a análise crítica dos factos provados, verificamos que o sinistrado, conduzindo o seu veículo – velocípede com motor – com uma taxa de alcolemia de 2,81 g/l, sofreu um acidente de viação quando se dirigia da sua residência para o trabalho, sendo certo que se desconhecem as suas causas, embora não tenha colidido com qualquer peão ou veículo e sendo certo, também, que a alcoolemia diminuiu as capacidades sensoriais do sinistrado, bem como diminuiu os seus reflexos, concentração, atenção e capacidade de reacção e que o sinistrado sabia que tinha ingerido bebidas alcoólicas em quantidade que tornava perigoso o exercício da condução.

Agiu o A. com negligência grosseira?

Agiu de forma temerária em alto e relevante grau?

Desconhecendo-se as causas do acidente, não podemos afirmar que o sinistrado agiu com negligência ou, se ela foi grosseira, ou não, ou se ela foi a única causa do acidente. Pois, tudo o que se possa dizer, face ao desconhecimento da forma como o evento ocorreu, não passará de mera especulação.

Por outro lado, a elevada taxa de alcoolémia detectada no sangue da vítima, não nos deve, sem mais, impressionar, em sede de culpa.

Na verdade, a exclusão do direito à reparação do acidente, nos casos de abuso de bebidas alcoólicas, só pode derivar da privação do uso da razão do sinistrado, nos termos da lei civil[8], como dispõe a alínea c) do n.º 1 do art. 7.º da LAT.

Ora, o álcool não afecta de forma igual uma pessoa que bebe habitualmente e outra que não ingere tal tipo de bebidas sendo certo que, mesmo relativamente a cada pessoa, a influência do àlcool é variável em função de vários factores[9]. Ora, nada se encontra provado, nesta sede, seja quanto aos hábitos alimentares do sinistrado, seja quanto á sua constituição física, seja quanto ao circunstancialismo em que a ingestão das ditas bebidas ocorreu. Depois, sempre seria necessário demonstrar um estado de alcoolémia de uma intensidade próxima do coma, pois a privação do uso da razão é valorada nos termos da lei civil, isto é, tem de se tratar de situações – intensas ou graves – correspondentes à interdição, inabilitação ou incapacidade acidental, sendo certo que tal não está minimamente demonstrado. É que, mesmo a diminuição das capacidades de condução da vítima e o saber que a ingestão de bebidas alcoólicas torna mais perigoso o exercíco da condução, não serão suficientes para que se possa concluir pela ocorrência da situação de privação do uso da razão.

De resto, é antiga a jurisprudência no sentido de que **só não dá direito a reparação o acidente sofrido pela vítima em estado de embriaguês quando essa embriaguês for a causa exclusiva do acidente**[10]. Aliás, embora mais recente, jurisprudência semelhante foi definida para o acidente de viação *tout court*[11].

> Em caso de embriaguez.

Por outro lado, os factos que integrariam a negligência grosseira e exclusivamente imputável ao sinistrado, são impeditivos do direito invocado pelos AA., pelo que às RR. cabia fazer a respectiva prova, como resulta disposto no art. 342.º, n.º 2 do Cód. Civil, o que não aconteceu.

Ora, se assim é, a conclusão a extrair é no sentido de que o acidente não se encontra descaracterizado, *rectius*, é indemnizável, mantendo-se por isso o direito à reparação das suas consequências danosas.

Nem se diga que o regime infortunístico laboral, assim entendido, é uma espécie de *guarda-chuva* que protege quem não consegue obter indemnização dos danos do acidente em sede de direito estradal, no âmbito da respondsabilidade civil propriamente dita. Trata-se de realidades jurídicas bem distintas, onde os pressupostos da responsabilidade são diferentes, constituindo o direito infortunístico laboral um sistema especial de reparação de sinistros, por isso, insusceptível de ser compaginado com o direito estradal.

NOVÍSSIMOS ESTILOS 2 – JURISPRUDÊNCIA

A não aplicabilidade aos acidentes "in itinere" das regras de responsabilidade civil.

A tese das Recorridas – o que se afirma obviamente com o devido respeito – pretende fazer aplicar aos acidentes *in itinere* as regras da responsabilidade civil, presumindo a culpa face à prova de meras contra-ordenações – ou até crimes – estradais, cujo nexo causal com a produção do evento não se encontra, sequer, demonstrado. Tal entendimento, a prevalecer, deixaria sem sentido o direito infortunístico laboral no que aos acidentes *in itinere* concerne, nomeadamente, a norma constante do art. 7.º, n.º 1, alínea b) [e também a da alínea c)] da Lei n.º 100/97, de 13 de Setembro [LAT], ficando o direito estradal a regular, quer os acidentes de viação propriamente ditos, quer os acidentes de trabalho que sejam simultaneamente acidentes de viação, *de trajecto*.

Como refere Antunes Varela, in DAS OBRIGAÇÕES EM GERAL, 2.ª edição, volume I, Coimbra, 1973, pág. 565, a propósito do acidente que é simultaneamente *acidente de viação* ou *acidente de trabalho* ou *de serviço*, **Um mesmo facto integra nesses casos várias fontes de responsabilidade**.

[Cfr. o recente Acórdão do Supremo Tribunal de Justiça, de 2005-02-02, in *Colectânea de Jurisprudência, Acórdãos do Supremo Tribunal de Justiça*, Ano XIII-2005, Tomo I, págs. 238 a 240].

Ora, não estando provada a negligência grosseira e exclusiva do sinistrado, o acidente dos autos é indemnizável, pelo que a decisão do Tribunal *a quo* deverá ser revogada.

Procedem, deste modo, as restantes conclusões da apelação dos AA.

Os direitos dos beneficiários legais.

Aqui chegados, importa agora determinar quais são os direitos dos beneficiários legais, ora AA. e recorrentes.

Considerando o disposto nos arts. 20.º, n.º 1, alíneas a) e c), 22.º, n.ºs 1, alínea a) e 3 e 37.º, n.º 3, todos da LAT, no Decreto-Lei n.º 320-C/2002, de 30 de Dezembro e no art. 135.º, *in fine*, do Cód. Proc. do Trabalho, aos AA. são devidas:

I – À A. Maria...:

a) Com início no dia 2003-06-26, a pensão anual e vitalícia de € 2.995,38, sendo € 2.642,54 a cargo da seguradora e € 352,84, a cargo da empregadora;
b) A quantia de € 2.852,80, relativa a despesas de funeral, sendo € 2.516,74 a cargo da seguradora e € 336,06, a cargo da empregadora e
c) A quantia de € 4.279,20, a título de subsídio por morte, sendo € 3.775,11 a cargo da seguradora e € 504,09, a cargo da empregadora, cabendo metade a cada um dos AA.

II – Ao A. Carlos...:

a) Com início no dia 2003-06-26, a pensão anual e temporária de € 1.996,92, sendo € 1.761,70 a cargo da seguradora e € 235,22, a cargo da empregadora, até perfazer a idade de 18, 22 ou 25 anos, se frequentar com aproveitamento, respectivamente, o ensino secundário ou curso equiparado ou o ensino superior, sendo todas as quantias acrescidas de juros de mora, à taxa legal.

A A. Maria... não tem direito à peticionada quantia de € 9,60, relativa a despesas com transportes, uma vez que nada se mostra provado a tal respeito.

As pensões são actualizáveis nos termos do disposto no art. 6.º, n.º 1 do Decreto-Lei n.º 142/99, de 30 de Abril e das Portarias n.º 1362/2003, de 15 de Dezembro, 1475/2004, de 21 de Dezembro e 1316/2005, de 22 de Dezembro, nas percentagens de, respectivamente, 2,5%, 2,3% e 2,3%, pelo que se actualizam para os seguintes montantes anuais, enquanto forem devidas:

I – A da A. viúva:

a) Desde 1 de Dezembro de 2003, € 3.070,26, sendo € 2.708,60 da responsabilidade da seguradora e € 361,66 da responsabilidade da entidade empregadora;
b) Desde 1 de Dezembro de 2004, € 3.140,88, sendo € 2.770,90 da responsabilidade da seguradora e € 369,98 da responsabilidade da entidade empregadora e

c) Desde 1 de Dezembro de 2005, € 3.213,12, sendo € 2.834,63 da responsabilidade da seguradora e € 378,49 da responsabilidade da entidade empregadora.

II – A do A. filho:

a) Desde 1 de Dezembro de 2003, € 2.046,84, sendo € 1.805,74 da responsabilidade da seguradora e € 241,10 da responsabilidade da entidade empregadora;
b) Desde 1 de Dezembro de 2004, € 2.093,92, sendo € 1.847,27 da responsabilidade da seguradora e € 246,65 da responsabilidade da entidade empregadora e
c) Desde 1 de Dezembro de 2005, € 2.142,08, sendo € 1.889,76 da responsabilidade da seguradora e € 252,32 da responsabilidade da entidade empregadora.

São devidos juros de mora, à taxa legal, sobre todos os duodécimos em dívida, atento o disposto no art. 135.º, *in fine*, do Cód. Proc. do Trabalho

Decisão | **Parte dispositiva.**

Termos em que se acorda em conceder provimento parcial à apelação, assim revogando parcialmente a sentença recorrida, que se substitui pelo presente acórdão, em que se condena as RR. a pagar aos AA. as pensões, com as respectivas actualizações, despesas de funeral com trasladação, subsídio por morte e juros, indo as mesmas RR. absolvidas quanto ao pedido de despesas com transportes, tudo conforme acima se indica.
Custas pelas partes, sendo 1/10 pelos AA., 7/10 pela seguradora e 2/10 pela empregadora, sem prejuízo do decidido em sede de benefício do apoio judiciário.

Porto, 8 de Maio de 2006
Ferreira da Costa
Domingos Morais
Fernandes Isidoro

---

[1] Cfr. Abílio Neto, in Código de Processo Civil Anotado, 2003, pág. 972 e o Acórdão do Supremo Tribunal de Justiça de 1986-07-25, in *Boletim do Ministério da Justiça*, n.º 359, págs. 522 a 531.
[2] Redacção introduzida pelo Decreto-Lei n.º 183/2000, de 10 de Agosto.
[3] Redacção introduzida pelo diploma referido na nota anterior.
[4] *Estado patológico caracterizado por uma perda da consciência, da sensibilidade e da mobilidade, com conservação relativa das funções vegetativas*, na definição de coma que nos é dada pelo Dicionário da Língua Portuguesa Contemporânea, Academia das Ciências de Lisboa, Verbo, I Volume, pág. 872.
[5] Como se verá no tratamento e decisão da questão seguinte, a alteração efectuada é irrelevante para a sorte final do recurso que apenas se efectuou por tal ponto da matéria de facto ter sido objecto de recurso.
[6] Cfr., a mero título de exemplo, Feliciano Tomás de Resende, *in* ACIDENTES DE TRABALHO E DOENÇAS PROFISSIONAIS, 2.ª edição, págs. 22 e segs. e José Augusto Cruz de Carvalho, *in* ACIDENTES DE TRABALHO E DOENÇAS PROFISSIONAIS, 1980, págs. 38 e segs. e os Acórdãos do Supremo Tribunal de Justiça, de 1998-10-07, de 1989-05-12 e de 1999-05-05, *in*, respectivamente, *Colectânea de Jurisprudência, Acórdãos do Supremo Tribunal de Justiça*, Ano VI-1998, Tomo III, págs. 255-258 e *Boletim do Ministério da Justiça*, respectivamente, n.º 387, págs. 400-407 e n.º 487, págs. 272-276.
[7] Cfr. Carlos Alegre, *in* ACIDENTES DE TRABALHO E DOENÇAS PROFISSIONAIS, 2.ª edição, págs. 61 a 63.
[8] Que assim nos remete para o disposto nos arts. 138.º, 152.º e 257.º, todos do Cód. Civil, como já sucedia no domínio da vigência da Lei n.º 2127, de 1965-08-03, na sua Base VI, n.º 1, alínea c); por seu turno, a Lei n.º 1942, de 1936-07-27, no seu art. 2.º, n.º 4, remetia para os *termos do artigo 353.º do Código Civil* [de Seabra], onde se refere: "... pessoas...privadas...de fazerem uso de sua razão, por algum acesso de delírio, embriaguez ou outra causa semelhante...".
Cfr. Carlos Alegre, *in* ACIDENTES DE TRABALHO E DOENÇAS PROFISSIONAIS, 2.ª edição, págs. 63 e 64.
[9] Cfr. Silvestre Sousa, *in* REVISTA DE DIREITO E DE ESTUDOS SOCIAIS, Problemática da embriaguez e da toxicomania em sede de relações de trabalho, Ano XXIX, 1987, n.º 3, págs. 399 a 418 e o Acórdão do Supremo Tribunal de Justiça, de 1997-06-19, *in Boletim do Ministério da Justiça*, n.º 468, págs. 376 a 382.
[10] Cfr. o Acórdão do Supremo Tribunal de Justiça, de 1991-04-17, *in Boletim do Ministério da Justiça*, n.º 406, págs. 540 a 545.
[11] Cfr. o Acórdão do Supremo Tribunal de Justiça, de 2002-05-28, *in* DIÁRIO DA REPÚBLICA – I SÉRIE--A, n.º 164, de 2002-07-18, que estabeleceu a seguinte jurisprudência obrigatória: *A alínea c) do artigo 19.º do Decreto-Lei n.º 522/85, de 31 de Dezembro, exige para a procedência do direito de regresso contra o condutor por ter agido sob influência do álcool o ónus da prova pela seguradora do nexo de causalidade adequada entre a condução sob o efeito do álcool e o acidente*.

Criança de etnia cigana

- Acórdão do Tribunal da Relação de Guimarães
Data: 12 de Junho de 2007
Relator: Juiz Desembargador Dr. Gomes da Silva
Processo: 926/07-2

ACORDAM EM CONFERÊNCIA NA SECÇÃO CÍVEL DO TRIBUNAL DA RELAÇÃO DE GUIMARÃES

I. INTRODUÇÃO

1. Aos 2006.04.17, o Ministério Público intentou, com relação ao menor Romeu… nascido aos 2004.11.22, filho de Baltazar… e de Lucília…, processo judicial de Promoção dos Direitos e Protecção.
2. Formulou pretensão no sentido de o mesmo ver terminada a situação de perigo em que se encontra, pela retirada do seu ambiente familiar biológico e pela colocação no CAT "O BERÇO", mesmo a título provisório.
3. Juntou cópia da deliberação da Comissão de Protecção de Crianças e Jovens, de 2006.01.25, que lhe aplicou a medida de acolhimento em instituição.
4. Para tal proposta foi invocado:

O menor, na sequência de um alegado abandono do progenitor, foi encontrado com a mãe no interior de um veículo automóvel, estacionado junto de uma barraca destruída, no Parque Industrial de…., Guimarães, onde residiam na altura.

Dadas as precárias condições em que se encontravam, por falta de habitação, a progenitora e o menor foram alojados num quarto no Seminário …, sendo que, alguns dias depois, regressaram para a barraca, porque o progenitor os procurou e não podia estar alojado naquele Seminário.

Entretanto, arrendaram uma casa da qual só saíam à noite para reconhecer, queimar e vender o fio de cobre, fazendo-se acompanhar do filho, sendo que durante o dia permaneciam em casa, onde recebiam cidadãos oriundos da Roménia, com quem passavam o tempo a fumar e a beber, enquanto o menor permanecia no interior do quarto.

Só após várias insistências da equipa do Centro de Saúde e da Técnica Social foi possível que os progenitores cumprissem a vacinação obrigatória do menor e comparecessem com o menor às consultas programadas pelo médico de família.

Na actual residência, o menor é frequentemente colocado num quarto, onde permanece durante largas horas com a porta fechada e um aquecedor ligado.

Concluíu pugnando pela aplicação da medida provisória atrás referida e pela abertura da fase jurisdicional.

5. Aberta a fase da instrução e junto relatório social, procedeu-se à produção da prova oferecida.

6. Declarada encerrada a fase de instrução, foi determinado o prosseguimento dos autos para a realização de debate judicial e ordenou-se as notificações a que se refere o art. 114.º – n.º 1 da LPCJP.

7. Designados os Juízes Sociais, foi agendado o debate e fixado carácter reservado e urgente ao processo, com nomeação de defensor ao menor.

Findo o debate, o Curador de Menores e os Defensores do menor e dos progenitores apresentaram alegações, tendo o Ministério Público pugnado pela aplicação àquele da medida de institucionalização, p. e p. pelo art. 35.º – n.º 1 – f) da LPCJP.

"Na espécie processual jurisdição voluntária, não deve buscar-se um verdadeiro conflito de interesses a compor, mas tão só um interesse a proteger – o da criança ou jovem perigo (apesar de poder desenhar-se um conflito de representações ou de opiniões acerca desse mesmo interesse), sem sujeição a critérios de legalidade estrita e antes devendo adoptar a solução tida por mais conveniente e oportuna para o caso concreto" – *Ac. da Relação de Guimarães de 12 de Julho de 2007*

Relatório.

8. Na decisão colegial, foi aplicada ao menor Romeu... a medida de promoção e protecção – apoio junto dos pais, acompanhada de ajuda económica, durante um ano – apoio esse a processar nos seguintes termos:

a) a Segurança Social deverá apoiar o progenitor no processo relativo à sua legalização, com vista à sua inscrição no Centro de Emprego;
b) a Segurança Social deverá apoiar os progenitores do menor, com vista à oportuna inscrição do menor num infantário;
c) a Segurança Social deverá apoiar os progenitores do menor com vista a dotar a sua habitação dos electrodomésticos em falta e que sejam absolutamente essenciais à economia doméstica;
d) a Segurança Social deverá prestar aos progenitores dos menores ajuda económica, enquanto a mesma for necessária, traduzida em géneros alimentícios, de forma a proporcionar ao menor alimentação equilibrada;
e) a Segurança Social deverá promover visitas regulares a casa dos progenitores, no sentido de, sem prejuízo de respeitar sempre as suas diferenças étnicas, os incentivar a transformar a sua casa num lar agradável e harmonioso para o menor; e
f) os progenitores do menor deverão permitir as visitas atrás impostas.

9. *Irresignado, dela apelou o Ministério Público, concluindo no sentido da fixação da medida de acolhimento do menor em instituição.* Quer a progenitora quer o próprio menor, pelos seus patronos, defenderam a improcedência do recurso.

10. Corridos os legais vistos, cabe apreciar e decidir.

II. FUNDAMENTOS FÁCTICOS

Matéria de facto.

Vem havida como provada a seguinte materialidade:

a) Consta do assento de nascimento n.º 1683 que o menor Romeu... nasceu no dia Outubro de 2004.
b) O menor é filho de Baltazar... e Lucília... casados entre si, com quem reside.
c) A progenitora do menor é de etnia cigana e o progenitor, de origem romena.
d) Em data não concretamente apurada, mas anterior a Outubro de 2005, o progenitor do menor foi expulso pelo S.E.F. para o seu país de origem – Roménia – em virtude de se encontrar em situação irregular em Portugal.
e) Este menor foi sinalizado pelo facto de, após a expulsão do progenitor do menor, o mesmo e a progenitora terem sido encontrados no interior de um veículo automóvel, estacionado junto de uma barraca destruída, no Parque Industrial ..., Guimarães, onde residiam na altura.
f) Mercê da intervenção da Segurança Social, a progenitora e o menor foram alojados num quarto no Seminário do Verbo Divino.
g) Cerca de dois dias depois, o progenitor do menor procurou-os, tendo a mãe do menor decidido sair daquele quarto, porquanto não era possível àquele Seminário acolher o progenitor e ir viver para a barraca, onde estiveram durante 4 dias.
h) Entretanto, com a intervenção da CPCJ de Guimarães, o agregado familiar do menor foi habitar para uma casa arrendada, cujo arrendamento viria a terminar por iniciativa da senhoria, por alegados distúrbios provocados pelos arrendatários.
i) Actualmente, o agregado familiar do menor reside no 2.º andar de uma casa arrendada por sua iniciativa, a qual apesar de apresentar condições ao nível da sua dimensão e infra-estruturas, não está apetrechada com os equipamentos e electrodomésticos básicos necessários (falta frigorífico e esquentador) e revela grande negligência no que concerne à higiene e organização do espaço doméstico.
j) A garagem e o 1.º andar do prédio encontram-se ocupados por vários familiares do progenitor do menor.
k) A progenitora do menor beneficiou do rendimento de reinserção, com a prestação mensal no valor de 246, 26 €, o qual veio a ser-lhe suprimido em virtude de esta, alegadamente, não cumprir com algumas das condições a que se achava subordinada a sua atribuição, designadamente não frequentou o curso de desenvolvimento de competências parentais, não cumpriu o plano de vacinação nacional, vigilância de saúde infantil, frequência de consultas do médico de família e planeamento familiar.

l) Por causa da supressão do rendimento mínimo de reinserção, a progenitora do menor não tem pago a renda, no valor mensal de 175 €, nos últimos cinco meses.

m) Actualmente, os progenitores do menor encontram-se desempregados, dedicando-se à recolha, venda e queima de cobre, actividade da qual auferem cerca de 300 a 400 € por mês.

n) O progenitor do menor está a consagrar esforços no sentido de conseguir a sua legalização, processo que agora se mostra facilitado pelo facto de ter contraído matrimónio com uma portuguesa e de a Roménia ter entrado para a Comunidade Europeia.

o) Os progenitores do menor mostram-se disponíveis para aceitar a intervenção da Segurança Social, sendo certo que assinaram a abertura do processo na CPCJ, só não tendo aceite o acordo de promoção e protecção aí proposto, por ele passar pela aplicação ao menor da medida de institucionalização, com a qual não concordam.

p) Os progenitores revelaram grande afecto pelo menor, sendo reconhecido por todas as Técnicas, com intervenção neste processo, que o menor tem uma aparência saudável e bem cuidada.

q) No processo de promoção e protecção que correu termos pelo 5.º Juízo Cível deste Tribunal, foi homologado o acordo de promoção e protecção no sentido da institucionalização de 5 menores, filhos de Lucília... e do seu falecido marido.

III. FUNDAMENTOS JURÍDICOS

Fundamentação jurídica.

1.

a) A delimitação objectiva do recurso emerge do teor das conclusões do Recorrente, enquanto constituem corolário lógico-jurídico correspectivo da fundamentação expressa na alegação, sem embargo das questões de que este ad quem possa ou deva conhecer *ex officio.*

O tribunal de recurso não está adstrito à apreciação de todos os argumentos produzidos em alegação, mas apenas – e com liberdade no respeitante à indagação, interpretação e aplicação das regras de direito – de todas as "questões" suscitadas, e que, por respeitarem aos elementos da causa, definidos em função das pretensões e causa de pedir aduzidas, se configurem como relevantes para conhecimento do respectivo objecto, exceptuadas as que resultem prejudicadas pela solução dada a outras.

Como sabemos, o recurso visa tão só suscitar a reapreciação do decidido, não comportando, assim, *ius novarum,* ou seja, a criação de decisão sobre matéria nova não submetida à apreciação do Tribunal a quo.

b) As censuras do Recorrente, delimitadoras do âmbito da reapreciação, reconduzem-se aos aspectos nodulares seguintes:

– a diferença baseada na etnia dos progenitores não legitima o menor cuidado com o menor ou a perda por este de iguais oportunidades.

2.

a) Após longo tempo de desinteresse, em que os direitos das crianças nem sequer eram questionados/pensados, até porque valia a concepção de que pertenciam em absoluto aos seus pais e à sua família, a partir da divulgação dos ideais iluministas começou, paulatinamente, a abordar-se o seu estudo. Na senda da preocupação as questões relacionadas com a dignidade da pessoa humana, a Declaração Universal dos Direitos do Homem e depois a Declaração dos Direitos da Criança e a Convenção sobre os Direitos da Criança proclamaram a individualidade dos menores e jovens como merecedores de reconhecimento e protecção.

A individualidade dos menores e jovens como merecedores de reconhecimento e protecção.

b) A CRP veio a consagrar (art. 69.º) o direito das crianças à protecção da sociedade e do Estado, com vista ao seu desenvolvimento integral – direito de protecção esse que é mesmo especial em relação às crianças órfãs, abandonadas ou por qualquer forma privadas de um ambiente familiar normal. E os Estados viram-se conformados a adoptar todas as medidas adequadas à protecção da criança contra todas as formas de violência física ou mental, abandono ou tratamento negligente, maus tratos ou exploração (art. 19.º), em ordem a poder desenvolver-se física, intelectual, moral e socialmente de forma sã e normal, em condições de dignidade e liberdade, devendo a sociedade e os poderes públicos consagrar cuidados especiais às crianças sem família (princípio VII).

A nossa Lei n.º 147/99 de 1 de Setembro, que aprovou a lei ou o regime jurídico de protecção de crianças e jovens em perigo tem, assim, como objectivo a promoção dos direitos e a protecção das crianças e dos jovens em perigo, por forma a garantir o seu bem-estar e desenvolvimento integral (art. 1.º), aplicando-se a todas as crianças e jovens que se encontrem em tal situação e residam ou se encontrem em território nacional (art. 2). Visando legitimar ou justificar tal intervenção, dispõe o art. 3.º – n.º 1 que "a intervenção para promoção dos direitos e protecção da criança e do jovem em perigo tem lugar quando os pais, o representante legal ou quem tenha a guarda de facto ponham em perigo a sua segurança, saúde, formação, educação ou desenvolvimento, ou quando esse perigo resulte de acção ou omissão de terceiros ou da própria criança ou do jovem a que aqueles não se oponham de modo adequado a removê-lo".

Conceito de criança ou jovem em perigo.

Como é sabido, o conceito de "criança ou jovem em perigo" não pressupõe a efectividade de lesão de alguns dos "bens ou valores" ali referidos; basta simplesmente que esteja criada uma situação de facto que seja realmente potenciadora desse perigo de lesão, ainda que distante do dano sério, p. ex. relativamente aos aludidos no n.º 2 – como configuradores da situação em que a criança ou jovem está perigo, reclamando a intervenção do Estado (directa ou indirectamente) com vista a removê-lo (pois só perante uma situação objectiva de perigo é que se justifica ou legitima tal intervenção). E de entre elas, e com interesse para o caso sub judice, encontram-se aquelas situações em que a criança ou jovem "está abandonada ou vive entregue a si própria" (al. a)); "não recebe os cuidados ou afeição adequados à sua idade e situação pessoal" (al. b)) e quando "está sujeita, de forma directa ou indirecta, a comportamentos que afectem gravemente a sua segurança ou o seu equilíbrio emocional" (al. e)).

As situações de perigo que contempla podem provir de culpa (lacto sensu) dos pais, do representante legal, daquele que tenha a criança ou jovem à sua guarda de facto ou de acção ou omissão de terceiros (além da própria criança), como resultar inclusive de simples impotência ou incapacidade daqueles.

Criança abandonada e criança que vive entregue a si própria.

Por julgarmos poder ter interesse para o caso em apreço, e no que concerne à situação de perigo contemplado na al. a) do citado normativo, convirá precisar os conceitos de "criança abandonada" e daquela "que vive entregue a si própria". Sublinhe-se que se encontram enunciados os diversos princípios por que se deve nortear ou orientar qualquer intervenção para a promoção dos direitos e protecção da criança e jovem em perigo (cfr. art. 4.º), aparecendo acima de todos eles o interesse superior da criança e do jovem, e ao qual de deve atender prioritariamente.

Nesta espécie processual, de jurisdição voluntária, não se deve buscar um verdadeiro conflito de interesses a compor mas tão só um interesse a proteger – o da criança ou jovem perigo – apesar de poder um conflito de representações ou de opiniões acerca desse mesmo interesse – sem sujeição a critérios de legalidade estrita e antes devendo adoptar a solução tida por mais conveniente e oportuna para o caso concreto (jogando com o desenvolvimento físico-psicológico, intelectual e moral, que se pretende o mais harmonioso e equilibrado possível), sem nunca esquecer que, por isso, neste domínio, as decisões nunca são definitivas, já que podem ser alteradas ou modificadas sempre que circunstâncias supervenientes o justifiquem.

A entidade social.

c) Antropologicamente, a identidade social é uma construção que se faz com base em atributos culturais; caracteriza-se pelo conjunto de elementos culturais adquiridos pelo indivíduo através da herança cultural. Evidenciando-se em termos da consciência da diferença e do contraste do outro, confere individualidade sobre a dignidade.

Daí que a educação voltada para a diversidade, respeitadora do multiculturalismo se apresente como o grande desafio que exige atenção às diferenças económicas, sociais e raciais, em ordem a ultrapassá-las pela constante busca e afirmação da igualdade de oportunidades, por meio de saber crítico que permita interpretá-las, na preservação dos valores básicos da colectividade.

A nossa sociedade, integrada na União Europeia, assenta em instituições democráticas cujos princípios e processos constitutivos são baseados em sistemas de valores cívicos e sociais que tendem a consolidar a harmonia entre os diferentes grupos humanos aos quais a Europa deve a sua riqueza e vitalidade. Somente esses valores e princípios fundadores, sem outros interditos dogmáticos, serão capazes de salvaguardar-nos de choques entre comunidades, de rivalidades religiosas, de fundamentalismos simplistas e usurpação de direitos civis.

Assim, a lei comum europeia não poderá conter ou tolerar qualquer tipo de diferenciações, mesmo os que, por razões de ordem étnicas ou comunitarista, afronte a condição infantil, assente sobre a futura condição de cidadão livre e responsável, ou não garanta ao máximo a sua defesa contra todos os condicionamentos pretensamente culturais; tudo isso, ainda assim, no incentivo da prática da tolerância mútua e do respeito pelas diferenças étnico-culturais – mas apenas no quadro de uma total igualdade de direitos e deveres entre todos os cidadãos, sem laxismo perante afloramentos segregacionistas, conquanto de mais apurada fundamentação, tanto no plano político como no quadro da vida social. Ou seja: o princípio fundamental da legitimidade do direito à diferença não deve originar inaceitáveis diferenças de direito.

A legitimidade do direito à diferença.

d) O povo cigano (que se intitula de "homem" no seu idioma – o romani), ao cabo de cerca de um milénio na Europa, continua com dificuldades de integração social, sendo até objecto de alguma descriminação racial.

Avesso a condicionamentos, porventura porque sobrevivem a milhares de anos de perseguições várias, continua essencialmente nómada, tendo como lemas: "o céu é meu tecto; a terra, minha pátria e a liberdade, minha religião".

Preocupado com a situação dos ciganos, o Parlamento Europeu adoptou, em 24 de Maio de 1984, uma resolução relativa à situação dos ciganos na Comunidade, na qual recomendava aos governos dos Estados-membros que, nomeadamente, coordenassem as suas posições com a elaboração de programas, subsidiados por dotações comunitárias, destinados a promover a situação dos ciganos sem destruir os valores que lhes são próprios.

Nessa mesma alinha, a Resolução do Conselho e dos ministros da Educação, de 22 de Maio de 1989, relativa à escolaridade das crianças ciganas e viajantes, considerando preocupante a situação actual, em termos gerais, e em particular no domínio escolar.

Segundo a Comissão Europeia contra o Racismo e a Intolerância (CERI), a maioria dos cerca de 50.000 ciganos "está confrontada com uma situação difícil" e "que conduz a uma marginalização e mesmo a uma exclusão social", sobretudo ao nível das dificuldades em encontrar alojamento e trabalho e no insucesso escolar. Como preconiza Marc Leyenberger, "o facto de a comunidade ter uma cultura diferente, não deve impedir que se procurem medidas para a integrar", devendo insistir-se "na formação e a educação, como palavras-chave para combater o fenómeno da exclusão".

3.

a) A decisão sub judicio aceitou a salvaguarda de especificidades sócio-culturais com matriz no direito à diferença e à individualidade, no caso dos pertencentes à etnia cigana. Mas fê-lo à custa de uma certa desconsideração das obrigações dos progenitores e, sobretudo, dos direitos a acautelar às crianças, como cidadãos do amanhã.

As especificidades sócio-culturais com matriz no direito à diferença e à individualidade.

Temos para nós que, no ajuizamento de casos de menores, concretamente na aplicação de medidas de promoção e protecção, deve dar-se acentuada prevalência às soluções que permitam a integração/manutenção na família natural; e só quando esta não se mostre viável se deverá optar por soluções de tipo institucional, de preferência que conduzam a algo de similar (v. g., a adopção).

NOVÍSSIMOS ESTILOS 2 – JURISPRUDÊNCIA

O princípio do interesse e ordem pública.

Desde logo, haverá que invocar o princípio estruturante de interesse e ordem pública.

b) Expostas tais considerações de cariz teórico-técnico, importa debruçarmo-nos, agora, sobre o caso em apreço, subsumindo as mesmas à matéria factual dada como provada.

Ora, dos factos dados como assentes resulta, essencialmente, que nos merecem atenção ao posto em relevo pelo Ministério Público.

A preocupação com a não destruição das especificidades características das minorias étinas, ainda para mais se padecendo de consabidas dificuldades de inserção sócio-económico e cultural, não pode conduzir-nos à lassidão perante a colocação de seres tão indefesos (como as crianças e os jovens) em risco iminente de lesões irreparáveis na sua formação humana; é que a manutenção de párias sociais (pairando nas margens da criminalidade e dos mínimos escalões económicos), ainda que sob o pretexto de que essoutros recusam aproximar-se do razoavelmente exigível, ao nível dos padrões sócio-educativos, não pode legitimar-se leviana e interminavelmente. Por outro lado, o salutar respeito pelas idiossincrasias diferenciadoras (mesmo que dentro dos clans) há-de impor que os valores estruturantes desta sociedade democrática e multicultural não sejam postergados, ainda que se trate de residentes ocasionais ou nómadas; em se tratando das crianças, não hão-de erigir-se os padrões de vida escolhidos, mais ou menos conscientemente, pelos respectivos progenitores em rolos compressores do dever-ser, em matrizes da aferição da legalidade.

Salta aos olhos que a Lucília ... vem omitindo a prestação dos cuidados mínimos exigíveis ao Romeu; desde logo, tal conduta inscreve-se no que era expectável, porquanto assim procedeu com os cinco filhos da sua anterior ligação sentimental, todos já acolhidos pela Segurança Social, sem oposição dela, após a morte desse companheiro.

Com a instável ligação ao Baltazar (até porque se mantém em situação irregular no nosso País), as coisas não melhoraram, nem sob a ameaça de perder significativo subsídio; por entre as dormidas num automóvel, numa barraca ou num prédio com poucas condições de conforto, sossego, privacidade e segurança (pois que os Requeridos nem com a renda estipulada cumpriam), a vivência do Romeu (com pouco mais de dois anos) não deixou de percorrer um longo caminho de privações – fome, frio, risco de intoxicação, isolamento durante a noite, enquanto os progenitores se dedicavam a obterem (por que meios?!) cobre para angariarem dinheiro, omissão de cuidados na saúde, desleixo na higiene, sujeição à mendicidade e deseducação.

Nesse tipo de vida – de patente perigo, apesar do que afirma o ilustre defensor oficioso – se subsistir, não poderá ter ao seu dispor, no futuro, algo mais que privações de toda a espécie, doenças, analfabetismo e marginalidade social, bem próxima da delinquência.

O que não pôde conseguir-se da família nuclear, durante mais de um ano de efectivo acompanhamento pelos serviços de apoio social, também não ocorrerá, previsivelmente, no tempo que aí vem, por mais apertado que seja a malha a impor. Pelo contrário, tudo inculca que os problemas sociais e económicos dos Requeridos se agravarão (como os do País), mais inviabilizando a estabilidade a alimentação, a saúde, o desenvolvimento intelectual e emocional do menor – no que a todos corresponsabilizará, sem particular vantagem para ele.

Ora, como tantas outras crianças, ciganas ou não, de pai estrangeiro ou não – afinal, como seus irmão uterinos – tem o Romeu o direito a esperar (e exigir) muito mais dos progenitores e da sociedade, sem constituir mais fardo para ninguém, recebendo e retornando amor, crescendo e desenvolvendo-se em todos os aspectos. E a sua institucionalização noutra coisa não se traduzirá senão no que já acontece àqueles sobreditos seus irmãos, afinal muitíssimo melhor do que tem à mão, porventura até na integração numa outra família que o queira de verdade.

IV. DECISÃO

Por isso, em nome do Povo, se decide:

1. Julgar procedente a apelação e
2. Revogar a sentença, substituindo a fixada medida de promoção e apoio juntos dos pais e da Segurança Social pela de retirada do seu agregado familiar e colocação no CAT "O BERÇO", na Rua ...., Viana do Castelo.

Sem custas.
Notifique.
Guimarães, 12 de Junho 2007
GOMES DA SILVA (relator).

	Decisão.

- Acórdão do Tribunal da Relação de Coimbra
Data: 15 de Junho de 2005
Relator: Juiz Desembargador Dr. José Maria Sousa Pinto
Processo: 1566/05-3 [inédito]

Acordam neste Tribunal da Relação de Coimbra,

I – RELATÓRIO

Vítor …e mulher, Maria …., requereram que fosse regulado um regime de visitas relativamente ao menor, seu neto, Diogo …, pois entendem não deverem estar dependentes dos "humores" da mãe do menor para que possam ter o menor consigo.

Referiram ainda que tendo o seu filho e pai do Diogo falecido, a mãe do menor passou a trazer-lhes este quase diariamente a sua casa onde permanece algum tempo, meia hora, uma hora, duas horas e raramente três horas e outras vezes até não o leva.

Designada e realizada a conferência a que alude o artigo 175.º, *ex vi* do artigo 210.º da OTM, não foi possível obter qualquer acordo.

Notificados requerentes e requerida para alegarem o que tivessem por conveniente, não o fizeram, limitando-se a juntar aos autos expediente pelo qual se alcança inexistir acordo.

O Ministério Público, no seu parecer, promoveu no sentido do indeferimento do requerido.

Foi proferida sentença que julgou improcedente o pedido de fixação de um regime de visitas a favor dos avós e requerentes Victor … e Maria … relativamente ao seu neto Diogo …

Inconformados com tal decisão vieram os requerentes recorrer da mesma, tendo apresentado as suas alegações nas quais exibiram as seguintes **conclusões:**

1. A decisão recorrida omitiu e, consequentemente, não valorizou, certamente por lapso, a matéria constante do alegado em 10.º do requerimento inicial;
2. Toda a matéria assente, por não posta minimamente em causa, permite claramente concluir que a Requerida Mónica se arroga no direito de decidir o se, o como e sobretudo o quando das visitas do Diogo aos ora Recorrentes;
3. O que viola frontalmente o disposto no art. 1887.º-A do CC;
4. Cuja intenção é a de atribuir ao menor mais um espaço de autonomia face aos seus pais e, aos avós, uma tutela jurídica dos seus interesses em se relacionarem com o menor, justificado não só no interesse do menor mas também no interesse destes;
5. Ensina qualquer dicionário da língua portuguesa que *"conviver"* significa *"viver com outrem em intimidade"*, *"acção ou efeito de conviver, de viver intimamente; sociedade de pessoas que vivem, que comem e bebem juntamente e com familiaridade";*
6. Da factualidade julgada por assente não conseguimos vislumbrar como é que, um menor, acabado de fazer 4 anos de idade, a viver diariamente com a mãe, pode conviver também com os avós nas circunstâncias, sumárias e intermitentes, sem qualquer espaço de diálogo, deixadas descritas ou por qualquer outra forma que não seja visitá-los com regularidade, estar com eles em sua casa, tomar refeições todos juntos, passear juntos…, tudo isto de um modo regular e, sobretudo, por regra, definido;
7. Sendo assim bastante para, por si só, preencher e constituir o fundamento da regulação do "regime de visitas" pretendido;
8. Na sequência da conferência que teve lugar, por iniciativa da Requerida Mónica, foi apresentada uma proposta de acordo relativamente ao convívio do Diogo com os ora Recorrentes;
9. À qual os mesmos responderam contrapondo outra em tudo idêntica;
10. Atenta a natureza processual dos autos, impunha-se assim um empenhamento do Senhor Juiz *a quo* na procura da melhor solução na defesa dos interesses do Diogo, pri-

---

Direito de visitas dos avós

"O poder/dever de educação dos filhos encontra-se, em princípio, entregue aos cuidados dos progenitores, que serão, à partida, as pessoas mais habilitadas para levarem a cabo tal difícil tarefa.
Cabe no âmbito desse seu poder//dever de educar, a gestão desse convívio entre irmãos ou entre avós e netos, a qual deve ser pautada por princípios de racionalidade e equilíbrio, visando a salvaguarda dos superiores interesses dos menores.
Só em casos em que os pais não permitam a existência desse convívio com um mínimo de regularidade e de tempo para o relacionamento comunicacional entre irmãos ou entre avós e netos, é que será admissível, a quem se sentir lesado com tal impedimento, pedir em Tribunal a concretização desse convívio" – *Ac. da Relação de Coimbra de 15 de Junho de 2005*

Relatório.

Conclusões do recurso dos requerentes.

mordiais até de acordo com o expressamente disposto no art. 3.º n.º 1 da Convenção sobre os Direitos da Criança, assinada em Nova Iorque em 26/01/90[1];

11. Pelo que, não o tendo feito, se mostram ainda violados os arts. 150.º da OTM e 1410.º do CPC;

12. Deve deste modo a douta decisão ser revogada e mandada substituir por outra que ordene o prosseguimento dos autos, tendo em vista a fundamental defesa dos interesses do menor Diogo.

Conclusões da recorrida.

A recorrida contra-alegou, tendo apresentado as seguintes **conclusões:**

1. Não houve qualquer violação do disposto no art. 1887-A, pelo que este não se deve aplicar.
2. Não existe errada apreciação da matéria factual tida por assente e, subsequentemente, de erro evidente no julgamento da mesma.
3. Deve a douta sentença apelada ser mantida totalmente, por fazer correcta interpretação e aplicação da lei e dos factos.

II – DELIMITAÇÃO DO OBJECTO DO RECURSO

Questões a decidir.

Questões a apreciar:

Colhidos os vistos, cumpre apreciar e decidir as questões suscitadas pelos apelantes, sendo certo que o objecto do recurso se acha delimitado pelas conclusões das respectivas alegações, nos termos dos artigos 660.º, n.º 2, 664.º, 684.º, n.ºs 3 e 4 e 690.º, n.º 1, todos do Código de Processo Civil (CPC).

1. Ampliação da matéria de facto – art. 10.º do requerimento inicial
2. Erro de julgamento – aplicabilidade do art. 1887.º-A do Código Civil
3. Desrespeito pelos arts. 1410.º do Cód. de Proc. Civil e 150.º da OTM

III – FUNDAMENTOS

Matéria de facto.

1. De facto

Foram os seguintes os factos dados por provados na sentença recorrida:

1. O menor Diogo … é filho de Mário … e de Mónica …;
2. O menor Diogo … nasceu em 20/08/2000;
3. O Mário .., pai do menor, faleceu em 18/11/2001;
4. O Mário … era filho dos Requerentes, Vítor … e Maria …;
5. Após a morte do pai do menor a mãe do mesmo passou a levar o menor, quase diariamente, a casa dos avós, aqui requerentes, por períodos de meia hora, uma hora, duas horas e raramente três horas.

Fundamentação jurídica.

2. De direito

Apreciemos as três questões supra elencadas.

Aditamento à matéria de facto.

1. Ampliação da matéria de facto – art. 10.º do requerimento inicial

Sustentam os apelantes que a decisão sobre a matéria de facto omitiu o facto alegado no art. 10.º do requerimento inicial.

Afigura-se-nos assistir razão aos recorrentes nesta questão.

Com efeito, esse facto – *"Outras vezes, por razões que desconhecemos, até não o leva"* – está indissociavelmente ligado ao alegado no art. 9.º desse mesmo requerimento inicial, o qual veio a ser dado como provado (constituindo o ponto 5 do probatório), não se vislumbrando quaisquer razões para que um seja considerado como provado e o outro não.

Assim, ao abrigo do disposto no art. 712.º, n.º 1, al. a), do Cód. Proc. Civil, adito à matéria de facto dada como provada o seguinte facto que passará a ter o n.º 6:

"Outras vezes, por razões que desconhecemos, até não o leva".

2. Erro de julgamento – aplicabilidade do art. 1887.º-A do Código Civil

Sustentam os apelantes que a decisão recorrida terá feito incorrecta aplicação do direito aos factos dados por provados, pois que na sua óptica, os descritos sob os n.ºs 5 e 6 da matéria dada por provada – *"Após a morte do pai do menor a mãe do mesmo passou a levar o menor, quase diariamente, a casa dos avós, aqui requerentes, por períodos de meia hora, uma hora, duas horas e raramente três horas"* e *"Outras vezes, por razões que desconhecemos, até não o leva"* – não traduzem uma situação de convívio entre avós e neto, razão pela qual, entendem, seria de viabilizar um regime de visitas, ao abrigo do disposto no art. 1887.º-A, do Código Civil.

A análise da questão aqui em apreço prende-se com a interpretação a dar ao apontado art. 1887.º-A do Cód. Civil: ou se tem dele uma visão muito ampla, traduzível numa verdadeira limitação ao exercício do poder paternal; ou se entende o mesmo numa perspectiva mais restritiva, em que se concebe a sua aplicação às situações em que há uma patente atitude de inviabilização do convívio entre irmãos ou avós e netos.

Afigura-se-nos que o espírito da lei aponta para esta segunda via interpretativa, desde logo porque é esse o caminho que nos surge como mais consentâneo com a harmonia do sistema de regulação do exercício do poder paternal e de relações familiares patente quer na nossa Constituição, quer na nossa lei ordinária.

Com efeito, o art. 36.º da nossa Lei Fundamental, que tem por epígrafe "Família, casamento e filiação" e que se encontra inserido no Capítulo respeitante aos "Direitos, liberdades e garantias pessoais" (Capítulo I do Título II) estabelece:

"...
"5. Os pais têm o direito e o dever de educação e manutenção dos filhos.
"6. Os filhos não podem ser separados dos pais, salvo quando estes não cumpram os seus deveres fundamentais para com eles e sempre mediante decisão judicial."

Por seu turno no art. 1878.º do Cód. Civil (que tem por epígrafe "Conteúdo do poder paternal"), estabelece-se no seu n.º 1 que *"Compete aos pais, no interesse dos filhos, velar pela segurança e saúde destes, prover ao seu sustento, dirigir a sua educação, representá-los, ainda que nascituros, e administrar os seus bens."*

No n.º 2 do preceito, complementar do anterior, acrescenta-se ainda que *"Os filhos devem obediência aos pais; estes porém, de acordo com a maturidade dos filhos, devem ter em conta a sua opinião nos assuntos familiares importantes e reconhecer-lhes autonomia na organização da própria vida."*

Na sequência destes normativos e no que concerne à concretização desse dever/poder de educar, estipula o n.º 1 do art. 1885.º que *"Cabe aos pais, de acordo com as suas possibilidades, promover o desenvolvimento físico, intelectual e moral dos filhos."*

A Constituição e a Lei ordinária, no que concerne aos aspectos ligados à regulação do exercício do poder paternal em geral e à educação, em particular, dos filhos, dão uma manifesta primazia às relações entre pais e filhos, só admitindo a intervenção de terceiros, em sua substituição, em situações de patente incapacidade dos progenitores para tais funções, potenciadoras de colocar os menores em perigo (vd. artgs. 1913.º, 1915.º e 1918.º, todos do Cód. Civil).

O art. 1887.º-A, que foi introduzido no Código Civil pelo Dec.-Lei n.º 84/95, de 31 de Agosto, representa quanto a nós a necessidade de salvaguarda de relações familiares não estritamente nucleares que poderiam perder-se caso os pais entendessem que os seus filhos não deveriam conviver com os seus irmãos ou avós. Tal desiderato tem por pres-

Interpretação e aplicação do Art. 1887.º-A do Código Civil.

suposto a ideia de que esse relacionamento se traduz numa mais-valia para o desenvolvimento psico-social e educacional dos menores e também, correlativamente, numa situação gratificante para os avós. Certo é também que esse princípio não é absoluto, pois que a lei permite que *"justificadamente"* possam os pais obstar a tal convívio.

Até à introdução de tal preceito legal, só era possível a imposição do convívio entre irmãos ou entre netos e avós nos casos em que se registasse uma situação de perigo para a segurança, saúde, formação moral ou educação da criança, nos termos descritos no art. 1918.º do Cód. Civil.

Actualmente, como se disse, esse convívio deverá existir, só podendo ser negado caso se verifique uma situação que o justifique.

Todavia, como já referimos *supra*, o poder/dever de educação dos filhos encontra-se, em princípio, entregue aos cuidados dos progenitores, que serão, à partida, as pessoas mais habilitadas para levarem a cabo tal difícil tarefa.

Ora, cabe no âmbito desse seu poder/dever de educar, a gestão desse convívio entre irmãos ou entre avós e netos, a qual deve ser pautada por princípios de racionalidade e equilíbrio, visando a salvaguarda dos superiores interesses dos menores.

Cabe aqui dar nota de que a expressão **convívio**, contrariamente ao que é defendido pelos apelantes, não implica necessariamente periodicidade certa, nem mesmo espaço temporal preciso, antes tem na sua base a ideia de *regularidade* (diferente de periodicidade certa) e de *tempo bastante para o estabelecimento de comunicação inter relacional* entre os visados (o qual pode variar em função das circunstâncias em que ocorre).

Daqui resulta, face a tudo o que deixámos já exposto, que só em casos em que os pais não permitam a existência desse convívio nos termos expostos (inexistência dum mínimo de regularidade e de tempo para o relacionamento comunicacional entre irmãos ou entre avós e netos), é que será admissível, a quem se sentir lesado com tal impedimento, pedir em Tribunal a concretização desse convívio.

Ora, no caso dos autos, não ficou demonstrada a inexistência desse espaço de convívio, antes se comprovou que *"Após a morte do pai do menor a mãe do mesmo passou a levar o menor, quase diariamente, a casa dos avós, aqui requerentes, por períodos de meia hora, uma hora, duas horas e raramente três horas"* e *"Outras vezes, por razões que desconhecemos, até não o leva"*.

Tal factualidade, quanto a nós, não consubstancia a ideia supra avançada de inexistência de convívio entre os avós e o neto, muito pelo contrário. Representa sim a ideia de que os contactos terão eventualmente diminuído, mas no âmbito do poder/dever de educar entregue à mãe, a quem cabe a gestão do relacionamento do seu filho menor com familiares e outros.

Entendemos pois que o tribunal da 1.ª Instância andou bem ao ter considerado inexistir causa de pedir no âmbito da presente acção, pois que não se verificam os pressupostos fácticos bastantes consubstanciadores da aplicação do invocado art. 1887.º-A do Cód. Civil.

Improcede assim a presente questão.

A melhor solução na defesa dos interesses do menor.

3. Desrespeito pelos artgs. 1410.º do Cód. de Proc. Civil e 150.º da OTM

Sustentam os apelantes que o Senhor Juiz do tribunal *a quo* terá violado o disposto nos artgs. 1410.º do Cód. Proc. Civil e 150.º da OTM, pois que não terá procurado, como deveria, a *"melhor solução na defesa dos interesses do Diogo"*.

É certo que o presente processo tutelar comum (art. 210.º da OTM) é por força do estatuído no art. 150.º da OTM um processo de jurisdição voluntária, sendo-lhe por isso aplicável o disposto nos artgs. 1409.º a 1411.º do Cód. Proc. Civil.

Ora, no âmbito de tais processos o Tribunal não está sujeito a critérios de legalidade estrita, podendo ser proferido um juízo de oportunidade ou conveniência face aos interesses em causa.

Como referia o Professor Alberto dos Reis[2] *"… o julgador não está vinculado à observância rigorosa do direito aplicável à espécie vertente; tem liberdade de se subtrair a esse enquadramento rígido e de proferir a decisão que lhe pareça mais equitativa."*

É por via disso que o tribunal *"pode investigar livremente os factos, coligir as provas, ordenar os inquéritos e recolher as informações convenientes"*[3].

A possibilidade de recurso ao princípio da equidade e o inerente reforço do princípio do inquisitório, não constitui no entanto realidade absoluta, pois que a utilização desses princípios não dispensa a prévia apreciação dos pressupostos da acção, a qual deverá ser feita tendo por base critérios de legalidade.

Como se referia no acórdão da Relação de Lisboa de 19/10/1999[4] *"O poder inquisitório do Tribunal, neste tipo de jurisdição, é complementar do dever de fundamentação do pedido, que cabe às partes; significa apenas que o juiz não fica sujeito apenas aos factos invocados por estas, na fundamentação da decisão que vier a proferir, podendo utilizar factos que ele próprio capte e descubra."*

Os poderes conferidos ao juiz no âmbito dos processos de jurisdição voluntária não podem ser vistos como forma de suprir as falhas das partes do seu dever de colocarem perante o Tribunal as questões que este deverá apreciar, apresentando as provas que consideram pertinentes para tal fim, trata-se sim de um poder que está **para além do que as partes possam apresentar**, mas não dum poder que é atribuído **em vez desse dever** dispositivo das partes.

No caso em apreço, não tendo os apelantes apresentado factos bastantes para sustentar a causa de pedir inerente ao pedido que formularam, não seria exigível que tal omissão fosse suprida pelo Senhor Juiz do Tribunal *a quo*, até porque a situação descrita no requerimento inicial não era de forma a indicar a existência de qualquer situação passível de pôr em risco os interesses do menor, o que norteia os processos tutelares cíveis e poderia ser passível de levar a uma intervenção oficiosa do Tribunal.

Desta forma, entende-se que não houve violação dos artgs. 1410.º do CPC e 150.º da OTM, pelo que também nesta questão não assiste razão aos recorrentes.

IV – DECISÃO

Decisão final.

Face a todo o exposto, acorda-se em negar provimento ao recurso, assim se mantendo a sentença recorrida.

Custas pelos apelantes.

Coimbra, 15 de Junho de 2005.
Sousa Pinto
Cardoso Albuquerque
Garcia Calejo

---

[1] Ratificada pela Resol. da Ass. Rep. n.º 20/90 *e* Decreto do Presidente da República 49/90, de 12/09.
[2] *Processos Especiais*, Vol. III, pág. 400.
[3] Art. 1409.º, n.º 2, do Cód. Civil.
[4] In Col. Jur., IV, pág. 129.

Distinção entre burla e fraude civil

"Debate-se neste acórdão a questão de saber se é censurada penalmente a "burla processual", com recurso à instauração de acção judicial, já que o legislador sobre ela, «não tomou ainda a opção de a consagrar», diferentemente do que fez em relação às burlas relativas a seguros, para obtenção de alimentos, bebidas ou serviços, burla informática e nas comunicações e relativa a trabalho ou emprego" – *Ac. do S.T.J. de 4 de Outubro de 2007*

- Acórdão do Supremo Tribunal de Justiça
Data: 04 de Outubro de 2007
Relator: Juiz Conselheiro Dr. Simas Santos
Processo: 2599/07-5.ª Secção

ACORDAM NO SUPREMO TRIBUNAL DE JUSTIÇA

O Tribunal Colectivo do 1.º Juízo da Comarca de Bragança (proc. n.º 1481 99.2) condenou Maria... pela prática em autoria material de um crime de burla qualificada dos arts. 217.º, n.º 1, 218.º, n.º 2, al. a), 202.º, al. b), 26.º, 1.ª parte, e 14.º, n.º 1, do C. Penal, na pena de 4 anos e 6 meses de prisão, tendo declarado perdoado (arts. 1.º, n.º 1, e 5.º da Lei n.º 29/99, de 12 de Maio) 1 ano da pena de prisão, sob a condição resolutiva de a mesma, nos 90 dias imediatos à sua notificação desta decisão, pagar à Fazenda Nacional a quantia indemnizatória de € 26.264,22, acrescida de juros de mora à taxa legal.

Julgou procedente o pedido de indemnização civil deduzido a fls. 524 a 526 e condenou a demandada a pagar à Fazenda Nacional a importância de € 26.264,22 acrescida de juros de mora à taxa legal desde a notificação do pedido até integral pagamento, e remetidas as partes quanto ao mais peticionado para os tribunais civis, nos termos do disposto art. 82.º, n.º 3, do CPP.

A arguida recorreu do despacho que indeferiu um pedido que formulara de suspensão da instância (fls. 685), considerando que os presentes autos deveriam ser suspensos até ser proferida decisão final no processo n.º 229/99 que corre seus termos no 2.º Juízo do Tribunal de Bragança, já que é necessário para conhecer da existência do crime e do pedido cível a procedência ou não dessa acção.

E recorreu da decisão condenatório para a Relação do Porto.

Aquele Tribunal Superior, por acórdão de 11.4.2007, revogou a decisão recorrida, concedendo provimento ao recurso interposto pela arguida que foi absolvida da autoria do crime de burla qualificada dos arts. 217.º, n.º 1, 218.º, n.º 2, al. a) do C. Penal e julgou também extinto o recurso interposto do despacho de fls. 665, por inutilidade superveniente da lide (arts. 4.º do CPP e 287.º, al. e) do CPC).

Recorre agora o Ministério Público, para este Supremo Tribunal de Justiça, pedindo a revogação do acórdão recorrido, na parte em que considerou procedente a 2.ª questão prévia (quanto à chamada «burla processual») e a sua substituição por outro que considere que a tipificação do crime de burla abrange qualquer conduta que provoque erro ou engano de que advenha enriquecimento ilegítimo e prejuízo patrimonial, dele não sendo ressalvada a burla cometida por intermédio de um processo civil ou no quadro da respectiva actividade processual, e que, consequentemente, conheça das demais questões suscitadas pela arguida no seu recurso (recurso interlocutório incluído).

Respondeu a arguida reafirmando que não é possível cometer-se o crime de burla através do recurso a uma acção cível, havendo no caso sujeito falta dos pressupostos típicos erro ou engano astuciosamente provocados, pelo que deve ser mantido o acórdão recorrido.

Neste Supremo Tribunal de Justiça teve vista o Ministério Público.

Colhidos os vistos legais, teve lugar a audiência. Nela o Ministério Público acompanhou a posição assumida no recurso e a defesa remeteu para a resposta apresentada.

Cumpre, assim, conhecer e decidir.

2.1.

E conhecendo.

É a seguinte a factualidade apurada pelas instâncias.

Relatório.

Factos provados.

Factos provados.

1) No dia 21/11/1985, faleceu em Bragança, solteira e sem herdeiros conhecidos, Beatriz..., que ali residiu na rua do ...
2) A falecida Beatriz... tinha como únicos parentes, em grau muito afastado e não sucessíveis, os irmãos João, Amélia, Maria da Graça... e Rui M..., os quais ajudou a criar, por serem órfãos de mãe, e viviam numa casa situada na rua ..., em Bragança.
3) Do património da Beatriz... faziam parte os seguintes prédios:

a) Fracção AC do imóvel sito na Avenida ..., em Lisboa, descrito na & Conservatória do Registo Predial sob o n.° ...;
b) Prédio urbano, sito na Rua ...., freguesia da Sê, em Bragança, composto por ... descrito na Conservatória do Registo Predial sob o n.° ... e inscrito na matriz respectiva sob o artigo ...;
c) Prédio urbano, sito na Rua ..., freguesia da Sé, em Bragança, composto por ..., descrito na Conservatória do Registo Predial sob o n.° ... e inscrito na matriz respectiva sob o artigo ....°;
d) Prédio rústico, sito ...., freguesia da Sé, em Bragança, composto de terra de vinha com árvores, ..., descrito na Conservatória do Registo Predial sob o n.° ... e inscrito na matriz respectiva sob o artigo ...;
e) Prédio rústico, sito na ..., freguesia da Sé, em Bragança, composto de ...., descrito na Conservatória do Registo Predial sob o n.° .... e inscrito na matriz respectiva sob o artigo ....

4) À Beatriz... pertencia também o conteúdo de um cofre de aluguer do Montepio Geral, dependência de Bragança, que tinha o n.° ....
5) A data da sua morte, a Beatriz... era titular das seguintes contas bancárias, as quais apresentavam, naquela data, os seguintes saldos:

– Banco Totta & Açores, Lisboa, conta n.° .... – 905.798$60;
– Banco Totta & Açores, Bragança, conta n.° .... – 25.605$30;
– Banco Nacional Ultramarino, Bragança, conta n.° .... – 258. 452$00; e
– Montepio Geral, Bragança, conta n.° ... – 103.941$80.

6) Por volta de 1975, a Beatriz... manifestou aos irmãos M... a sua intenção de lhes deixar o prédio urbano identificado em 3) b) e os prédios rústicos identificados em 3) d) e e).
7) Por volta de 1980, a Beatriz... deu conhecimento à família M... e a outras pessoas da sua confiança que era sua intenção fazer testamento, com vista a que os seus bens referidos em 3) b), d) e e) ficassem para os irmãos M..., o seu bem aludido em 3) o) para a Cruz Vermelha de Bragança e o seu bem referido em 3) a) para os sobrinhos de um seu falecido cunhado.
8) Ao tempo do óbito da Beatriz..., o João Portela M... estudava no Porto e tinha como companheiros na residência universitária onde se alojava dois filhos da arguida, António ... e Pedro .....
9) Nessa altura, o João M... comentou com ambos os referidos irmãos que procurava descobrir onde teria a falecida Beatriz... feito testamento ou doação dos seus bens, uma vez que esperava ser contemplado, tendo-se os mesmos prontificado a apresentá-lo a uma sua tia de Ovar, com a justificação de que ela o poderia ajudar em tal descoberta.
10) Contactada tal tia, a mesma nada descobriu, tendo sido então que a arguida, que estava ao corrente de todo o caso, se prontificou a solucioná-lo ela própria, mantendo para o efeito alguns contactos com o João... onde se apresentou como pessoa muito diligente e bem relacionada com notários e magistrados e por isso capaz de resolver o assunto.
11) Para esse fim, o João M... entregou à arguida um conjunto de documentos com a descrição e identificação dos bens imóveis, a identificação do cofre do Montepio, o bilhete de identidade da Beatriz... e todos os dados a ela relativos, nomeadamente a data da sua morte, tendo-a informado também da inexistência de sucessíveis legais e de que por isso a herança poderia reverter para o Estado.
12) Na posse dessas informações, em lugar e data não concretamente apurados, mas após 21/11/1985 e antes de 28/04/1986, a arguida forjou o contrato-promessa de compra e venda que constitui fls. 157, 158 e 501 dos autos e cujo teor aqui se dá por inteiramente reproduzido, nos termos do qual e em síntese a Beatriz... promete vender à arguida, e

esta promete comprar-lhe, todos os bens imóveis da primeira identificados em 3), pelo preço global de 30.000.000$00, quantia que a promitente compradora entregava à promitente vendedora no acto da assinatura do contrato e de que por isso se dava no mesmo contrato plena quitação.

13) A arguida, pelo seu próprio punho ou pelo punho de alguém a seu mando, após no dito contrato-promessa, imitando-a, a assinatura da Beatriz... como primeira outorgante, ou seja, como promitente-vendedora.

14) Em 28/04/1986, a arguida instaurou na comarca do Porto uma acção cível contra o Estado, que foi distribuída à 2ª secção da 5ª vara com o n.º 5937/86, na qual pedia se reconhecesse este como herdeiro da Beatriz..., acção essa que foi julgada procedente.

15) Tendo a Beatriz... morrido intestada e sem herdeiros conhecidos, foi instaurada pelo Ministério Público no tribunal desta comarca, acção especial para liquidação de herança a favor do Estado, que correu seus termos sob o n.º 23/87, da 2ª secção, acção esta que foi julgada procedente e por via da qual o Estado recebeu e tomou-se proprietário de todos os bens móveis e imóveis da Beatriz..., nomeadamente dos acima identificados em 3).

16) Em 2/11/1992, a arguida intentou na comarca do Porto uma acção cível contra o Estado Português, que foi distribuída à 1.ª secção da 9ª vara cível e correu seus termos sob o n.º ...., na qual formulou o pedido de condenação do réu como incumpridor do contrato-promessa referido em 12) e que se sentenciasse no sentido de declaração negocial que produzisse os efeitos do contrato prometido.

17) Tal acção fundava-se no contrato-promessa referido em 12), que a arguida juntou com a petição inicial como meio de prova, sendo que, com base no mesmo e no depoimento de algumas testemunhas, a mencionada acção n.º 8114/92 foi julgada procedente por sentença de 6/05/1996, tendo sido declarada transmitida a propriedade dos imóveis da Beatriz... para a titularidade da arguida e seu marido, pelo preço de 30.000.000$00, que se julgou pago.

18) Por via dessa sentença, que transitou em julgado em 17/06/1996, a arguida entrou na titularidade do direito de propriedade dos imóveis referidos em 3), que estando registados a favor do Estado Português, foram registados pela arguida a seu favor, nas competentes Conservatórias do Registo Predial e nas seguintes datas: em 22/03/2001, a fracção referida em 3) a); e em 30/05/1997, os prédios referidos em 3) b), c), d) e e).

19) A Beatriz... não celebrou com a arguida o contrato-promessa referido em 12), nem recebeu desta qualquer quantia, já que nem sequer se conheceram nem se viram jamais, sendo o referido contrato forjado e a assinatura nele aposta da Beatriz... imitada.

20) Ao intentar a acção cível aludida em 16), invocando e usando como prova o contrato-promessa referido em 12) e apresentando testemunhas que por si industriadas sustentaram essa mentira, a arguida induziu o tribunal cível do Porto em erro e levou o juiz desse processo a produzir sentença com base em factos que nunca ocorreram, como sejam a realização do dito contrato-promessa e o pagamento do respectivo preço.

21) Por meio desse engano, a arguida obteve uma sentença favorável, que se louvou amplamente no depoimento da arguida, no falso contrato-promessa e no depoimento falso das testemunhas que esta apresentou, sentença que a final condenou o Estado a transmitir para arguida e seu marido a propriedade dos bens imóveis aludidos em 3), bens esses que têm valor global não inferior a €643.449,24.

22) A arguida agiu de forma livre e consciente, com o intuito de obter para si um património de valor não inferior a € 643.449,24, ao qual não tinha direito, tendo logrado os seus intentos, bem sabendo que a sua conduta era proibida e punida por lei

23) A fracção referida em 3) a) está arrendada à sociedade ...., S.A.

24) Por força da transferência da propriedade da Fazenda Nacional para a arguida, esta passou a receber as rendas do locado, nos seguintes montantes anuais: 1996 € 1.869,54; 1997 € a 908,26; 1998 € 991,91; 1999 € 4.053,01; 2000 € 4.156,47; 2001 € 4.260,20; e 2002 € 4.024, 83, num total de € 26.264,22.

25) Amélia M..., Maria da Graça M..., Aldina M..., João M.... e Rui M... instauraram uma acção cível contra o Estado Português, a aqui arguida Maria... e marido e .... – Sociedade ...., Ld., pedindo, entre o mais, se declarem os autores donos e legítimos proprietários dos prédios acima identificados em 3) b), d) e e), encontrando-se os respectivos autos a aguardar nos termos do artigo 510 do Código das Custas Judiciais.

26) A arguida é viúva, professora aposentada e vive com dois filhos maiores.

27) A arguida não assumiu qualquer atitude demonstrativa de arrependimento.

28) A arguida não tem antecedentes criminais.

Factos não provados.

Factos não provados.

Não se provou a restante matéria de facto constante da acusação e do pedido de indemnização civil, designadamente e com relevo para o conhecimento do mérito da causa, não se provou a seguinte matéria de facto:

a) A arguida agiu conluiada com o seu marido Adão …, executando plano prévia e conjuntamente delineado.
b) A demandada/arguida entregou ao Estado € 3.939,63, respeitante a 15% da verba recebida, e contribuição autárquica no valor de € 2.050,00.
c) A arguida/demandada realizou obras de melhoramentos na fracção referida em 3) a) no valor de € 15.000,00 e pagou despesas de condomínio no valor de € 12.500,00.

2.3.

A questão da incriminação da "burla processual".

Suscita o Ministério Público a questão da punibilidade da chamada «burla processual», sustentando que a tipificação do crime de burla abrange qualquer conduta que provoque erro ou engano de que advenha enriquecimento ilegítimo e prejuízo patrimonial, dele não sendo ressalvada a burla cometida por intermédio de um processo civil ou no quadro da respectiva actividade processual.

Considera que a concepção contrária carece de apoio legal e radica numa exacerbada concepção dos princípios da inintangibilidade do caso julgado cível e da infalibilidade do juiz, e vai ao arrepio da evolução entretanto operada no âmbito do processo civil (conclusão 2), pois o exercício do direito de acção, ou de qualquer outro direito processual, encontra-se sujeito aos limites impostos pela proibição do abuso de direito, e que mais não é do que uma concretização do princípio da boa fé (conclusão 3), não se confundindo, no entanto, a má fé com o abuso de direito, uma e outra são susceptíveis de ser sancionadas, ou no próprio processo (no caso da litigância de má fé), ou através de uma acção própria (no caso do abuso de direito) (conclusão 4).

Refere depois, que, também o exercício do direito de acção judicial, acompanhado de comportamentos processuais ilícitos e que causem danos à parte contrária ou a terceiros, é susceptível de envolver responsabilidade civil nos termos gerais, independentemente da verificação da litigância de má fé, ou do abuso de direito de acção (conclusão 5), permitindo a convocação das formas de sancionamento da actuação ilícita e danosa no âmbito de um processo, seja através da litigância de má fé, do abuso de direito ou da efectivação da responsabilidade civil, concluir, em particular nestes dois últimos casos, atenta o seu processamento em acção própria, *ad hoc*, que o princípio da intangibilidade das decisão judicial transitada em julgado, ou mesmo de uma certa concepção da infalibilidade do juiz (o juiz não erra, nem é enganado....), não permite excluir a responsabilização deste tipo de comportamentos realizadas através do processo ou num quadro da actividade processual (conclusão 6).

De outro modo – diz – ficarem sem tutela direitos substantivos (*maxime* direitos fundamentais) que possam ser lesados por actuações, não só processualmente infundadas e reprováveis, mas, mais ainda, por actos ilícitos e culposos praticados no processo ou através deste (conclusão 7), evolução operada no âmbito do processo civil que acarreta, necessariamente, uma outra compreensão para os casos em que o crime de burla é praticado no âmbito de uma acção judicial ou no quadro da respectiva actividade processual (conclusão 8);

Tanto mais que, o mesmo comportamento humano pode constituir, de acordo com o critério de valoração e os pressupostos específicos do direito civil, um ilícito civil, e constituir, também, segundo a específica valoração jurídico-penal, um ilícito criminal (conclusão 9), não existindo, pois, obstáculos a que um agente possa ser responsabilizado criminalmente, nomeadamente através da incriminação pela comissão de crime de burla, verificados que sejam os seus elementos constitutivos (conclusão 10).

O ter o respectivo *iter criminis* ter passado pela propositura de uma acção civil não constitui causa de justificação da ilicitude, nem qualquer causa de desocupação (conclusão

11), apenas revelando, no caso, a persistência da arguida na execução do seu desígnio criminoso, e que constitui mais uma «mise-en-scéne» no seu já elaborado artifício fraudulento, de molde a poder atingir os seus fins (conclusão 12);

O ter sido a conduta típica do agente intermediada por um acto do juiz não significa a interrupção do nexo de causalidade entre a conduta típica e o prejuízo sofrido pelo lesado (conclusão 13), pelo que a chamada «burla processual» não pode ser autonomizada como uma categoria não punível, devendo, antes, reconduzida à tipificação geral do crime de burla, e considerada, a par de muitos outros, como uma forma mais do comportamento astucioso e do artifício que integra o elemento objectivo do ilícito-típco em causa (conclusão 14);

Teria, assim, a decisão recorrida violado o disposto nos arts. 217.º, n.º 1 e 218.º, n.º 2, al. a) do C. Penal (conclusão 15).

A Relação do Porto, depois de citar doutrina e jurisprudência nacional e estrangeira, decidiu:

«Deste acervo de dados, é possível extrairmos as seguintes conclusões:

A controvérsia acerca desta possibilidade de cometimento do crime de burla é já secular. Em lugar de se considerar em vias de solução, pelo contrário, e adensou-se a sua complexidade, dado que chegou ao nível da consagração na norma positiva.
Não é minimamente plausível que o legislador português tenha desconhecido esta figura.

Contudo, não tomou ainda a opção de a consagrar.
Poderá dizer-se que a mesma pode ver-se desenhada no tipo geral do art. 217.º do CP. Sublinhando-se que nada sobre matéria tão inovadora resultou dos trabalhos preparatórios, há que ver que o legislador, por outro lado, autonomizou determinadas modalidades de acção, em função da sua especificidade, do seu particular objecto de acção ilícita: 219.º (burla relativa a seguros), 220.º (burla para obtenção de alimentos, bebidas ou serviços), 221.º (burla informática e nas comunicações), 222.º (burla relativa a trabalho ou emprego). Também há que referir que a fisionomia do processo civil vigente não permite a asserção que o mesmo se reporta a um modelo dispositivo ou próximo do dispositivo puro. Recorde-se que no presente caso, foi o Estado demandado em acção cível e, consequentemente, esteve representado em audiência pelo M.º P.º, na defesa dos seus interesses.
Não parece defensável que o quadro abstracto que viabilizaria acção criminosa em análise seria simplesmente uma atitude homologatória do tribunal em relação à relevância do contrato promessa cuja apreciação lhe foi cometida.
É que o Código de Processo Civil não aponta para tal tipo de intervenção judicial.
Ela é mais própria de um modelo no qual o juiz mantém atitude de passividade e de inércia, assistindo à luta entre as partes, conduzindo o processo como árbitro e elaborando a sentença.
E a que entre nós vigora não é a correspondente a justiça formal e de fachada, resultado de mera convenção entre as partes.
Nos termos do disposto no artigo 265.º, n.º 3 do CPC incumbe ao juiz realizar ou ordenar, mesmo oficiosamente, todas as diligências necessárias ao apuramento da verdade e à justa composição do litígio, quanto aos factos que lhe é licito conhecer".
Entende em geral a doutrina e a jurisprudência que estes factos serão geralmente os notórios e os factos instrumentais dos factos principais alegados pelas partes.
Por outro lado, no que toca à autenticidade dos documentos, aqui em debate, também nos arts. 568.º e ss. do CPC é prevista a possibilidade de realização de prova pericial, podendo ser determinada oficiosamente.
Este conjunto de poderes que ao tribunal estão atribuídos certamente terão contribuído para que não se conheça caso algum em que a jurisprudência dos Tribunais Superiores tenha sustentado a possibilidade de um crime de burla, pressupondo como processo executivo do mesmo uma intervenção judicial.
Quanto ao recurso interlocutório interposto pela arguida relativamente ao despacho de fis. 665, que indeferiu o pedido de suspensão da instância: mostrando-se o conhecimento do seu mérito como instrumental relativamente ao desfecho do recurso principal supra

A questão da autorização da "burla processual".

apreciado; e considerando o teor também supra enunciado, viabilizando o seu bom fundamento, por se ter considerado que os factos objecto do processo não constituem o crime de burla pela qual a arguida foi condenada, impõe-se a conclusão que tal recurso inicial não tem nesta altura qualquer utilidade para a lide — arts. 49.º do CPP e 287.º, al. e) do CPC.»

É certo que a questão tem sido controvertida na doutrina, designadamente estrangeira, como se vê do elenco constante da decisão recorrida e que não é conhecida jurisprudência produzida sobre o art. 217.º do C. Penal, na óptica da "burla processual", o que não quer dizer que não exista jurisprudência, designadamente deste Supremo Tribunal, com interesse para a solução da questão colocada, como melhor veremos.

O teor daquele art. 217.º, designadamente do n.º 1, com os elementos do tipo de crime que consagra, é a chave para a solução dessa questão, como se verá melhor.

Mesmo a decisão recorrida, como se viu, aceita que este tipo de burla se pode considerar abrangida, «desenhada no tipo geral do art. 217.º do CP», embora considere que assim o não quis o legislador, pois conhecedor da polémica sobre ela, «não tomou ainda a opção de a consagrar», diferentemente do que fez em relação à burla relativa a seguros (art. 219.º), burla para obtenção de alimentos, bebidas ou serviços (art. 220.º), burla informática e nas comunicações (art. 221.º) e burla relativa a trabalho ou emprego (222.º).

Mas reconhece igualmente a Relação que «que nada sobre matéria tão inovadora resultou dos trabalhos preparatórios».

Ora, se a controvérsia existia e os trabalhos preparatórios nada dizem sobre a questão, não se pode atribuir a este "silêncio" do legislador um sentido que perturbe a configuração do tipo legal do crime de burla, então feito, e que abrange este tipo de burla.

Na verdade, abrangendo o tipo de crime fundamental, na sua previsão, situações como a presente, seria necessária pronúncia sobre a questão que esclarecesse não se pretender, apesar do carácter amplo da previsão, contemplar tais situações.

Por outro lado, a circunstância de o legislador não ter autonomizado este tipo situações, diferentemente do que fez em relação aos tipos já indicados, significa seguramente que o legislador entendeu que tal se não justificava no caso, em função das modalidades de acção, da sua especificidade ou do seu particular objecto de acção ilícita.

Mas o dispor sobre aqueles tipos, autonomizando-os nada diz sobre a vontade de excluir do tipo fundamental outras e diversas situações: as previstas no tipo fundamental do art. 217.º.

Na análise da decisão recorrida releva que ela se arrima, como argumentação coadjuvante, à consideração da natureza do processo civil, aos poderes do juiz e subliminarmente às sanções próprias. Mas também aqui importa considerar a jurisprudência deste Tribunal a que se fez referência.

A definição da jurisprudência do STJ.

Tem entendido este Supremo Tribunal de Justiça à luz do disposto no n.º 1 do art. 217.º do C. Penal que:

1 – O crime de burla desenha-se como a forma evoluída de captação do alheio em que o agente se serve do erro e do engano para que incauteladamente a vítima se deixe espoliar, e é integrado pelos seguintes elementos:

– intenção do agente de obter para si ou para terceiro enriquecimento ilegítimo;
– por meio de erro ou engano sobre factos que astuciosamente provocou;
– determinar outrem à prática de actos que lhe causem, ou causem a outrem, prejuízo patrimonial.

2 – É usada astúcia quando os factos invocados dão a uma falsidade a aparência de verdade, ou o burlão refira factos falsos ou altere ou dissimule factos verdadeiros, e actuando com destreza pretende enganar e surpreender a boa fé do burlado de forma a convencê-lo a praticar actos em prejuízo do seu património ou de terceiro.

3 – Esses actos além de astuciosos devem ser aptos a enganar, não sendo, no entanto, ine-

vitável que se trate de processos rebuscados ou engenhosos, podendo o burlão, numa "economia de esforço", limitar-se ao que se mostra necessário em função das características da situação e da vítima concreta. (…)

5 – O n.º 1 do art. 417.º do C. Penal não se refere somente ao prejuízo causado ao burlado, mas também ao prejuízo patrimonial causado a outra pessoa, pela prática dos actos praticados, por meio do erro ou engano sobre factos que astuciosamente provocado pelo burlão. (cfr., entre outros, os AcSTJ de 18/1/2001, Acs STJ, IX, 1, 218, de de 8/2/2001, proc. n.º 2745/00-5, de 12/12/2002, proc. n.º 3722/02-5, de 23/5/2002, Acs STJ, X, 2, 212, de 20/3/2003, proc. n.º 241/03-5, de 3/2/2005, proc. n.º 4745/04-5, de 9/6/2005, proc. n.º 1302/05-5, todos com o mesmo relator).

Como já entendeu este Tribunal, entendimento que se mantém, (Ac. de 18-10-2001, 2362/01-5, também subscrito pelo mesmo relator), a astúcia posta pelo burlão tanto pode consistir na invocação de um facto falso, como na falsa qualidade, como na falsificação da escrita, ou outra qualquer. Interessa, apenas, que os factos invocados dêem a uma falsidade a aparência de verdade, ou, como diz a lei alemã, o burlão refira factos falsos ou altere ou dissimule factos verdadeiros. O burlão, actuando com destreza pretende enganar e surpreender a boa fé do burlado de forma a convencê-lo a praticar actos em prejuízo do seu património ou de terceiro. É indispensável, assim, que os actos além de astuciosos, sejam aptos a enganar, não se limitando o burlão a mentir, mentindo com engenho e habilidade, revelando uma maior intensidade no dolo e uma maior susceptibilidade dos outros serem convencidos. Longe de envolver, de forma inevitável, a adopção de processos rebuscados ou engenhosos, a sagacidade do agente comporta uma regra de "economia de esforço", limitando-se o burlão ao que se mostra necessário em função das características da situação e da vítima. A idoneidade do meio enganador utilizado pelo agente afere-se tomando em consideração as características do concreto burlado.

Como refere Nelson Hungria (Comentários ao Código Penal, VII, 168) «com os seus variadíssimos processos, a fraude é bem o atestado do poder de inventiva e perspicácia do homo sapiens. Tem espécies e subespécies, padrões clássicos e expedientes de acaso. Há a fraude reconhecível a olho nu como infracção penal e a *parva calliditas*, que se abriga à sombra de uma proclamada *naturalis licentia decipiendi*. Há a fraude corriqueira dos clientes habituais da prisão e a fraude subtil daquela "criminosos astutos e afortunados" de que nos conta FERRIANI. Há as trapaças minúsculas do comércio a varejo e as burlas maiúsculas dos jogos de Bolsa. Há a fraude grosseira, de empulhar pascácios, e a fraude de alta escola, de embair os mais argutos.»

Mas não se deve esquecer que neste crime, a matéria punível não é a fraude mesma, o engano ou o induzir em erro, mas a locupletação ilícita ou a injusta lesão patrimonial, sendo o engano somente um momento precursor do crime. Esta concepção, hoje adquirida pelo direito penal, traduz-se, aliás, na inserção sistemática do respectivo tipo entre os crimes contra o património.

Por outro lado, pode verificar-se uma identificação, de modo e de finalidade, entre a fraude que integra a burla e o dolo que vicia os contratos de carácter económico, o que levou a questionar-se se haveria, então, uma fraude civil distinta de uma fraude penal; questão a que logo o direito positivo responde positivamente, bastando considerar o dano culposo, o esbulho possessório sem violência ou ameaça grave, o incumprimento de contrato (em geral), a acção de condenação de dívida não vencida, a lide temerária, o abuso de direito, o recebimento culposo do não devido, como actos ilícitos que, no entanto, a lei não define como crimes.

Numa opção, em que muitas vezes não é imediatamente reconhecível um rigoroso científico ou distinção ontológica entre tais fatos, por razões de política criminal, o legislador efectua uma selecção, elegendo as condutas penalmente censuráveis entre as quais não inclui o facto contra direito que não provoque alarme colectivo, caso em que se contenta com os meios próprios do direito civil, como sancionamento. Parte assim, da maior gravidade do delito penal, da mais extensa e intensa perturbação social que causa.

Não obstante serem múltiplas são as teorias que se apresentaram para clarificar esta distinção (cfr. Nelson Hungria, op. cit., 171-191, sobre a sua consideração), é de aceitar, face às dificuldades, incluindo práticas, de estabelecer uma distinção ontológica entre o injusto penal e o civil, pelo menos em face do direito positivo, o único critério discriminativo aceitável será, pois, o critério relativo e não apriorístico da suficiência ou insuficiência das sanções não-penais, de forma a que, só quando a sanção civil se apresenta como ineficaz para a reintegração da ordem jurídica, é que surge a necessidade da sanção penal, o último dos recursos.

O domínio aplicativo.

O que obviamente nos remete para o domínio aplicativo, para o juiz penal e sua visão prudencial sobre o caso concreto.

Refere-se T. S. Vives Anton (*Compendio de Derecho Penal*, Parte Especial, 497-8) no título engano e dolo "in contrahendo", à linha divisória entre a *fraude*, constitutiva da burla, e o simples *ilícito civil*: «Na doutrina civil o "dolo in contrahendo" determinante da nulidade do contrato (*dolo grave* ou *causante*) configura-se em termos praticamente idênticos ao engano constitutivo da burla (vid. Díez Picazo), inclusive quanto à eficácia causal para produzir e provocar o acto dispositivo.

A linha decisiva entre a burla e o ilícito civil.

Em consequência, a linha divisória entre a burla e o ilícito civil, determinante da nulidade do contrato, radicará na *existência* ou *inexistência de prejuízo* obtido ou tentado – (vid. Sentença de 6.2.89, Ar. 1.479 – que afirma que o dolo "in contrahendo" é facilmente criminalizável desde que concorram os demais elementos estruturais do crime de burla).

Deve destacar-se que, na prática, em geral a conduta será classificada como burla, ou tida por civilmente ilícita em função da via processual eleita pelo prejudicado, como chega a insinuar a sentença antes citada.» (tradução do relator).

Também Júlio Fabbrini Mirabete (Manual de Direito Penal II, 19.ª Edição, pá. 297-8) lembra que foram sugeridos vários critérios para se fazer a distinção entre a fraude civil e a fraude penal.

«Afirma-se que existe esta (fraude penal) apenas quando: há propósito *ab initio* do agente de não prestar o equivalente económico; há um dano social e não puramente individual; há a violação do mínimo ético; há um perigo social, mediato ou indirecto; há uma violação da ordem jurídica que, por sua intensidade ou gravidade, tem como única sanção adequada a pena; há fraude capaz de iludir o diligente pai de família; há evidente perversidade e impostura; há uma *mise-en-scène* para iludir; há uma impossibilidade de se reparar o dano; há o intuito de um lucro ilícito e não do lucro do negócio etc. Afirma Hungria que, "tirante a hipótese de ardil grosseiro, a que a vítima se tenha rendido por indesculpável inadvertência ou omissão de sua habitual prudência, o *inadimplemento preordenado* ou *preconcebido* é talvez o menos incerto dos sinais. orientadores na fixação de uma linha divisória nesse terreno *contestado* da fraude". Na verdade; não há diferença de natureza, antológica, entre a fraude civil e a penal; Não há fraude penal e fraude civil, a fraude é uma só. Pretendida distinção sobre o assunto é supérflua, arbitrária e fonte de danosíssimas confusões (JTACrSP58/210; RT423/401). O que importa verificar, pois, é se, em determinado facto, se configuram todos os requisitos do estelionato, caso em que o fato é sempre punível, sejam quais forem as relações, a modalidade e a contingência do mesmo (RT 543/347-348).

E acrescenta este Autor: «tem-se entendida que há fraude penal quando o escopo do agente é o lucro ilícito e não o do negócio (RT423/344) Isso, porque a fraude penal pode manifestar-se na simples operação civil, não passando esta, na realidade, de engodo fraudulento que envolve e espolia a vítima (RT329/121), Mas é comum nas transacções civis ou comerciais certa malícia entre as partes, que procuram, por meio da ocultação de defeitos ou inconveniências da coisa, ou de uma depreciação, justa ou não, efectuar operação mais vantajosa. Mesmo em tais hipóteses, o que, se tem é o dolo civil, que poderá dar lugar à anulação do negócio, por vício de consentimento, com as consequentes perdas e danos (arts. 147, II, e 1.103 do CC), não, porém, do dolo configurador do estelionato (RT 547l34g) Não há crime na ausência de fraude, e o mero descumprimento do contrato, mesmo doloso, é mero ilícito civil (JTACrSP 49/173, 50/79, 51/405, RT 423/394, *RTJ* 93/978) (...).

Configura-se o crime: (...) no obtenção de financiamento com garantia fiduciária inexistente; na compra a crédito com nome falso (JTACrSP 59/261, 62/171); na inadimplência contratual preconcebida (JTACRSP 44/166) etc.»

Não se pode, pois, esquecer nesta problemática, uma particularidade do crime de burla: um processo executivo que comporta a intervenção de um ser autónomo e livre (na verdade é o próprio sujeito passivo que pratica os actos de diminuição patrimonial), sendo certo que compete a cada pessoa cuidar dos seus interesses. A assunção social da obrigação de salvaguardar bens alheios não pode deixar, pois, de ter um carácter subsidiário e residual; nos negócios, em que estão presentes mecanismos de livre concorrência, o conhecimento de uns e o erro ou ignorância de outros, determina o sucesso, apresentando-se o erro como um dos elementos do normal funcionamento da economia de mercado, sem que se chegue a integrar um ilícito criminal.

Importa, assim, procurar delimitar o âmbito de protecção da norma, do ilícito subjacente ao crime de burla, como já se adiantou. Almeida Costa (Comentário Conimbricense, II, pág. 300) refere que no plano criminal se exige que «a consumação do delito dependa, *não* de um qualquer domínio-do-erro (ainda que efectivo) mas de um domínio-do erro jurídico-penalmente relevante», tendo em consideração uma restrição adicional do *desvalor de acção* subjacente à burla, cuja definição remete para o **princípio da boa fé** (em sentido objectivo): «uma exigência de consideração pelos interesses legítimos da outra parte, nele radica o decisivo critério da lealdade que deve acompanhar as relações das pessoas no comércio jurídico e, portanto, o limite da relevância do domínio-do-erro no quadro da burla».

Ora é este desvalor da acção que permite responder à dificuldade com se pode ser confrontado, a propósito da criminalização da vida colectiva. Como se disse acima, há um dano social e não puramente individual; há a violação do mínimo ético; há um perigo social, mediato ou indirecto; há uma violação da ordem jurídica que, por sua intensidade ou gravidade, tem como única sanção adequada a pena.

Como se disse já, como referir-se o *ilícito penal* como a violação da ordem jurídica, contra a qual, pela sua *intensidade* ou *gravidade*, a única sanção adequada é a pena, enquanto o *ilícito civil* é a violação da ordem jurídica, para cuja debelação bastam as sanções da indemnização, da execução forçada ou *in natura*, da restituição ao *satu quo ante*, da anulação do acto.

O que obviamente nos remete para o domínio aplicativo, para o juiz penal e sua visão prudencial sobre o caso concreto.

Este Supremo Tribunal de Justiça, respondendo ao apelo ao julgador que se referiu, têm-se efectivamente pronunciado, em diversos arestos, sobre situações de charneira na distinção que se vem fazendo, adoptando os critérios que se enunciaram, como se pode ver pela síntese seguinte:

«Não são dolosos, quer para efeitos penais quer para efeitos civilísticos, as sugestões ou artifícios usuais, considerados legítimos segundo as concepções dominantes do comércio jurídico, nem a dissimulação do erro, quando nenhum dever de elucidar o declarante resulte da lei, de estipulação negocial ou daquelas concepções.» (Ac. de 13-01-1993, BMJ 423-214, Relator Cons. Ferreira Vidigal)

«(1) No crime de burla é necessário que o elemento «agir astuciosamente» se junte limitativamente ao dolo específico, de tal forma que, mesmo havendo a intenção de enriquecimento ilegítimo, o modo pelo qual se realiza essa intenção se revele engenhoso, enganoso, criando a aparência de realidades que não existem, ou falseando directamente a realidade. (2) O arguido, que obteve um empréstimo com a alegação de que o mesmo se destinava à compra de um armazém, que, depois, daria de hipoteca ao credor, livre de quaisquer ónus ou encargos, fazendo-se a prova de que o credor não lhe concederia tal empréstimo se soubesse que, afinal, ele já tinha, não apenas comprado o armazém, como até arrendado, comete um crime de burla. (*Ac. do STJ de 19.5.1994, Acs STJ II, 2, 216, Relator: Cons. Sousa Guedes*)

«Cometem crime de burla aqueles que celebram contratos promessa de compra e venda de andares, recebendo os respectivos sinais, enganando os ofendidos sobre as realidades condicionantes desses contratos, visando aproveitar a aparência de uma organização empresarial, para sacarem dos ofendidos prestações contra a criação de uma mera expectativa de venda, que nunca pretendiam concretizar, até por falta de licenças de habitabilidade ou por existência de ónus sobre os prédios.» (*Ac. de 28-03-1996, proc 48951, Relator: Cons. Sá Nogueira*)

«Comete o crime de burla aquele que representando que por um seu terreno iria passar uma estrada que o inutilizaria, depois de publicar um anúncio num jornal de grande tiragem a anunciá-lo como óptimo para construção de vivenda, junto de zona de praia, vem a vendê-lo ao ofendido, porque disso ficou convencido.» (*Ac de 05-06-1996, Acs STJ pág. 191, Relator: Cons. Augusto Alves*)

«Cometem o crime de burla agravada os arguidos que vendem um veículo automóvel ao ofendido, pelo preço de 2.387.000$00, fazendo-o crer que o mesmo é novo e fabricado em 92, quando na verdade o mesmo era usado, acidentado e do ano de 89.» (*Ac. de 14-11-1996, proc n.º 593/96, Relator: Cons. Bessa Pacheco*)

«Cometem o crime de burla qualificada, os arguidos que, tendo conhecimento de que a casa tinha infiltrações de água, procederam à pintura de diversos compartimentos, substituíram alcatifas, não reparando, no entanto, as anomalias que causavam as infiltrações. Deste modo, procuraram ocultar as anomalias, dissimulando que vendiam uma casa em perfeito estado, provocando astuciosamente um engano no comprador.» (*Ac de 04-12-1996, proc. n.º 333/96, Relator: Cons. Augusto Alves*)

«(4) Comete o crime de burla aquele que representando que por um seu terreno iria passar uma estrada que o inutilizaria, depois de publicar um anúncio num jornal de grande tiragem a anunciá-lo como óptimo para construção de vivenda, junto de zona de praia, vem a vendê-lo ao ofendido, porque disso ficou convencido. (5) Isto, apesar de o arguido ter sido absolvido do pedido de anulação da compra e venda em anterior acção cível proposta.» (*Ac de 05-06-1997, 48871, Augusto Alves*)

«Comete o crime de burla agravada, p. p. pelos arts. 313 e 314, al. c), do C. Penal de 82 (hoje p. p. pelos arts. 217 e 218, al. a), do C. Penal de 95), o arguido que celebra com os ofendidos um contrato promessa de compra e venda de uma fracção, numa base ilegítima (não ter poderes para o acto, "falta de procuração"), determinando, com a sua conduta, que aqueles lhe entregassem 1.500.000$00 a título de sinal e princípio de pagamento, afectando-o em seu proveito próprio.» (*Ac. de 07-05-1998, proc n.º 1230/97, Relator: Cons. Oliveira Guimarães*)

«(2) Integram o conceito de artifício fraudulento do tipo legal do crime de burla, além de outros, os chamados actos concludentes: condutas que não consubstanciam em si qualquer declaração mas que, em virtude de um critério objectivo, de acordo com as regras da experiência e os parâmetros sociais vigentes num sector de actividade, se mostram adequadas a criar uma falsa convicção sobre determinado facto passado, presente ou futuro. (3) Assim, pratica um crime de burla, a arguida que se apresenta como compradora de um veículo automóvel e, para pagamento do preço do mesmo, entrega dois cheques referentes a uma conta bancária que sabia estar cancelada, deste modo agindo por forma a convencer o vendedor que tal conta existia e que, nas datas respectivas, possuiria fundos suficientes para o pagamento em causa, assim o levando a entregar-lhe o referido veículo, com o que lhe veio a causar prejuízos e conseguiu um enriquecimento que sabia ser ilegítimo» (*Ac. de 10-05-2000, proc. n.º 838*)

(1) Como se colhe da leitura do artigo 217.º do CP, são elementos do tipo do crime de burla, a intenção pelo agente de enriquecimento ilegítimo, por meio de erro ou engano sobre factos que astuciosamente provocou e a prática consequente de actos pela vítima, que a si, ou a outrem, causem prejuízo patrimonial. (2) A astúcia posta pelo burlão tanto pode consistir na invocação de um facto falso, como na falsa qualidade, como na falsificação da escrita, ou outra qualquer. Interessa, apenas, que os factos invocados dêem a uma falsidade a aparência de verdade, ou, como diz a lei alemã, o burlão refira factos falsos ou

altere ou dissimule factos verdadeiros. (3) O burlão, actuando com destreza pretende enganar e surpreender a boa fé do burlado de forma a convencê-lo a praticar actos em prejuízo do seu património ou de terceiro. É indispensável, assim, que os actos além de astuciosos, sejam aptos a enganar, não se limitando o burlão a mentir, mentindo com engenho e habilidade, revelando uma maior intensidade no dolo e uma maior susceptibilidade dos outros serem convencidos. (4) Longe de envolver, de forma inevitável, a adopção de processos rebuscados ou engenhosos, a sagacidade do agente comporta uma regra de "economia de esforço", limitando-se o burlão ao que se mostra necessário em função das características da situação e da vítima. (5) A idoneidade do meio enganador utilizado pelo agente afere-se tomando em consideração as características do concreto burlado. (6) Haverá no entanto que sublinhar, que no mundo dos negócios no contexto da economia de mercado, assente nos mecanismos da livre concorrência, o sucesso emerge muitas vezes do superior conhecimento do sujeito acerca das características do concreto sector e, assim, em termos comparativos, do erro ou ignorância dos seus competidores, pelo que não será qualquer domínio-do-erro que importa consumação do delito, mas a sua instrumentalização em termos de atingir o cerne do princípio da boa fé objectiva, o que pode ser julgado em função das circunstâncias de cada caso, "aí compreendida a configuração material da conduta do agente" e a intolerabilidade concreta da eventual leviandade, passividade, ou mesmo, ingenuidade, patenteada pelo lesado. (7) Tendo os arguidos, depois de uma deliberação social em que foi acordado um aumento de capital, feito chegar aos assistentes, também eles sócios, um impresso em que estes deveriam declarar renunciar ao seu direito de preferência na subscrição desse aumento – alegando tratar-se de uma exigência do notário para lavrar a escritura do correspondente acto – e tendo aqueles assinado, os primeiros, quando logo subscreveram o capital deixado livre pela renúncia, não preencheram com tal conduta a previsão típica do crime de burla. (8) Com efeito, quem lida com deliberações sociais, mormente como no caso, relativas a sociedades comerciais, sabe – tem de saber – que o mundo dos negócios não é, rigorosamente, domínio privilegiado para actuações inocentes, mormente quando se trata, como tratou, de conceder uma declaração escrita de renúncia de direitos, pelo que mandava o mais elementar dever de diligência e bom senso que, antes da assinatura da falada declaração de renúncia, consultassem um técnico de direito ou mesmo o notário, questionando a valia e possíveis efeitos da invocada exigência, pelo que dificilmente se concebe que o domínio-do-erro, por banda dos arguidos, tivesse assumido conformação jurídico-penalmente relevante. (9) Por outro lado, devendo o exigido prejuízo patrimonial do burlado ou de terceiro corresponder, ao enriquecimento ilegítimo, do lado activo, nada indica que a renúncia do direito de preferência por banda dos assistentes e correlativo ingresso na esfera dos restantes sócios tivesse em si mesmo um valor patrimonial (era antes previsível que a sociedade viria a ter prejuízos), para além do que, para obtenção das respectivas acções, os adquirentes tiveram de desembolsar o correspondente capital. (*Ac de 18-10-2001, proc. n.º 2362/01-5, Relator: Cons. Pereira Madeira*).

(4) No caso dos autos, o erro da vítima foi ocasionado "não *expressis verbis* mas através de actos concludentes, i. e., de condutas que não consubstanciam, em si mesmas, qualquer declaração, mas, a um critério objectivo – a saber, de acordo com as regras da experiência e os parâmetros ético-sociais vigentes no sector da actividade –, se mostram adequadas a criar uma falsa convicção sobre certo facto passado, presente ou futuro". (5) A experiência comum e os padrões ético-sociais vigentes – as excepções só confirmam a regra – são de molde a interiorizar, pelos destinatários, que aqueles que agem em nome do Tribunal, numa concreta venda extra-judicial o fazem de boa fé, informando exacta e lealmente de todas as circunstâncias implicadas. (6) O recorrente agiu com dolo ao fabricar, perante a firma ofendida, através de factos concludentes, a aparência de um negócio regular de transmissão do direito ao trespasse e arrendamento, pela quantia e restantes condições acordadas.» (*Ac de 22-05-2002, Acs STJ X, 2, 206, Relator: Cons. Dinis Alves*)

Mas teve também este Tribunal ocasião para precisar os critérios atendíveis nciar, designadamente nos já mencionados Acórdãos de 20/3/2003 (proc. n.º 241/03-5) e de 3/2/2005 (proc. n.º 4745/04-5, ambos com o mesmo relator e os mesmos adjuntos). E entendeu, entendimento que se renova, que os actos astuciosos de que se serve o agente, além de astuciosos devem ser aptos a enganar, podendo o burlão utilizar expedientes constituídos ou integrados também por contratos civis.

Que a linha divisória entre a fraude, constitutiva da burla, e o simples ilícito civil, uma vez que dolo *in contrahendo* cível determinante da nulidade do contrato se configura em termos muito idênticos ao engano constitutivo da burla, inclusive quanto à eficácia causal para produzir e provocar o acto dispositivo, deve ser encontrada em diversos índices indicados pela Doutrina e pela Jurisprudência, tendo-se presente que o dolo *in contrahendo* é facilmente criminalizável desde que concorram os demais elementos estruturais do crime de burla.

A fraude penal.

Há, assim, fraude penal:

– quando há propósito *ab initio* do agente de não prestar o equivalente económico:
– quando se verifica dano social e não puramente individual, com violação do mínimo ético e um perigo social, mediato ou indirecto;
– quando se verifica um violação da ordem jurídica que, por sua intensidade ou gravidade, exige como única sanção adequada a pena;
– quando há fraude capaz de iludir o diligente pai de família, evidente perversidade e impostura, má fé, *mise-en-scène* para iludir;
– quando há uma impossibilidade de se reparar o dano;
– quando há intuito de um lucro ilícito e não do lucro do negócio

Na verdade, nos negócios, em que estão presentes mecanismos de livre concorrência, o conhecimento de uns e o erro ou ignorância de outros, determina o sucesso, apresentando-se o erro como um dos elementos do normal funcionamento da economia de mercado, sem que se chegue a integrar um ilícito criminal; mas pode também a fraude penal pode manifestar-se numa simples operação civil, quando esta não passa de engodo fraudulento usado para envolver e espoliar a vítima, com desprezo pelo princípio da boa fé, traduzindo-se num desvalor da acção que, por sua intensidade ou gravidade, tem como única sanção adequada a pena.

No caso concreto, está-se perante um contrato civil falsificado que depois foi usado numa acção cível destinada a obter a entrega dos bens, falsamente prometidos vender e falsamente já pagos, em que não havendo contrato celebrado, nunca houve vontade de realizar o negócio correspondente, mas antes não só uma decisão pré-concebida de não cumprir o contrato de promessa. O contrato civil falsificado não foi mais do que elemento do engano astuciosamente elaborado pela arguida, que necessitava dele para cumprir o plano meticulosamente laborado e executado, obtendo todas as contrapartidas "prometidas" no contrato que a nada corresponde, numa demonstração de patente má fé por parte da arguida, de absoluta deslealdade e desrespeito pelos legítimos interesses do Estado, a justificar uma reacção social traduzida numa pena criminal, toda a vez que estão presentes todos os outros elementos do tipo legal da burla.

Procede, assim, a pretensão do recorrente Ministério Público.

3.

Parte dispositiva.

Pelo exposto, acordam os juízes da (5.ª) Secção Criminal do Supremo Tribunal de Justiça em conceder provimento ao recurso trazido pelo Ministério Público e em consequência revogar o acórdão recorrido, devendo a Relação do Porto, pelos mesmos juízes se possível, tendo em consideração o que aqui se decidiu quanto à verificação do crime de burla qualificada, conhecer das restantes questões que teve por prejudicadas.

Sem custas.
Lisboa, 4 de Outubro de 2007.
Relator: Simas Santos

Um processo, duas acusações sucessivas, duas anulações em dois acórdãos

"O tribunal nunca poderia deixar de se pronunciar por si, *ex officio*, quanto aos efeitos intraprocessuais da existência algo incomum de duas acusações sucessivas no mesmo processo, ambas comportando exactamente os mesmos factos apenas divergindo nas qualificações jurídicas, ao menos, com vista a definir exactamente os limites do *thema decidendum* com que iria ter que lidar" – Acs. do S.T.J. de 25 de Janeiro de 2007 e de 5 de Setembro de 2007

Relatório do 1.º acórdão.

O Primeiro Acórdão:

• Acórdão do Supremo Tribunal de Justiça
Data: 25 de Janeiro de 2007
Relator: Juiz Conselheiro Dr. Pereira Madeira
Processo: 07P158

ACORDAM NO SUPREMO TRIBUNAL DE JUSTIÇA

1. O Ministério Público acusou o arguido AA, nascido a 18/12/1940, Procurador da República – Adjunto jubilado, imputando-lhe a prática de – um crime de abuso de poder p. p. pelo art. 382.º do Código Penal (CP);

– um crime de denúncia caluniosa p. e p. pelo art. 365.º, n.º 1 do CP;
– um crime de prevaricação p. p. no art. 369.º, n.º 4 do CP, pelos factos constantes do despacho de pronúncia de fls. 286 a 292 (vol. II).

O juiz de instrução, no despacho de pronúncia, datado de 14/05/1998, considerou que os factos configuravam a prática, além do mais, de quatro crimes de prevaricação, mas, porque o arguido só fora acusado pela prática de um desses crimes, entendeu «não dever pronunciá-lo pela prática de quatro crimes daquela natureza, sob pena de nulidade» – fls. 284 – verso. E por isso o pronunciou pela autoria de um só crime de prevaricação, previsto e punível pelo artigo 365.º, n.º 1, do Código Penal, além de outros que não vem ao caso mencionar.

Mantendo-se intocada a acusação e o correspondente despacho de pronúncia, por via de nova acusação deduzida posteriormente, ou seja, em 30/06/98, em apenso separado, mas com base exactamente nos mesmos factos, foram-lhe adicionalmente imputados outros três crimes de prevaricação p. e p. pelo art. 369.º, n.º 4 do CP – fls. 274 e segs. do apenso ao 2.º volume.

Efectuado o julgamento em 1.ª instância pelo Tribunal da Relação de Coimbra, veio a ser proferido acórdão em que foi decidido, além do mais: «Julgar extinto por prescrição o procedimento criminal no que concerne aos crimes de abuso de poder e denúncia caluniosa.» «Julgar provada a acusação no que diz respeito aos crimes de prevaricação condenando o arguido na pena de dois anos de prisão cuja execução se suspende por um período de dois anos.» Esta pena única é a resultante do cúmulo jurídico de «oito meses de prisão por cada um dos três crimes, correspondentes aos ofendidos que estiveram detidos mais tempo, e de sete meses de prisão relativamente ao ofendido BB que em relação aos restantes esteve detido menos tempo.»

Inconformado, e já depois de, junto deste mesmo Alto Tribunal, haver obtido em 9/10/2003, a anulação do primeiro julgamento efectuado (cfr. acórdão de fls. 1151 e segs.) e de, junto do Tribunal Constitucional haver sem êxito, tentado discutir a constitucionalidade de algumas das normas ali aplicadas, recorre de novo o arguido ao Supremo Tribunal de Justiça em suma assim delimitando conclusivamente o objecto do recurso:

1. O douto acórdão recorrido incorreu em nulidade por omissão de pronúncia, ao não tomar posição sobre a questão suscitada nos autos e reassumida nas alegações orais, da ilegalidade consistente na esdrúxula ampliação do objecto do processo, ao permitir ao MP essa "manobra", após o mesmo ter deduzido acusação por um só crime de prevaricação, acusação que veio a ampliar, mudando atrabiliária e deslealmente de critério, já após o despacho de pronúncia.
2. Assim violando o princípio do *fair trial*, consagrado no artigo 32.º, n.º 1, da Constituição da República, norma esta nos termos do artigo 18.º do diploma fundamental directamente aplicável.
3. E que, como tal, resultou violada. Como assim,
4. Deverão V.ªs E.xas, suprindo a referida omissão e procedendo a uma correcta aplicação do Direito, declarar inexistente a segunda acusação deduzida e, na verdade, ao arrepio do que fora considerado na primeira. Por outro lado,

5. Remediando V.ªs E.xas o írrito entendimento sufragado pelo acórdão deverão declarar que o conhecimento que o arguido tinha do decurso do processo expropriativo é juridicamente inoperante, uma vez que a entidade expropriante omitiu formalidades essenciais relativas ao processo expropriativo e destinadas à protecção dos cidadãos, no caso, do direito constitucionalmente assegurado à propriedade.
6. Como tal tendo sido violado o artigo 62.º da Constituição da República.
7. Identicamente violadas se mostram os números 1 e 4 do artigo 369.º do CP.
8. Na verdade, o tipo matricial definido no n.º 1 do referido inciso exige a existência de um processo, que é, por isso, um elemento objectivo do tipo incriminador.
9. Ora as detenções a que o arguido procedeu relevam, apenas, da medida cautelar prevista pelo artigo 250.º do Código de Processo Penal.
10. Ou seja, inexiste um dos elementos pertinentes ao âmbito da factualidade típica pelo que o arguido haverá, necessariamente, de ser absolvido dos crimes pelos quais foi condenado.
11. Ainda que se entenda que o arguido actuou em erro, nos termos do artigo 16.º do Código Penal. Por outro lado,
12. Existe um dos vícios elencados no artigo 410.º, 2, do CPP, na medida em que o Tribunal deu por demonstrada a consciência contra justum do arguido, concomitantemente à demonstração de que os Tribunais deram razão a este pondo em causa o âmago do processo expropriativo.
13. Quando assim se não entendesse, o acórdão terá de ser revogado, por ter considerado a actuação do recorrente no quadro da pluralidade criminosa, quando a mesma se deixa recortar pela figura da continuação criminosa.
14. Pelo que também resultou violado o n.º 2 do artigo 30.º do Código Penal, devendo, neste caso, o recorrente ser condenado por um só crime de prevaricação.
15. Até porque o elemento determinante do concurso real – condenação por quatro crimes de condenação [prevaricação] – só é permitido por uma errónea avaliação do bem jurídico em causa.
16. Na verdade, o artigo 369.º do CP, ao invés de proteger imediatamente bens jurídicos individuais, só mediatamente os protege, dado que o bem jurídico sobre o qual se erigem as condenações é a «realização da justiça». Desta forma, emergem, mais uma vez, violadas as preditas normas contidas no artigo 369.º, 1 e 4, do CP.

Respondeu o Ministério Público pelo Procurador-Geral Adjunto na Relação de Coimbra, em defesa do julgado.

As questões a decidir:

As questões a decidir.

1. Pretensa nulidade do acórdão por alegada omissão de pronúncia relativa à questão posta, nomeadamente em alegações orais, de ilegalidade da ampliação do objecto do processo para além da primeira acusação deduzida.
2. Existe um dos vícios elencados no artigo 410.º, 2, do CPP, na medida em que o Tribunal deu por demonstrada a consciência contra justum do arguido, concomitantemente à demonstração de que os Tribunais deram razão a este pondo em causa o âmago do processo expropriativo.
3. Inexistência da segunda acusação deduzida.
4. Inoperância do conhecimento do arguido do decurso do processo expropriativo, dadas as deficiências deste.
5. Inverificação dos elementos típicos do artigo 369.º do CP, no caso, «existência de um processo», ainda que se entenda que o arguido agiu por erro.
6. Quando assim se não entendesse, o acórdão terá de ser revogado, por ter considerado a actuação do recorrente no quadro da pluralidade criminosa, quando a mesma se deixa recortar pela figura da continuação criminosa, pelo que também resultou violado o n.º 2 do artigo 30.º do Código Penal, devendo, neste caso, o recorrente ser condenado por um só crime de prevaricação.

A 1.ª questão – nulidade do acórdão recorrido – porque prejudicial relativamente às demais postula uma decisão interlocutória que não versa sobre o fundo da causa, pelo que, ao abrigo do disposto no artigo 419.º, n.º 1, *c*), do Código de Processo Penal, veio o processo à conferência.

2. Colhidos os vistos legais e realizada a audiência, cumpre decidir.

UM PROCESSO, DUAS ACUSAÇÕES SUCESSIVAS, DUAS ANULAÇÕES EM DOIS ACÓRDÃOS

Factos provados

Em resultado de inventário obrigatório aberto por óbito de sua mãe, o arguido passou a ser comproprietário, juntamente com sua irmã, CC (identificada a fls. 110), na proporção de metade, de um prédio rústico denominado Lameiro, sito na freguesia de Cantanhede descrito na Conservatória do Registo Predial de Cantanhede sob o n.º 16210, a confrontar a norte com M... da C..., a sul com A... C...V... e outros, a nascente com A... C...V... e vala e a poente com estrada camarária e caminho.

Com vista ao alargamento e beneficiação da Estrada Nacional 234, entre Mira e Cantanhede e por tal necessário, foi aquele prédio, juntamente com outros, objecto de expropriação por utilidade pública urgente, cuja declaração, aprovada por despacho do Secretário de Estado das Obras Públicas de 4 de Abril de 1995, foi publicada no Diário da República, II Série, n.º 125, de 30 de Maio de 1995.

Deste facto e da instauração do processo expropriativo que se lhe seguiu teve o arguido conhecimento, pelo menos em data anterior a 28 de Maio de 1996, embora o prédio do arguido fosse ali incorrectamente referenciado como parcela pertença de A... P... de O....

Na sequencia disso, foi em 2 de Agosto de 1996 e 3 de Agosto de 1996 publicado no Diário de Coimbra e Jornal de Notícias, respectivamente, a autorização da posse administrativa da parcela referenciada com o n.º 14.10-A, por parte da Junta Autónoma de Estradas, com a informação do respectivo edital onde constava a identificação correcta da mesma, bem como a identificação correcta de um dos comproprietários – CC – vindo ali identificado o outro comproprietário, isto é, o ora arguido, sob o nome de AA, nome pelo qual é também conhecido (chamado) por algumas pessoas, tendo a investidura dessa posse ocorrido em 12 de Novembro de 1996.

No dia 10 de Fevereiro de 1997 o arguido tendo conhecimento do início das obras naquela via por parte da empresa "... Construtores, Ld.ª, com sede no lugar de S. Martinho, freguesia de Aguada de Cima, concelho de Águeda, à qual as mesmas foram adjudicadas, e de que elas haviam avançado sobre aquela parcela expropriada, deslocou-se ao local.

Aí, constatando que no prédio se encontrava parada a máquina industrial, tipo retro-escavadora, identificada a fls. 6, pertencente àquela firma, tratou de pôr termo à situação, isto é, de impedir o prosseguimento dos trabalhos no mesmo.

Firmado nesse propósito, e sem cuidar de recorrer aos meios judiciais próprios, tal como se lhe exigia, sabendo como sabia perfeitamente que aqueles trabalhos (obras), mais não eram afinal que o resultado da declarada expropriação e da superveniente investidura da posse na esfera da Junta Autónoma de Estradas, dirigiu-se pouco depois ao posto da GNR de Cantanhede, e aí, apresentou-se ao respectivo Comandante, perante o qual se identificou como Delegado do Procurador da República a exercer funções na Comarca de Albergaria-a-Velha, cargo de que tomou posse em 2 de Fevereiro de 1984.

E valendo-se dessa qualidade e do poder de que dispõe como autoridade judiciária, alegando contra a verdade de si conhecida que o prédio em causa não tinha sido expropriado e que o mesmo tinha sido ilicitamente ocupado, informando que do facto iria participar criminalmente, do mesmo passo solicitou colaboração para a imediata apreensão daquela máquina, fazendo erroneamente crer aquele agente da autoridade que a mesma se encontrava ilegalmente na sua propriedade.

Tal pretensão foi por isso prontamente satisfeita por aquele Comandante do Posto, que ficou persuadido da veracidade da versão do arguido, ordenado para o efeito a deslocação duma patrulha ao local, tendo sido lavrado o respectivo auto de apreensão conforme documento certificado da fls. 55 – 1.º vol., por ordem do próprio arguido, como dele consta. Foi nomeado fiel depositário da referida máquina o representante legal da firma proprietária e a notificação dessa apreensão foi feita via fax – cfr. documento certificado a fls. 56 – Vol.

Factos provados.

Ao agir desta forma o arguido quis propositadamente obstaculizar o prosseguimento dos trabalhos (obras) no prédio expropriado, aludido em 1-supra, sabendo que com tal comportamento ia causar como causou, prejuízos à JAE e à empresa adjudicatária das obras, resultante da paralisação das mesmas.

E fez também uso de um poder, que embora integrado no âmbito das suas funções próprias de Magistrado do Ministério Público, foi exercido fora da área orgânica da sua jurisdição e utilizado para fazer valer uma pretensão, em clara violação dos deveres de isenção, lealdade e imparcialidade a que estava obrigado.

O arguido acabou por concretizar depois disso a sua intenção de participar criminalmente, apresentando no Posto da Guarda Nacional Republicana de Cantanhede uma queixa contra o legal representante da empresa "R... Construtores Lda., o Engenheiro BB – Director de estrada do Distrito de Coimbra, o engenheiro supervisor dos trabalhos, o encarregado das obras e o manobrador de máquina – cfr. documento certificado a fls. 47 e 48 – I vol.

Nessa queixa imputou a estes a prática de um crime de introdução em lugar vedado ao público p. e p. pelo art. 191.º do CP, e um crime de dano p. e p. pelo art. 212.º, n.º 1 do citado Código, por alegadamente, os dois primeiros haverem ordenado a entrada da máquina no prédio objecto de expropriação. E os segundos haverem orientado e executado os trabalhos ali realizados de revolvimento de terras, com manifesta intenção de destruir danificar e tornar não utilizável o respectivo terreno, causando dessa forma, prejuízos, sem que para tal estivessem devida e legalmente autorizados.

Fê-lo, porém, com consciência da falsidade de tal imputação, sabendo como sabia estarem aqueles trabalhos justificados em resultado da expropriação e do carácter urgente a esta atribuído, e também com intenção declarada de contra os denunciados ser instaurado procedimento criminal, como efectivamente aconteceu, dando origem ao inquérito n.º 89/97 dos serviços do Ministério Público junto da comarca de Cantanhede.

No seguimento dos factos supra descritos nos pontos 5 a 11, o arguido, dois dias após, em 12 de Fevereiro de 1997, cerca das 8 h 30, ao verificar que a máquina objecto do auto de apreensão estava a ser utilizada nos trabalhos referidos e que nela se encontrava o respectivo manobrador, encarregado da empresa "R... Construtores, Lda., de nome DD, identificado nos autos, deu a este voz de prisão, ordem que não chegou a executar por o mesmo se ter afastado do local e não acatar aquela ordem.

De seguida contactou de novo o Comandante do Posto da GNR de Cantanhede a quem mais uma vez solicitou que disponibilizasse uma patrulha para o acompanhar e proceder à detenção daquele manobrador e de outros eventuais responsáveis da empresa pelo prosseguimento dos trabalhos e utilização da máquina.

Ao que o mesmo acedeu, confiante de que o arguido, tratando-se de um Magistrado do Ministério Público decerto haveria bom fundamento para tais detenções.

Pouco depois, cerca das 9h 30, o arguido acompanhado da patrulha da GNR, abordou o engenheiro responsável pelas obras, EE, identificado nos autos, a quem de imediato pediu a identificação, que prontamente lhe foi dada e invocando o facto de a máquina estar a operar no seu terreno, deu-lhe voz de prisão.

E minutos depois, vindo também à sua presença o referido manobrador, bem como o encarregado de obras, FF, identificado nos autos, a estes pediu igualmente a identificação e, depois de a obter, deu-lhes também voz de prisão.
Como entretanto chegou ao local o Director de Estradas do Distrito de Coimbra, o já referido Engenheiro BB, a quem o arguido se dirigiu e identificando-se como Delegado do Procurador da República, exibindo o seu cartão profissional, sem qualquer justificação deu-lhe voz de prisão, após aquele se ter identificado, a seu pedido.

Depois disso a todos encaminhou como detidos, para o Posto da GNR de Cantanhede onde os manteve nessa situação desde as 10 h 30 até cerca das 13 h00 desse dia, à excepção do Engenheiro BB cuja saída autorizou cerca de uma hora antes.

Por volta as 13 horas autorizou o arguido a saída das demais pessoas mandando-as comparecer pelas 14 horas no Tribunal Judicial da Cantanhede.

Uma vez aqui foram apresentados à Magistrada do Ministério Público junto da comarca, tendo por esta sido lavrado despacho em que se limitou a constitui-los arguidos, sujeitando-os a termos de identidade e residência e a designar data para o seu interrogatório.

Ao assim os submeter, como submeteu a tal medida privativa de liberdade o arguido bem sabia que não havia fundamento legal para tal.

Posteriormente aos factos atrás citados, ou seja em 27.03.97, o arguido apresentou no 2.º Juízo da Comarca de Cantanhede o processo de reclamação, ali registado com o n.º 66/97 que obteve decisão favorável prolatado em 27.12.97, com trânsito em julgado – cfr. fls. 751 a 757 V vol.

Também em data posterior aos factos atrás citados, pontos 2 a 24, ou seja em 18.2.97 o arguido e mulher requereram no Tribunal Judicial de Cantanhede o embargo de obra, no prédio referido em 1 supra, o qual veio a ser deferido favoravelmente aos requerentes em recurso de agravo, sob o n.º 1259/97, por decisão desta Relação em 22.9.98 – cfr. doc. fls. 759 e 776 V vol.

Em data posterior aos factos apontados de 1 a 24, o arguido instaurou recurso contencioso de anulação do acto de declaração de utilidade pública referida em 2 supra, perante o Supremo Tribunal Administrativo, ali distribuído sob o n.º 42.307 à 1.ª Secção, 1.ª Subsecção conforme petição de fls. 794 a 802 do V vol.

A parcela em nome de A... P... de O... publicada no mapa anexo ao Diário da República II Série n.º 125 de 30.6.95 não corresponde ao terreno de que o arguido é comproprietário e aludido nos pontos 1 supra, sendo que o lugar de Fontinha é o endereço do proprietário e não o local onde se situa a parcela, como se pode ler pelo cabeçalho do respectivo mapa anexo a fls. 126 e seg. I vol.

A nota referida no documento fotocopiado a fls. 123 junto com a contestação está subscrita com o nome de BB.

As parcelas 14.10 e 14.11 A que são compropriedade do arguido situam-se nas freguesias de Cantanhede e Pocariça.

O nome do arguido, sua mãe e seus pais não constam do Diário da República junto a fls. 125 a 144 – I vol.

O pai do arguido chamava-se A... R... dos S... e a mãe M... dos R... G... de O....

O arguido apresentou a queixa na GNR de Cantanhede – documentos de fls. 370 e 380 – 3.º vol. – que deu origem ao inquérito n.º 90/97 dos Serviços do Ministério Público daquela comarca, o qual veio a ser arquivado conforme despacho do M.º P.º certificado a fls. 153 157. I Vol.

O arguido é pessoa geralmente estimada por aqueles que com ele privaram e privam pelas suas qualidades de carácter e honradez.

Foi efectuado exame às faculdades mentais do arguido pelo Instituto de Medicina legal de Coimbra cujo relatório se encontra a fls. 667 e 686-IV vol, e no qual se conclui que o mesmo tem uma imputabilidade atenuada.

Do certificado de registo criminal do arguido nada consta – fls. 261 II vol.

Encontra-se desligado do serviço desde 9 de Maio de 2001, por motivo de aposentação – jubilação – cfr. doc. 532– IV –Vol.

O arguido telefonou pelo menos quatro vezes ao Director de Estradas do Distrito de

Coimbra – Engenheiro BB antes do dia 10 de Fevereiro de 1997, abordando o assunto da expropriação do seu terreno referido no ponto 1 supra.

Factos não provados

Que o arguido pretendeu beneficiar de uma posição negocial mais favorável ao obstaculizar os trabalhos do prédio expropriado aludido em 1.

Que fosse o arguido a comunicar, via fax, a nomeação do legal representante da proprietária, como fiel depositário da máquina aprendida.

Que o arguido nunca teve conhecimento de que o prédio aludido no ponto 1 supra fora objecto de expropriação e que só em 10 de Março de 1997 teve conhecimento dessa expropriação através dos documentos juntos ao processo de embargo de obra nova n.º 37/97 que intentou pela 1.ª Secção do Tribunal Judicial de Cantanhede, contra a JAE.

Que o arguido só após ter requerido o já mencionado embargo de obra nova, teve conhecimento de que as parcelas de que é comproprietário tinham sido objecto de declaração de utilidade pública.

Que nunca teve conhecimento das publicações que terão sido feitas no Diário de Coimbra e no diário de Notícias.

Que o arguido seja conhecido, ou o fosse ao tempo, por quem quer que seja, pelo dito nome constante da pronúncia.

Que o auxílio que o arguido solicitou à GNR de Cantanhede se tivesse destinado exclusivamente a proceder à identificação dos detidos perante o circunstancialismo constante dos pontos 16 a 19 do requerimento de abertura da instrução tivesse ordenado aos cidadãos supra referidos que se identificassem.

Não se provou que o arguido se tivesse limitado a solicitar ao Engenheiro BB a respectiva disponibilidade para deslocar-se ao Posto da GNR de Cantanhede, a fim de contribuir para deslindar toda a situação e esclarecer o conteúdo das conversas telefónicas entre ambas travada da matéria de facto constante dos artigos 77, 81, 82 e 83.

Questões jurídicas.

Questões de direito

Importa, vestibularmente, conhecer da alegada nulidade do acórdão recorrido – 1.ª questão constante do rol das que se sumariaram – na certeza de que o seu conhecimento constitui *questão prévia* ao conhecimento do mérito do recurso.

Como se vê do relatório efectuado supra, o processo que levou à impugnada condenação do arguido assenta em *duas acusações* exactamente pelos mesmos factos:

– Uma desembocou no despacho de pronúncia de fls. 286 a 292 (vol. II) que teve como indiciados:

– *um crime de abuso de poder p. p. pelo art. 382.º do Código Penal (CP);*
– *um crime de denúncia caluniosa p. e p. pelo art. 365.º, n.º 1 do CP;*
– *um crime de prevaricação p. p. no art. 369.º, n.º 4 do CP.*
– Pela outra, mera reprodução dos factos da primeira, repete-se, e com o objectivo implícito de ultrapassar a qualificação jurídica fixada no despacho de pronúncia, (aliás, seguindo a que a primeira acusação adoptara, ou seja, que os factos preenchiam a prática pelo arguido de um único crime de prevaricação), *foi adicionalmente imputada ao arguido a prática de outros três crimes de prevaricação p. e p. pelo art. 369.º, n.º 4, do CP* – fls. 274 e segs. do apenso ao 2.º volume.

Esta circunstância processual emerge da formulação do próprio relatório do acórdão recorrido que, não obstante, em lado algum, nomeadamente na fase saneadora que deve preceder a fundamentação, lhe faz a mínima referência.

Isto, apesar de o arguido, pelo menos desde a motivação do primeiro recurso que moveu junto deste Alto Tribunal contra uma primeira deliberação que viria a ser anulada por acórdão de 9/10/2003 (fls. 1151 e segs), haver profusamente alertado para esta situação que sempre houve como processualmente incomportável.

Tanto assim que, *só esta questão* motivou, por parte do Ministério Público então como agora recorrido e respondente, uma desenvolvida resposta ao recurso de outrora, e que vai de fls. 1127 a 1131.

Aliás, como também ficou exposto, o recorrente, expressamente, refere na conclusão 1.ª supra transcrita do actual recurso, a fls. 1333, ter sido a questão «*reassumida nas alegações orais*», o que, como pode ver-se da resposta do Ministério Público a fls. 1343, não é de modo algum contrariado, antes implicitamente admitido, já que ali, sem objecção alguma, se responde ponto por ponto àquela questão, ao que parece, assim, apenas alheia a quem devia decidir sobre ela, ou seja, o tribunal da causa.

De resto, já na contestação escrita de fls. 365, portanto antes mesmo do primeiro julgamento, o recorrente aflorou a questão quando se referiu à pronúncia como peça delimitadora do objecto do processo nestes autos. De facto, no ponto 59, afirma: «*ex adverso* do alegado no ponto 17. *da peça que fixa o objecto do processo dos presentes autos...*», ou seja, a única pronúncia existente.

Para além de que, em 24/02/2003, o mesmo arguido juntou aos autos um Parecer da autoria do Prof. Faria e Costa, de cujas conclusões – fls. 1107 a 1114 – se extrai que é esta a questão principal objecto da consulta, ou, pelo menos, uma das principais, como o comprovam as respectivas primeiras 14 conclusões.

A junção de documentos ou pareceres, ao menos enquanto infirmem a posição da acusação, tem de haver-se – pelo menos em processo penal, onde tal peça processual não está sujeita a formalidades especiais *ut* art. 315.º, n.º 2, do Código de Processo Penal – uma forma bastante de contestação, sendo certo que, como resulta do diploma adjectivo subsidiário – art. 525.º do Código de Processo Civil – os pareceres podem ser juntos nos tribunais de primeira instância (como era o caso), em qualquer estado do processo.

Portanto, qualquer que seja a via processual seguida, trata-se de questão *suscitada* e, mais que isso, *essencial* para se assentar no legítimo *objecto do processo* a ter em conta, e, por isso, a merecer incontornável consideração prévia no saneamento a que o tribunal haveria de proceder no limiar da audiência, tal como emerge, nomeadamente, do disposto no artigo 338.º do Código de Processo Penal.

Tão essencial, que dela depende a sobrevivência de parte substancial da condenação (mais precisamente, a que assenta na «2.ª acusação», e que motivou a condenação por 3 dos 4 crimes de prevaricação.

Aliás, e não menos importante, mesmo que não houvesse sido explicitamente suscitada, era questão de que o tribunal deveria conhecer *a se*, pois, na estrutura acusatória do processo penal português que lhe é atribuída, nomeadamente, pelo artigo 32.º, n.º 5, da Constituição, a acusação é o elemento estruturante de definição do objecto do processo, não podendo o tribunal promovê-lo para além dos limites daquela, (*ne procedat judex ex officio*), nem condenar para além dos da acusação (*sententia debet esse conformis libello*).

A definição do *thema decidendum* pela acusação é, assim, uma consequência da estrutura acusatória do processo penal.

Neste contexto, nunca o tribunal poderia deixar de se pronunciar por si, *ex officio*, quanto aos efeitos intraprocessuais da existência algo incomum de duas acusações sucessivas no mesmo processo, ambas comportando exactamente os mesmos factos apenas divergindo nas qualificações jurídicas, ao menos, com vista a definir exactamente os limites do *thema decidendum* com que iria ter que lidar, enfim, decidindo previamente como se articulam as duas acusações, melhor, a segunda acusação com a pronúncia anterior já transitada em julgado, se aquele *thema* se mantém nos limites do despacho de pronúncia, se se alargou e em que termos, por via da segunda acusação, se tal alargamento era processualmente admissível, quais as suas consequências em relação aos confins da pronúncia já então fixada, em suma, quais as coordenadas constitucionais e legais a que tal situação processual deve ser aferida – cfr., além do mais, arts. 311.º, n.º 1, 327.º, n.º 1 e 338.º, n.º 1, todos do Código de Processo Penal.

A omissão de pronúncia.

A omissão de pronúncia sobre tal questão essencial implica, nos termos do disposto no artigo 379.º, n.º 1, *c*), do mesmo diploma adjectivo, a nulidade do aresto recorrido, sendo certo que foi arguida pelo recorrente, mas nem sequer necessitava de o ser, já que podia ser oficiosamente conhecida em recurso, tal como emerge do n.º 2 do mesmo artigo.

A existência de tal nulidade compromete irremediavelmente o conhecimento das demais questões postas pelo recorrente, conhecimento que, assim, fica prejudicado.

3. Termos em que:

a) Por omissão de pronúncia, nos termos expostos, declaram nulo o acórdão recorrido que deve ser substituído por outro, lavrado pelos mesmos juízes, em que seja conhecida a questão omitida, daí se extraindo depois as consequências adequadas.
b) Julgam prejudicado o conhecimento das demais questões.

Sem tributação

Supremo Tribunal de Justiça, 25 de Janeiro de 2007
Pereira Madeira (relator)
Simas Santos
Santos Carvalho

UM PROCESSO, DUAS ACUSAÇÕES SUCESSIVAS, DUAS ANULAÇÕES EM DOIS ACÓRDÃOS

O Segundo Acórdão:

Acórdão do Supremo Tribunal de Justiça
Data: 05 de Setembro de 2007
Relator: Juiz Conselheiro Dr. Pires da Graça
Processo: 2080/07 – 3.ª (Inédito)

ACORDAM NO SUPREMO TRIBUNAL DE JUSTIÇA

Relatório do 2.º acórdão.

Nos autos de processo comum com o n.º 790/98, do Tribunal da Relação de Coimbra, o arguido António… casado, filho de … e …., nascido a …no lugar de …, Oliveira do Bairro e residente na Avenida …, Procurador da República-Adjunto jubilado, foi acusado pelo Digno Magistrado do Ministério Público que lhe imputou a prática de:

– um crime de abuso de poder p. p. pelo art. 382.º do Código Penal (CP);
– um crime de denúncia caluniosa p. e p. pelo art. 365.º, n.º 1 do CP;
– um crime de prevaricação p. p. no art. 369.º, n.º 4 do CP, pelos factos constantes do **despacho de pronúncia** de fls. 286 a 292 (vol. II)

Foram-lhe ainda imputados três crimes de prevaricação ps. e ps. pelo art. 369.º, n.º 4 do CP pela factualidade constante da acusação de fls. 274.º e segs. do apenso ao 2.º volume.

O arguido, na contestação apresentada no volume III – fls. 346 a 375 – suscitou a questão prévia da suspensão do presente processo face à pendência no Supremo Tribunal Administrativo do recurso contencioso de anulação ali registado com o n.º 42.307.

Realizado o julgamento, o Tribunal da Relação de Coimbra, proferiu acórdão em 28 de Junho de 2006 que decidiu indeferir a requerida suspensão do processo, e:

"– Julgar extinto por prescrição o procedimento criminal no que concerne aos crimes de abuso de poder e denúncia caluniosa.
– Julgar provada a acusação no que diz respeito aos crimes de prevaricação condenando o arguido na pena de dois anos de prisão cuja execução se suspende por um período de dois anos.

O arguido pagará 15 (quinze) Ucs de taxa de justiça que será acrescida de 1% nos termos do art. 13.º, n.º 3 do D.L. 423/91 de 30/10.

Transitado remeta:

– Remeta boletins ao CICC
– Comunique à Procuradoria – Geral da República."

★★★

Inconformado, recorreu o arguido, apresentando as seguintes conclusões:

B1: O douto acórdão recorrido errou ao não determinar a suspensão do processo até que fosse conhecida a decisão do recurso interposto para o Pleno do Supremo Tribunal Administrativo, por parte do Secretário de Estado das Obras Públicas.
B2: e, como tal, ao fazer apelo implícito ao disposto no art. 7.º do Código de Processo Penal, tanto mais que aquela causa já estava pendente na jurisdição competente.
Por outro lado,
B3: a junção aos autos de certidão, com nota de trânsito em julgado da decisão do referido alto Tribunal, é ilícita face ao disposto no n.º 2 do artigo 706.º do Código de Processo Civil, aplicável por força do artigo 4.º do Código de Processo Penal. Acresce que,
B4: devem V.as Ex.as nesta sequência argumentativa, uma vez que julgam em "apelação", proceder à rectificação da matéria de facto dado como assente pelo acórdão recorrido, face ao constante daquele outro do Supremo Tribunal Administrativo. Acresce que,
B5: no que toca à questão das "duas acusações" deduzidas nos autos não só não convence, salvo o devido respeito, a argumentação aduzida no acórdão, como a mesma é irrita, por

desconsideração, pura e simples, do disposto no n.º 2 do artigo 24.º do Código de Processo Penal. Mas há mais:

B6: a segunda acusação deduzida viola o princípio da lide leal ou do *fair trial*, com assento no n.º 1 do artigo 32.º da Constituição da República Portuguesa, norma esta, de resto, directamente aplicável.

B7: Também se afiguraria sempre credor de censura a condenação do arguido no quadro da pluralidade criminosa, sendo certo que o tribunal *a quo*, salvo o devido respeito, uma vez mais, errou, ao não considerar a actuação do arguido no quadro da unidade criminosa, assim resultando violado o disposto no artigo 30.º n.º 2 do Código Penal, norma desconsiderada pelo douto colégio de Exmos Juízes Desembargadores.

B8: ainda que se considerando que o arguido agiu em erro, nos termos do n.º 2 do artigo 16.º do Código Penal. A terminar:

B9: não concordando v.as Ex.as com as precedentes considerações, então devem proceder à anulação do julgamento, com reenvio do processo, para que seja dada observância ao aqui falado acórdão do Supremo Tribunal Administrativo. Ou então,

B10: julgando V.as Ex.as em "apelação", deverão proceder, face aos dados resultantes do aresto acabado de referir, alterar a matéria de facto e, nesta sequência considerarem que os factos atendíveis não permitem a subsunção da conduta do arguido nos elementos típicos do crime de prevaricação e absolver o arguido.

Respondeu o Ex.mo Procurador-Geral Adjunto à motivação de recurso, limitando-se a reafirmar a posição já manifestada na resposta de fls 1341 e segs., aqui por reproduzida.

Neste Supremo, o Ministério Público p. se designasse data para audiência.

Foi o processo a vistos, e realizou-se a audiência pública, com as formalidades legais.

É a seguinte a fundamentação da Relação, em matéria de facto:

Factos provados.

A. *Factos dados como provados*:

1. Em resultado de inventário obrigatório aberto por óbito de sua mãe, o arguido passou a ser comproprietário, juntamente com sua irmã, Maria… (identificada a fls. 110), na proporção de metade, de um prédio rústico denominado …, sito na freguesia de … descrito na Conservatória do registo Predial de Cantanhede sob o n.º …, a confrontar a norte com …., a sul com … e outros, a nascente com … e vala e a poente com estrada camarária e caminho.

2. Com vista ao alargamento e beneficiação da Estrada Nacional …, entre Mira e Cantanhede e por tal necessário, foi aquele prédio, juntamente com outros, objecto de expropriação por utilidade pública urgente, cuja declaração, aprovada por despacho de Sua Excelência o Secretário de Estado das Obras Públicas de 4 de Abril de 1995, foi publicada no Diário da República, II Série, n.º 125, de 30 de Maio de 1995.

3. Deste facto e da instauração do processo expropriativo que se lhe seguiu teve o arguido conhecimento, pelo menos em data anterior a 28 de Maio de 1996, embora o prédio do arguido fosse ali incorrectamente referenciado como parcela pertença de Amadeu….

4. Na sequência disso, foi em 2 de Agosto de 1996 e 3 de Agosto de 1996 publicado no Diário de Coimbra e Jornal de Notícias, respectivamente, a autorização da posse administrativa da parcela referenciada com o n.º 14.10-A, por parte da Junta Autónoma da Estrada, com a informação do respectivo edital onde constava a identificação correcta da mesma, bem como a identificação correcta de um dos comproprietários – Maria … – vindo ali identificado o outro comproprietário, isto é, o ora arguido, sob o nome de António A…, nome pelo qual é também conhecido(chamado) por algumas pessoas, tendo a investidura dessa posse ocorrido em 12 de Novembro de 1996.

5. No dia 10 de Fevereiro de 1997 o arguido tendo conhecimento do início das obras naquela via por parte da empresa "…., Ld.ª, com sede no lugar …, freguesia de …., concelho de … a qual as mesmas foram adjudicadas, e de que elas haviam avançado sobre aquela parcela expropriada, deslocou-se ao local.

6. Aí, constatando que no prédio se encontrava parada a máquina industrial, tipo retroescavadora, identificada a fls. 6, pertencnete àquela firma, tratou de pôr termo à situação, isto é, de impedir o prosseguimento dos trabalhos no mesmo.

7. Firmado nesse propósito, e sem cuidar de recorrer aos meios judiciais próprios, tal como se lhe exigia, sabendo como sabia perfeitamente que aqueles trabalhos (obras), mais não eram afinal que o resultado da declarada expropriação e da superveniente investidura da posse na esfera da Junta Autónoma de Estradas, dirigiu-se pouco depois ao posto da GNR de Cantanhede, e aí, apresentou-se ao respectivo Comandante, perante o qual se identificou como delegado do Procurador da república a exercer funções na Comarca de ..., cargo de que tomou posse em 2 de Fevereiro de 1984.

8. E valendo-se dessa qualidade e do poder de que dispõe como autoridade judiciária, alegando contra a verdade de si conhecida que o prédio em causa não tinha sido expropriado e que o mesmo tinha sido ilicitamente ocupado, informando que do facto iria participar criminalmente, do mesmo passo solicitou colaboração para a imediata apreensão daquela máquina, fazendo erroneamente crer aquele agente da autoridade que a mesma se encontrava ilegalmente na sua propriedade.

9. Tal pretensão foi por isso prontamente satisfeita por aquele Comandante do Posto, que ficou persuadido da veracidade da versão do arguido, ordenado para o efeito a deslocação duma patrulha ao local, tendo sido lavrado o respectivo auto de apreensão conforme documento certificado da fls. 55 – 1.º vol., por ordem do próprio arguido, como dele consta. Foi nomeado fiel depositário da referida máquina o representante legal da firma proprietária e a notificação dessa apreensão foi feita via fax – cfr. documento certificado a fls. 56 – Vol.

10. Ao agir desta forma o arguido quis propositadamente obstaculizar o prosseguimento dos trabalhos(obras) no prédio expropriado, aludido em 1-supra, sabendo que com tal comportamento ia causar como causou, prejuízos à JAE e à empresa adjudicatária das obras, resultante da paralisação das mesmas.

11. E fez também uso de um poder, que embora integrado no âmbito das suas funções próprias de Magistrado do Ministério Público, foi exercido fora da área orgânica da sua jurisdição e utilizado para fazer valer uma pretensão, em clara violação dos deveres de isenção, lealdade e imparcialidade a que estava obrigado.

12. O arguido acabou por concretizar depois disso a sua intenção de participar criminalmente, apresentando no Posto da Guarda Nacional Republicana de Cantanhede uma queixa contra o legal representante da empresa "Rosa Construtores Ld.ª", o Engenheiro .... – Director de estrada do Distrito de Coimbra, o engenheiro supervisor dos trabalhos, o encarregado das obras e o manobrador de máquina – cfr. documento certificado a fls. 47 e 48 – I vol.

13. Nessa queixa imputou a estes a prática de um crime de introdução em lugar vedado ao público p. e p. pelo art. 191.º do CP, e um crime de dano p. e p. pelo art. 212.º, n.º 1 do citado Código, por alegadamente, os dois primeiros haverem ordenado a entrada da máquina no prédio objecto de expropriação. E os segundos haverem orientado e executado os trabalhos ali realizados de revolvimento de terras, com manifesta intenção de destruir danificar e tornar não utilizável o respectivo terreno, causando dessa forma, prejuízos, sem que para tal estivessem devida e legalmente autorizados.

14. Fê-lo porém, com consciência da falsidade de tal imputação, sabendo como sabia estarem aqueles trabalhos justificados em resultado da expropriação e do carácter urgente a esta atribuído, e também com intenção declarada de contra os denunciados ser instaurado procedimento criminal, como efectivamente aconteceu, dando origem ao inquérito n.º 89/97 dos serviços do Ministério Público junto da comarca de Cantanhede.

15. No seguimento dos factos supra descritos nos pontos 5 a 11, o arguido, dois dias após, em 12 de Fevereiro de 1997, cerca das 8 h 30, ao verificar, que a máquina objecto do auto de apreensão estava a ser utilizada nos trabalhos referidos e que nela se encontrava o respectivo manobrador, encarregado da empresa ..., Ld.ª, de nome Fernando ...., identificado nos autos, deu a esta voz de prisão, ordem que não chegou a executar por o mesmo se ter afastado do local e não acatar aquela ordem.

16. De seguida contactou de novo o Comandante do Posto da GNR de Cantanhede a quem mais uma vez solicitou que disponibilizasse uma patrulha para o acompanhar e proceder à detenção daquele manobrador e de outros eventuais responsáveis da empresa pelo prosseguimento dos trabalhos e utilização da máquina.

17. Ao que o mesmo acedeu, confiante de que o arguido, tratando-se de um Magistrado do Ministério Público decerto haveria bom fundamento para tais detenções.

18. Pouco depois, cerca das 9h 30, o arguido acompanhado da patrulha da GNR, abordou o engenheiro responsável pelas obras, Jorge ...., identificado nos autos, a quem de imediato pediu a identificação, que prontamente lhe foi dada e invocando o facto de a máquina estar a operar no seu terreno, deu-lhe voz de prisão.

19. E minutos depois, vindo também à sua presença o referido manobrador, bem como o encarregado de obras, Amorim …., identificado nos autos, a estes pediu igualmente a identificação e, depois de a obter, deu-lhes também voz de prisão.

20. Como entretanto chegou ao local o Director de estradas do Distrito de Coimbra, o já referido engenheiro Zéfiro Rodrigues, a quem o arguido se dirigiu e identificando-se como Delegado do Procurador da República, exibindo o seu cartão profissional, sem qualquer justificação deu-lhe voz de prisão, após aquele se ter identificado, a seu pedido.

21. Depois disso a todos encaminhou como detidos, para o Posto da GNR de Cantanhede onde os manteve nessa situação desde as 10 h 30 até cerca das 13 h00 desse dia, à excepção do Engenheiro …. cuja saída autorizou cerca de uma hora antes.

22. Por volta as 13 horas autorizou o arguido a saída das demais pessoas mandando-as comparecer pelas 14 horas no Tribunal Judicial da Cantanhede.

23. Uma vez aqui foram apresentados à Magistrada do Ministério Público junto da comarca, tendo por esta sido lavrado despacho em que se limitou a constitui-los arguidos, sujeitando-os a termos de identidade e residência e a designar data para o seu interrogatório.

24. Ao assim os submeter, como submeteu a tal medida privativa de liberdade o arguido bem sabia que não havia fundamento legal para tal.

25. Posteriormente aos fatos atrás citados ou seja em 27.03.97 o arguido apresentou no 2.º Juízo da Comarca de Cantanhede o processo de reclamação, ali registado com o n.º …. que obteve decisão favorável prolatado em 27.12.97, com trânsito em julgado – cfr. fls. 751 a 757 V vol.

26. Também em data posterior aos factos atrás citados, pontos 2 a 24, ou seja em 18.2.97 o arguido e mulher requereram no Tribunal Judicial de Cantanhede o embargo de obra, no prédio referido em 1 supra, o qual veio a ser deferido favoravelmente aos requerentes em recurso de agravo, sob o n.º …, por decisão desta relação em 22.9.98 – cfr. doc. Fls. 759 e 776 V vol.

27. Em data posterior aos factos apontados de 1 a 24, o arguido instaurou recurso contencioso de anulação do acto de declaração de utilidade pública referida em 2 supra, perante p Supremo Tribunal Administrativo, ali distribuído sob o n.º … à 1.ª Secção, 1.ª Subsecção conforme petição de fls. 794 a 802 do V vol.

28. A parcela em nome de Amadeu Pessoa de Oliveira publicado no mapa anexo ao Diário da república II Série n.º 125 de 30.6.95 não corresponde ao terreno de que o arguido é comproprietário e aludido nos pontos 1 supra, sendo que o lugar de F…. é o endereço do proprietário e não o local onde se situa a parcela, como se pode ler pelo cabeçalho do respectivo mapa anexo a fls. 126 e seg. I vol.

29. A nota referida no documento fotocopiado a fls. 123 junto com a contestação está subscrito com o nome de ….

30. As parcelas 14.10 e 14.11 A que são compropriedade do arguido situam-se nas freguesias de Cantanhede e Pocariça.

31. O nome do arguido, sua mãe e seus pais não constam do Diário da República junto a fls. 125 a 144 –I vol.

32. O pai do arguido chamava-se Amadeu … e a mãe Maria … .

33. O arguido apresentou a queixa na GNR de Cantanhede – documentos de fls. 370 e 380 – 3.º vol. – que deu origem ao inquérito n.º … dos Serviços do Ministério Público daquela comarca, o qual veio a ser arquivado conforme despacho do M.º P.º certificado a fls. 153 157. I VOL.

34. O arguido é pessoa geralmente estimada por aqueles que com ele privaram e privam pelas suas qualidades de carácter e honradez.

35. Foi efectuado exame ás faculdades mentais do arguido pelo Instituto de Medicina legal de Coimbra cujo relatório se encontra a fls. 667 e 686-IV vol. e se dá por reproduzido, e no qual se conclui que o mesmo tem uma imputabilidade atenuada.

36. Do certificado de registo criminal do arguido nada consta – fls. 261 II vol.

37. Encontra-se desligado do serviço desde 9 de Maio de 2001, por motivo de aposentação -jubilação – cfr. doc. 532– IV–Vol.

38. O arguido telefonou pelo menos quatro vezes ao Director de estradas do Distrito de Coimbra – Engenheiro Zéfiro Rodrigues antes do dia 10 de Fevereiro de 1997, abordando o assunto da expropriação do seu terreno referido no ponto 1 supra.

B. *Factos não provados*:

39. Que o arguido pretendeu beneficiar de uma posição negocial mais favorável ao obstaculizar os trabalhos do prédio expropriado aludido em 1.
40. Que fosse o arguido a comunicar, via fax, a nomeação do legal representante da proprietária, como fiel depositário da máquina aprendida.
41. Que o arguido nunca teve conhecimento de que o prédio aludido no ponto 1 supra fora objecto de expropriação e que só em 10 de Março de 1997 teve conhecimento dessa expropriação através dos documentos juntos ao processo de embargo de obra nova n.º 37/97 que intentou pela 1.ª Secção do Tribunal Judicial de Cantanhede, contra a JAE.
42. Que o arguido só após ter requerido o já mencionado embargo de obra nova, teve conhecimento de que as parcelas de que é comproprietário tinham sido objecto de declaração de utilidade pública.
43. Que nunca teve conhecimento das publicações que terão sido feitas no Diário de Coimbra e no Diário de Notícias.
44. Que o arguido seja conhecido, ou o fosse ao tempo, por quem quer que seja, pelo dito nome constante da pronúncia.
45. Que o auxílio que o arguido solicitou à GNR de Cantanhede se tivesse destinado exclusivamente a proceder à identificação dos detidos perante o circunstancialismo constante dos pontos 16 a 19 do requerimento de abertura da instrução tivesse ordenado aos cidadãos supra referidos que se identificassem.
46. Não se provou que o arguido se tivesse limitado a solicitar ao Engenheiro … a respectiva disponibilidade para deslocar-se ao Posto da GNR de Cantanhede, a fim de contribuir para deslindar toda a situação e esclarecer o conteúdo das conversas telefónicas entre ambas travada da matéria de facto constante dos artigos 77, 81, 82 e 83.

C. *Convicção do Tribunal*:

A convicção do tribunal assentou na apreciação conjugada:

Sobre a compropriedade do arguido na parcela referida no ponto 1 supra a certidão de inventário por óbito de sua mãe Maria ….. – cfr. fls. 879 e segs., V vol.

Relativamente ao conhecimento que o arguido teve anterior a 10-2-97 mais propriamente 28-5-96 da expropriação e processo expropriativo no que concerne aquela parcela nas declarações do próprio arguido que não obstante ter negado esse conhecimento o que é certo é que no desenvolvimento da situação por ele relatada pudemos apreender que ele sabia da existência do processo expropriativo, escudando-se apenas em questões formais para sustentar a sua posição. Foi relevante o depoimento do Director de estradas do Distrito de Coimbra, engenheiro … que relatou as conversas telefónicas havidas com o arguido, e a correspondência que o arguido lhe enviara e está fundamentada a fls. 49 – 1.º vol.

Nesta carta datada de 7.7.96 assinada pelo próprio arguido este alude expressamente a conversa telefónica com aquele engenheiro, reportada a 28.5.96 no ponto 3 da mesma missiva o arguido declara "ter identificado a propriedade em nome dos meus pais" e diz "através de pessoas conhecidas tive conhecimento que no dia 19.6.96 cerca das 11 horas terá sido efectuada a vistoria "ad perpetuam rei memoriam".

E no ponto 8 reitera "informo V. Ex.ª que me opus terminantemente contra a entrada de quem quer que seja na minha propriedade, nomeadamente de quaisquer máquinas ou homens".

O próprio arguido confirma os contactos telefónicos – pelo menos quatro – havido com o Eng.º … anteriores aos factos ocorridos e descritos no ponto 5.º e 7 supra – cfr. art. 75.º da sua contestação fls. 370 e 371– 3.º vol.

Sobre a declaração de utilidade pública urgente e processo expropriativo que se lhe seguiu vem o documento de fls. 125 e 145 – ofício de fls. 147 – I vol.

A fls. 27 consta o edital da JAE onde está identificada a parcela do arguido em causa sob o n.º 14.10 A correspondente ao artigo matricial rústico 16.310 da freguesia de Cantanhede e a fls. 24 e 25 do mesmo e no Jornal de Notícias de 3.8.96. volume a publicação deste edital no Diário de Coimbra de 2.8.96.

A carta registada com aviso de recepção enviada pelo Director de Estradas ao arguido dando-lhe conhecimento da proposta de aquisição da parcela expropriativa no montante de 663.3000$00, cujo AR foi assinado em 31.5.96 – cfr. doc. certificado a fls. 42 e 43 I vol.

A carta enviada sob registo pela JAE ao arguido e recepcionado em 13.6.96, dando-lhe conhecimento da data da vistoria "ad perpetuam rei memoriam" – doc. certificado a fls. 37 e 38 v.º I vol.

A carta registada com aviso de recepção, enviado pelo Director de Estradas ao arguido para conhecimento da posse administrativa da parcela expropriada e recepcionada – cfr. documento certificado a fls. 33 e 34 I vol.

Sobre o facto de o arguido também ser conhecido por Dr. António …, resulta do apelido de sua mãe que também é gala no seu nome e resultou provado no acórdão desta Relação no citado recurso de agravo n.º 1255/97 onde expressamente se refere a fls. 783 do V volume:

"O requerente é também conhecido por Dr. António …., sendo este último apelido de sua mãe."

Relativamente aos factos provados de 5 a 9 relevaram as declarações da testemunha José …, na ocasião Comandante do posto da GNR de Cantanhede a quem o arguido se dirigiu solicitando-lhe a apreensão de máquina dizendo-lhe que estava a invadir de forma não lícita o seu terreno, prestando-lhe a testemunha a sua colaboração.

Os depoimentos das testemunhas … e … ambos militares da GNR do posto de Cantanhede que precederam à apreensão da máquina, com conhecimento directo dos factos sobre os quais depuseram de forma credível.

O auto de apreensão daquela máquina por ordem do arguido constante do ponto 9 – documento certificado a fls. 55 I Vol. e o fax a nomear o representante legal do proprietário como fiel depositário do mesmo consta a fls. 55 do mesmo volume.

A intencionalidade com que o arguido agiu referida nos pontos 10 e 14 resulta do conhecimento prévio que já relativamente à expropriação já decretada e do respectivo processo expropriativo e o seu deliberado propósito de se opor a toa a execução dos trabalhos em consequência dos mesmos no seu prédio, conforme sua carta a fls. 49,I Vol. citada e contactos telefónicos havidos com o Eng.º … acima aludidos.

O prejuízo decorrente da paralisação dos trabalhos e apreensão da máquina resulta da experiência comum sabendo que se tratava duma expropriação comum sabendo que se tratava dum expropriação de utilidade pública com carácter urgente e a constante de custos e encargos com a realização daqueles, que será tanto maior quanto maior for a realização dilatada no tempo.

No que se concerne aos factos provados nos pontos 15 a 22 inclusive relevam os depoimentos de Fernando … manobrador da máquina ao serviço da empresa adjudicatária da obra a quem foi dada ordem de prisão pelo arguido que prestou declarações de forma credível.

O depoimento do já aludido Comandante do Posto da GNR de Cantanhede a quem o arguido solicitou uma patrulha para proceder à detenção daquele manobrador da máquina e demais responsáveis pela continuação dos trabalhos. Esta testemunha prestou declarações de forma isenta e mereceu todo o crédito do Tribunal tendo referido que foi o arguido que levantou o auto de notícia, tendo-lhe sido cedido um elemento da GNR para a elaboração daquele, na pressuposição de que tratando-se dum magistrado do Ministério Público estava a agir em conformidade com a lei.

UM PROCESSO, DUAS ACUSAÇÕES SUCESSIVAS, DUAS ANULAÇÕES EM DOIS ACÓRDÃOS

O depoimento das testemunhas José ..., Jorge ... e Manuel ... que fizeram parte das patrulhas da GNR e acompanharam o arguido aquando das detenções efectuadas tendo conhecimento directo dos factos e que depuseram com isenção e credibilidade.

Os depoimentos dos intervenientes e testemunhas Eng.º ... já citado, Amorim ... Areias, encarregado de obras, Eng.º Jorge ... responsável pela obra, ao serviço da empresa adjudicatária que relataram as circunstâncias em que forma detidos pelo arguido, as quais não foram contraditadas ou postas em causa por qualquer outro depoimento merecendo do tribunal credibilidade pela forma coerente como forma prestados, revelando conhecimento directo e presencial dos factos.

Já os depoimentos das testemunhas ..., ... e.... pouco revelaram de utilidade não presenciaram os factos referidos em 10, afirmaram que foi o arguido que lhes pediu para ir ao terreno mandar parar uma máquina, o que aconteceu perante a testemunha João ... que foi a 2.ª pessoa a entrar no terreno com a máquina em data anterior aos factos, tendo-lhe aquele referido que o arguido não autorizava aqueles trabalhos.

A testemunha David .... apenas referiu que viu lá uma máquina no terreno.

A testemunha Dr.ª ..., na altura Delegada do Procurador da República da Comarca de Cantanhede relatou com por menor as circunstâncias em que foi contactada pelo arguido na manhã do dia 12 de Fevereiro de 1997 a dar-lhe conhecimento que havia dado voz de prisão ao operador da máquina e aos engenheiros. Referiu que só depois de almoço desse dia é que apareceu a GNR com quatro indivíduos e quando chegaram ao Tribunal já não estavam detidos. Ficou com a ideia de o arguido tinha dado ordem à GNR para os libertar. Quando chegaram ao Tribunal já não estavam detidos.

No ponto 24 relevou o conhecimento que o arguido tinha de que os detidos estavam a actuar ao abrigo da decretada expropriação tendo posteriormente accionado os meios legais próprios para impugnar as obras já iniciadas.

Relativamente ao comportamento provado no ponto 34 depuseram abonatoriamente os Drs...., ... e ... que pela sua idoneidade moral mereceram a credibilidade do Tribunal.

O Dr. José ... referiu ter acompanhado como advogado dos arguido nos processos administrativos, a marcha e desenvolvimento dos mesmos declarando expressamente que todos eles se iniciaram após os factos ocorridos e que são objecto do presente processo.

No que respeita ao ponto 35 e ao conhecimento psico-somático do arguido relevaram o relatório do exame às suas faculdades mentais do Instituto de medicina Legal de Coimbra que mereceram a aceitação do Tribunal pelo seu elevado grau técnico-científico e ainda o depoimento do consultor técnico Dr. ... na parte em que corroborou a imputabilidade atenuada do examinado.

Relevaram ainda todos os documentos referidos nos respectivos pontos.

No que concerne aos factos não provados não foi feita prova credível e suficiente de molde a poder aceitar-se a tese apresentada pelo arguido conducente à sua absolvição.

★★★

Cumpre apreciar e decidir:

Inexistem vícios nos termos do artigo 410.º n.º 2 do Código de Processo Penal.

Coloca o recorrente várias questões: | **Questões a decidir.**

I – Diz que o acórdão recorrido errou ao não determinar a suspensão do processo até que fosse conhecida a decisão do recurso interposto para o Pleno do Supremo Tribunal Administrativo, por parte do Secretário de Estado das Obras Públicas e, chama à colação o artigo 7.º do Código de Processo Penal, por aquela causa já estar pendente na jurisdição competente.

Todavia o que resulta da matéria de facto provada, é que o arguido agiu *de motu proprio*, na busca de satisfação de interesses patrimoniais seus, fazendo uso das funções públicas que desempenhava como Delegado do Procurador da República, para alcançar os seus intentos e defesa dos seus interesses particulares, sem recorrer aos meios legais próprios e idóneos para o efeito, querendo o resultado pretendido, sabendo que agia ilicitamente, de forma proibida por lei. E, somente após alcançar os seus intentos, se socorreu dos meios legais próprios, ao seu alcance.

Com efeito a matéria fáctica provada é assaz elucidativa ao referir:

O prédio de que o arguido era comproprietário em resultado de inventário obrigatório aberto por óbito de sua mãe, foi, juntamente com outros, objecto de expropriação por utilidade pública urgente, cuja declaração aprovada por despacho de Sua Excelência o Secretário de Estado das Obras Públicas de 4 de Abril de 1995, foi publicada no Diário da República, II Série, n.º 125, de 30 de Maio de 1995, com vista ao alargamento e beneficiação da Estrada Nacional 234, entre Mira e Cantanhede.

Deste facto e da instauração do processo expropriativo que se lhe seguiu teve o arguido conhecimento, pelo menos em data anterior a 28 de Maio de 1996, (…)

Na sequência disso, foi em 2 de Agosto de 1996 e 3 de Agosto de 1996 publicado no Diário de Coimbra e Jornal de Notícias, respectivamente, a autorização da posse administrativa da parcela referenciada com o n.º 14.10-A, por parte da Junta Autónoma da estrada, com a informação do respectivo edital onde constava a identificação correcta da mesma, bem como a identificação correcta de um dos comproprietários – Maria … – vindo ali identificado o outro comproprietário, isto é, o ora arguido, sob o nome de António …, nome pelo qual é também conhecido(chamado) por algumas pessoas, tendo a investidura dessa posse ocorrido em 12 de Novembro de 1996.

No dia 10 de Fevereiro de 1997 o arguido tendo conhecimento do início das obras naquela via por parte da empresa …., Ld.ª",com sede no lugar …, freguesia de …., a qual as mesmas foram adjudicadas, e de que elas haviam avançado sobre aquela parcela expropriada, deslocou-se ao local.

Aí, constatando que no prédio se encontrava parada a máquina industrial, tipo retro-escavadora, identificada a fls. 6,pertencnete àquela firma, tratou de pôr termo à situação, isto é, de impedir o prosseguimento dos trabalhos no mesmo.
Firmado nesse propósito, e sem cuidar de recorrer aos meios judiciais próprios, tal como se lhe exigia, sabendo como sabia perfeitamente que aqueles trabalhos(obras), mais não eram afinal que o resultado da declarada expropriação e da superveniente investidura da posse na esfera da Junta Autónoma de Estradas,

Dirigiu-se pouco depois ao posto da GNR de Cantanhede, e aí, apresentou-se ao respectivo Comandante, perante o qual se identificou como delegado do Procurador da república a exercer funções na Comarca de …., cargo de que tomou posse em 2 de Fevereiro de 1984.

E valendo-se dessa qualidade e do poder de que dispõe como autoridade judiciária, alegando contra a verdade de si conhecida que o prédio em causa não tinha sido expropriado e que o mesmo tinha sido ilicitamente ocupado, informando que do facto iria participar criminalmente, do mesmo passo solicitou colaboração para a imediata apreensão daquela máquina, fazendo erroneamente crer aquele agente da autoridade que a mesma se encontrava ilegalmente na sua propriedade.

Tal pretensão foi por isso prontamente satisfeita por aquele Comandante do Posto, que ficou persuadido da veracidade da versão do arguido, (…)

Ao agir desta forma o arguido quis propositadamente obstaculizar o prosseguimento dos trabalhos(obras) no prédio expropriado, aludido em 1-supra, sabendo que com tal comportamento ia causar como causou, prejuízos à JAE e à empresa adjudicatária das obras, resultante da paralisação das mesmas.

E fez também uso de um poder, que embora integrado no âmbito das suas próprias de Magistrado do Ministério Público, foi exercido fora da área orgânica da sua jurisdição e utilizado para fazer valer uma pretensão, em clara violação dos deveres de isenção, lealdade e imparcialidade a que estava obrigado.

O arguido acabou por concretizar depois disso a sua intenção de participar criminalmente, apresentando no Posto da Guarda Nacional Republicana de Cantanhede uma queixa contra o legal representante da empresa "… ld.ª, o Engenheiro … – Director de estrada do Distrito de Coimbra, o engenheiro supervisor dos trabalhos, o encarregado das obras e o manobrador de máquina – cfr. documento certificado a fls. 47 e 48 – I vol.

Nessa queixa imputou a estes a prática de um crime de introdução em lugar vedado ao público p. e p. pelo art. 191.º do CP, e um crime de dano p. e p. pelo art. 212.º, n.º 1 do citado Código, por alegadamente, os dois primeiros haverem ordenado a entrada da máquina no prédio objecto de expropriação. E os segundos haverem orientado e executado os trabalhos ali realizados de revolvimento de terras, com manifesta intenção de destruir danificar e tornar não utilizável o respectivo terreno, causando dessa forma, prejuízos, sem que para tal estivessem devida e legalmente autorizados.

Fê-lo porém, com consciência da falsidade de tal imputação, sabendo como sabia estarem aqueles trabalhos justificados em resultado da expropriação e do carácter urgente a esta atribuído, e também com intenção declarada de contra os denunciados ser instaurado procedimento criminal, como efectivamente aconteceu, dando origem ao inquérito n.º 89/97 dos serviços do Ministério Público junto da comarca de Cantanhede.

No seguimento dos factos supra descritos nos pontos 5 a 11, o arguido, dois dias após, em 12 de Fevereiro de 1997, cerca das 8 h 30, ao verificar, que a máquina objecto do auto de apreensão estava a ser utilizada nos trabalhos referidos e que nela se encontrava o respectivo manobrador, encarregado da empresa "…., Ld.ª, de nome Fernando …, identificado nos autos, deu a esta voz de prisão, ordem que não chegou a executar por o mesmo se ter afastado do local e não acatar aquela ordem.

De seguida contactou de novo o Comandante do Posto da GNR de Cantanhede a quem mais uma vez solicitou que disponibilizasse uma patrulha para o acompanhar e proceder à detenção daquele manobrador e de outros eventuais responsáveis da empresa pelo prosseguimento dos trabalhos e utilização da máquina.

Ao que o mesmo acedeu, confiante de que o arguido, tratando-se de um Magistrado do Ministério Público decerto haveria bom fundamento para tais detenções.

Pouco depois, cerca das 9h 30, o arguido acompanhado da patrulha da GNR, a bordou o engenheiro responsável pelas obras, Jorge …., identificado nos autos, a quem de imediato pediu a identificação, que prontamente lhe foi dada e invocando o facto de a máquina estar a operar no seu terreno, deu-lhe voz de prisão.

E minutos depois, vindo também à sua presença o referido manobrador, bem como o encarregado de obras, Amorim…, identificado nos autos, a estes pediu igualmente a identificação e, depois de a obter, deu-lhes também voz de prisão.

Como entretanto chegou ao local o Director de estradas do Distrito de Coimbra, o já referido engenheiro …, a quem o arguido se dirigiu e identificando-se como Delegado do Procurador da República, exibindo o seu cartão profissional, sem qualquer justificação deu-lhe voz de prisão, após aquele se ter identificado, a seu pedido.

Depois disso a todos encaminhou como detidos, para o Posto da GNR de Cantanhede onde os manteve nessa situação desde as 10 h 30 até cerca das 13 h00 desse dia, à excepção do Engenheiro … cuja saída autorizou cerca de uma hora antes.

Por volta as 13 horas autorizou o arguido a saída das demais pessoas mandando-as comparecer pelas 14 horas no Tribunal Judicial da Cantanhede.

Uma vez aqui foram apresentados à Magistrada do Ministério Público junto da comarca, tendo por esta sido lavrado despacho em que se limitou a constitui-los arguidos, sujeitando-os a termos de identidade e residência e a designar data para o seu interrogatório.

Ao assim ao submeter, como submeteu a tal medida privativa de liberdade o arguido bem sabia que não havia fundamento legal para tal.

Somente posteriormente aos factos atrás citados ou seja em 27.03.97 o arguido apresentou no 2.º Juízo da Comarca de Cantanhede o processo de reclamação, ali registado com o n.º … que obteve decisão favorável prolatado em 27.12.97, com trânsito em julgado – cfr. fls. 751 a 757 V vol.

Também em data posterior aos factos atrás citados, pontos 2 a 24, ou seja em 18.2.97 o arguido e mulher requereram no Tribunal Judicial de Cantanhede o embargo de obra, no prédio referido em 1 supra, o qual veio a ser deferido favoravelmente aos requerentes em recurso de agravo, sob o n.º … por decisão desta relação em 22.9.98 – cfr. doc. Fls. 759 e 776 V vol.

Em data posterior aos factos apontados de 1 a 24, o arguido instaurou recurso contencioso de anulação do acto de declaração de utilidade pública referida em 2 supra, perante o Supremo Tribunal Administrativo, ali distribuído sob o n.º … à 1.ª Secção, 1.ª Subsecção conforme petição de fls. 794 a 802 do V vol.

Assiste pois razão ao acórdão recorrido, quando refere:

"Conforme tem sido jurisprudência daquele Tribunal Superior "os actos administrativos gozam de presunção da legalidade, incluindo-se nessa presunção os pressupostos de facto e de direito – cfr. Ac. do STA de 12.6.1986 in AD 305,672.
Por sua vez a legalidade dos actos administrativos só pode ser judicialmente apreciada através de tempestiva impugnação contenciosa. A falta da tempestiva impugnação contenciosa determina a validade e inatacabilidade dos actos pela sanação, pelo decurso do tempo de qualquer vício que porventura enfermassem" – cfr. Ac. do STA Tribunal Pleno de 3.3.66 A.D. 54,833.
De harmonia com o art. 13.º, n.º 2 do D.L. 438/91 de 9/11 – Código das Expropriações então em vigor " a atribuição de carácter urgente à expropriação confere à entidade expropriante a possa administrativa imediata dos bens a expropriar nos termos do art. 17.º e segs sem prejuízo do disposto no n.º 3.
Independentemente do desfecho que venha a ter o predito recurso contencioso, cuja tempestividade está posta em causa – cfr. ponto 37 da resposta fls. 874 e alegações a fls. 900 do V vol dos autos – a actuação do arguido que ficou provada supra contra aqueles de quem apresentou queixa e privou de liberdade revelou-se um procedimento delituoso e inadequado para reagir contra um seu pretenso e alegado direito.
Com efeito aquelas pessoas estavam a agir a coberto da decretada expropriação da qual o arguido havia previamente tomado conhecimento e este até pelas funções que desempenhava, tinha a obrigação de saber que os meios processuais adequados à sustação dos trabalhos decorrentes daquela, não era abusar do seu poder como autoridade apreendendo a máquina que operava no local expropriado e detendo as pessoas nas circunstâncias apuradas.
Verificou-se depois, que o arguido já após aquela sua conduta ilícita veio a desencadear os procedimentos legais, pontos 25 a 27 da factualidade provada – usando assim da faculdade concedida pela lei a qualquer cidadão, à guisa de remediar uma situação já consumada de ilícitos criminais, de que foi protagonista.
Poder-se-á dizer com segurança que o arguido podia defender o seu alegado direito pela forma que afinal veio a exercer, sem qualquer necessidade de ter tido o comportamento ilícito que teve.
Teve assim o ensejo de não ver postergada a defesa do seu invocado direito de propriedade consagrado no artigo 66 da CRP que invoca.
Já por outro lado quem viu postergado o direito à liberdade, trazido à colação no ponto 18 da sua contestação, foram as pessoas atrás identificadas às quais o arguido deu voz de prisão e manteve detidas, ao invés deste, que manteve a sua liberdade de movimentos e actuação.
Termos em que improcede e se indefere a requerida suspensão do presente processo."

Na verdade, o arguido quando agiu na acção delituosa, fê-lo por sua iniciativa, contra o direito, e conhecendo a ilicitude da sua conduta, sem recorrer previamente aos meios legais adequados e idóneos à salvaguarda da sua pretensão de anulação do acto administrativo, e somente, posteriormente à sua acção desencadeou o mecanismo processual legal permitido pela lei para defesa do seu eventual direito.

A decisão do Supremo Tribunal Administrativo, anulando o acto administrativo, apenas confirma a necessidade legal de que o arguido devia socorrer-se dos meios legais próprios de impugnação da expropriação, não ilibando assim o recorrente da conduta jurídico-criminal que assumiu, previamente a qualquer recurso aos meios judiciais competentes.

A pretendida suspensão do processo era inútil e irrelevante, não se afigurando como causa prejudicial à definição da ilicitude jurídico-criminal do arguido.

A não prejudicialidade da suspensão do processo.

A matéria de facto apurada pelo acórdão da Relação, é prévia e estranha, em termos de objecto do processo, à decisão do Pleno do Supremo Tribunal Administrativo, assumindo autonomia valorativa jurídico-crimjnal, quer na definição da ilicitude quer da responsabilidade criminal.

É, por conseguinte, despiciendo, sem cabimento legal, que o arguido recorrente pretenda com base no acórdão do Pleno do Supremo Tribunal Administrativo, que se proceda à rectificação da matéria de facto, uma vez que tal pretensão se encontra fora do âmbito do objecto – jurídico-penal – dos presentes autos.

II. Sobre as vicissitudes alegadas, relativamente à actuação do M.ºP.º, à conexão dos processos no que toca à questão das "duas acusações".

O artigo 32.º n.º 1 da Constituição da República, estabelece que o processo penal assegura todas as garantias de defesa incluindo o recurso.

Por sua vez, o artigo 24.º do Código de Processo Penal, respeitante à conexão de processos, embora refira que há conexão de processos quando mesmo agente tiver cometido vários crimes através da mesma acção ou omissão (n.º 1 al. a)), e o mesmo agente tiver cometido vários crimes, na mesma ocasião ou lugar, sendo uns causa ou feiro dos outros, ou destinando-se uns a continuar ou ocultar os outros (al. b), estabelece no n.º 2 que a conexão só opera relativamente aos processos que se encontrarem simultaneamente na fase de inquérito, de instrução ou de julgamento.

Como salienta Maia Gonçalves, in Código de Processo Penal anotado e comentado, 15.ª edição, p. 109, nota 4, "destina-se a evitar que, em nome de eventual pretensão de apensar processos em fase distintas de tramitação, os tribunais possam deixar alguns dos processos numa situação de pendência, aguardando o desenrolar do processamento daqueles que se encontram numa fase mais atrasada, cessando assim, a generalizada possibilidade, que o CPP de 1929 facilitava, de julgamento com base em culpas tocantrs."

A acusação formulada pelo Ministério Público datada de 6 de Fevereiro de 2008, referia-se a factualidade constitutiva de um crime de prevaricação.

Requerida e declarada aberta a instrução, viria a terminar por decisão instrutória de 14 de Maio de 1998, que pronunciou o recorrente por um crime de prevaricação.

Quando o M.ºP.º apresentou em 18 de Maio de 1998, o requerimento de fls 293, o objecto do processo encontrava-se fixado pelo despacho de pronúncia, que sendo irrecorrível lançava imediatamente o processo para a fase de julgamento, como resulta do artigo 310.º n.º 1 do CPP.

Assim, embora nesse requerimento do M.ºP.º de 18 de Maio de 1998 se requeresse extracção de certidão de todo o processado, para ser aberto inquérito por factos pertinentes, e, viesse a ser desencadeado inquérito que conduziu a uma outra acusação datada de 30 de Junho de 1998, onde o mesmo comportamento do arguido foi incriminado por mais três crimes de prevaricação, tal acusação não podia se considerada para efeitos de conexão de processos, uma vez que não se encontravam na mesma fase processual, sendo que o objecto de processo fixado pelo despacho de pronúncia se encontrava já na fase de julgamento, sujeita ao contraditório, de harmonia com o disposto no artigo 32.º n.º 5 da Constituição da República, " processo criminal tem estrutura acusatória, estando a audiência de julgamento e os actos instrutórios que a lei determinar subordinados ao princípio do contraditório."

Face aos termos expostos, a alteração da qualificação jurídica nos termos pretendidos pela acusação posterior ao despacho de pronúncia, representaria uma alteração substancial de factos face ao despacho de pronúncia, que somente em audiência de julgamento poderia ser conhecida de harmonia com o artigo 359.º do Código de Processo Penal, o que não aconteceu.

Donde, a conexão operada, resultante da segunda acusação, processualmente inadmissível, por intempestiva, é pois inválida e ineficaz, e, não afecta o objecto do processo que fica exclusivamente delimitado pelo despacho de pronúncia.

Por conseguinte, apenas está em causa um crime de prevaricação, p. p. no art. 369.º, n.º 4 do CP, pelos factos constantes do **despacho de pronúncia** de fls. 286 a 292, que vem verificado por existirem todos os elementos objectivos e subjectivos da *fattispecie*.

III. Sobre o o erro alegado.

O erro

Não procede o erro invocado, uma vez que inexistia um estado putativo circunstancial, que ofuscasse a consciência psicológica do arguido no conhecimento dos elementos de facto e de direito, que as circunstâncias apresentavam.

Outrossim, o arguido quis agir intencionalmente da forma como o fez, na procura do resultado que conseguiu, conhecendo e querendo os meios e os fins, apesar de saber da ilicitude da sua conduta.

Como vem provado:

"Ao agir desta forma o arguido quis propositadamente obstacularizar o prosseguimento dos trabalhos(obras) no prédio expropriado, aludido em 1-supra, sabendo que com tal comportamento ia causar como causou, prejuízos à JAE e à empresa adjudicatária das obras, resultante da paralisação das mesmas.

E fez também uso de um poder, que embora integrado no âmbito das suas funções próprias de Magistrado do Ministério Público, foi exercido fora da área orgânica da sua jurisdição e utilizado para fazer valer uma pretensão, em clara violação dos deveres de isenção, lealdade e imparcialidade a que estava obrigado.

O arguido acabou por concretizar depois disso a sua intenção de participar criminalmente, apresentando no Posto da Guarda Nacional Republicana de Cantanhede uma queixa contra o legal representante da empresa "Rosa Construtores Ld.ª, o Engenheiro Zéfiro Rodrigues – Director de estrada do Distrito de Coimbra, o engenheiro supervisor dos trabalhos, o encarregado das obras e o manobrador de máquina – cfr. documento certificado a fls. 47 e 48 – I vol.

Nessa queixa imputou a estes a prática de um crime de introdução em lugar vedado ao público p. e p. pelo art. 191.º do CP, e um crime de dano p. e p. pelo art. 212.º, n.º 1 do citado Código, por alegadamente, os dois primeiros haverem ordenado a entrada da máquina no prédio objecto de expropriação. E os segundos haverem orientado e executado os trabalhos ali realizados de revolvimento de terras, com manifesta intenção de destruir danificar e tornar não utilizável o respectivo terreno, causando dessa forma, prejuízos, sem que para tal estivessem devida e legalmente autorizados.

Fê-lo porém, com consciência da falsidade de tal imputação, sabendo como sabia estarem aqueles trabalhos justificados em resultado da expropriação e do carácter urgente a esta atribuído, e também com intenção declarada de contra os denunciados ser instaurado procedimento criminal, como efectivamente aconteceu, dando origem ao inquérito n.º 89/97 dos serviços do Ministério Público junto da comarca de Cantanhede.

IV – Prejudicada que fica a questão da unidade ou pluralidade criminosa, face á existência de um único crime de prevaricação, há que revogar a decisão recorrida quanto á condenação pelos restantes três crimes de prevaricação e absolver o arguido dos destes crimes, e, por conseguinte reestruturar a pena aplicada por aquele único crime.

Assim, tendo em conta o disposto nos artigos 40.º n.ºs 1 e 2, 71.º n.ºs 1 e 2 do CPP, e, que, como refere o acórdão recorrido:

"Ao crime em apreço cabe uma pena de 1 a 8 anos de prisão.

Consideramos que a culpa do arguido é elevada, o dolo é intenso, posto que directo ou de primeiro grau.

Não tem antecedentes criminais não confessou a essência dos factos, não podendo o tribunal ter oportunidade de saber se está arrependido por forma a demonstrar que reconheceu o mal praticado e o repudiava.

Do relatório de exame às faculdades mentais do arguido efectuado pelo IML colhe-se das suas conclusões …houve exacerbação das perturbações emocionais que provavelmente influenciaram os actos mas sem valor decisivo para justificar em pleno os mesmos… no dias 10, 11 e 12 de Fevereiro de 1997 havia de facto perturbações emocionais valorizáveis mas não parecem constituir de gravidade para prejudicar totalmente a tríade, liberdade, inteligência, vontade, por estes motivos posso concluir que o arguido tem uma imputabilidade atenuada.

Pela observação do arguido não me parece haver perigosidade, no sentido da agressividade expressa pelo que faço recomendações no sentido de manter consulta de epilepsia e psiquiatria."

O arguido é pessoa geralmente estimada pelas suas qualidades de carácter e honradez.

Na altura desempenhava as funções de Delegado do Procurador da República na comarca de Albergaria-a-Velha encontrando-se actualmente na situação de jubilado desde 9 de Maio de 2001.

Face à exacerbação das perturbações emocionas que provavelmente influenciaram os actos delituosos cometidos pelo arguido a ditar um grau de imputabilidade diminuída o Tribunal usa da faculdade especial prevista no art. 72.º do CP.", é de condenar o arguido na pena de oito meses de prisão, que se suspende na sua execução por um ano de harmonia como disposto no artigo 50.º n.ºs 1 e 5 do CP, pelas razões expostas, e ainda o facto de já se encontrar desligado do serviço, ser primário e tendo em conta o tempo decorrido, procedendo assim, um juízo de prognose favorável que faz concluir o tribunal que a simples censura do facto e a ameaça de prisão realizam na forma apontada, de forma adequada e suficiente as finalidades da punição.

Termos em que: | Parte dispositiva.

Dão parcial provimento ao recurso, e consequentemente, condenam o arguido pela autoria de um crime de prevaricação p. e p. no artigo 369.º n.º 4 do Código Penal, na pena de oito meses de prisão, que, de harmonia com o artigo 50.º do mesmo diploma se suspende na sua execução por um ano

Revogam a decisão recorrida quanto á condenação pelos restantes três crimes de prevaricação, de que o absolvem.

Tributam o recorrente em 3 UCs de taxa de justiça.

Lisboa, 5 de Setembro de 2007
Elaborado e revisto pelo relator.
Pires da Graça
Raul Borges
Henriques Gaspar
Soreto de Barros

Cumprimento de mandado de detenção europeu

- Acórdão do Supremo Tribunal de Justiça
Data: 06 de Junho de 2007
Relator: Juiz Conselheiro Dr. Pereira Madeira
Processo: 07P2178

"A recusa facultativa de cumprimento de mandado de detenção europeu não pode ser concebida como um acto gratuito ou arbitrário do tribunal. Há-de assentar em argumentos e elementos de facto adicionais aportados ao processo e susceptíveis de adequada ponderação, nomeadamente factos invocados pelos interessados, que, devidamente equacionados, levem a dar justificada prevalência ao processo nacional sobre o do Estado requerente" – Ac. do S.T.J. de 6 de Junho de 2007

Relatório.

Acordam no Supremo Tribunal de Justiça

1. O Magistrado do Ministério Público, junto do Tribunal da Relação de Évora promoveu o cumprimento do mandado de detenção europeu (MDE), emitido pela autoridade judiciária do Reino de Espanha Juiz do "Juzgado de Instruccion de Olivenza", no âmbito do processo de "diligências prévias 70/2007" e com vista a assegurar o seu futuro julgamento em Espanha – contra o cidadão romeno AA, natural de Satu Marc, Roménia, nascido a 25/05/1983, filho de A... J... e de A... L..., actualmente recluso no Estabelecimento Prisional Regional de Évora e residente, antes de preso, em Campina de Boliqueime, Boliqueime – Loulé, portador do passaporte n.º ....

Com base nas correspondentes informações divulgadas pelo Sistema de Informação Schengen (S.I.S.) – indicação n.º E...A0 –, a autoridade policial procedeu à detenção do identificado indivíduo, o qual naquele processo se encontra indiciado pela prática de crimes de roubo, cometido com violência e uso de armas, e sequestro, crimes que se consubstanciarão na prática dos seguintes factos:

No dia 20/01/2007, cerca das 3 ou 4 horas da manhã, quando o cidadão espanhol D. BB se encontrava dormindo no seu domicílio – Cortijo ..., situado ao quilómetro três da estrada de Olivença a San Jorge de Alor (comarca de Olivenza, Badajoz, Espanha), entraram quatro homens com várias pistolas ameaçando-o para que bebesse de uma garrafa.
Ao negar-se a fazê-lo, agrediram-no na cabeça com uma pistola, causando-lhe uma ferida.
Ao ser agredido, acedeu a beber, enquanto dois dos homens começaram a revolver a casa e a meter diversos objectos de valor em sacos de plástico que levaram (documentação, ordens de pagamento, relógios, computador portátil, câmara fotográfica digital, vários telemóveis, e cartões bancários).
Posteriormente, obrigaram-no a vestir-se, colocaram-lhe uma mordaça na boca e introduziram-no num automóvel que estava estacionado fora de casa, perdendo a consciência durante a viagem. Levaram também dois carros que lhe pertenciam.
Quando chegaram à zona de Lisboa, Portugal, dois dos homens desapareceram, entrando o BB e os outros dois numa casa. Ordenaram-lhe que tomasse um banho e esperasse.
Posteriormente, a Polícia portuguesa, tendo notícias de que o cidadão espanhol havia desaparecido e poderia estar privado da liberdade contra a sua vontade, em contacto com a Guarda Civil espanhola, localizou BB, CC e AA (nascido em Satu Mare no dia 25 de Maio de 1983, titular do passaporte romeno n.º ..., o qual utiliza habitualmente a identidade falsa R...T...) numa cervejaria de Moscavide (Portugal), procedendo à detenção do cidadão português e deste último como autores dos factos anteriormente referidos cerca da espanhola – do dia 21/01/2007.
Praticadas as diligências pertinentes pela Polícia portuguesa, BB regressou, conduzindo o seu veículo, ao seu domicílio em Espanha, na madrugada do dia 21/01/07.

Ouvido o detido nos termos do art. 18.º da Lei n.º 65/03, de 23/08, pelo mesmo foi dito que não consente na sua entrega ao Estado requerente e que não renuncia à regra da especialidade.

Em prazo concedido para deduzir oposição, o requerido alegou em suma:

1. Que o Mandado de Detenção em causa não cumpre os requisitos previstos no n.º 3 do art. 16.º da Lei n.º 65/03, de 23/08, nomeadamente a "falta de elementos concretos de prova, que fundamentem a indiciação" e não descrição do "modo, tempo e lugar em que os factos ocorreram".
2. Que existem causas de recusa do MDE, invocando expressamente as previstas no art. 12.º, n.º 1, als. b) (embora por erro manifesto o requerido cite al. a) e i). Porém, a Relação de Évora, por acórdão de 10/04/2007, teve por improcedentes estas razões e deliberou «*deferir a execução do Mandado de Detenção Europeu emitido pelo "Juzgado de Instruccion de Olivenza", referente ao cidadão romeno AA e ordenar a sua entrega às autoridades espanholas, com a condição de ser devolvido para cumprimento, em Portugal, da pena a que, eventualmente, seja condenado.*»

Irresignado, recorre o requerido ao Supremo Tribunal de Justiça assim delimitando o objecto da sua dissidência:

1. Apesar da moldura penal quanto ao crime de roubo ser significativamente mais favorável no Reino de Espanha, o recorrente face à sua inocência, que se propõe provar quando o tribunal lhe der oportunidade, prefere ser julgado em Portugal e não em Espanha.

2. Os factos constantes deste pedido são os mesmos factos que se encontram em investigação no processo n.º 13/07.1.JB.LSB, a correr pela 1.ª secção do M. Público do Tribunal criminal de Loures.

3. Após a apreciação dos indícios e depois de terem ouvido o ofendido, BB e testemunhas, os arguidos foram devolvidos à liberdade, sujeitos a apresentações bi-semanais. Foi, aliás, no âmbito dessas apresentações, que o arguido cumpre escrupulosamente, que entretanto foi preso.

4. Apesar de não corresponderem à verdade os factos por que está indiciado neste MDE, mesmo a serem verdade, sempre a execução do mesmo deveria ser recusada e o processo em Espanha arquivado pelos seguintes factos: a) Está pendente em Portugal o procedimento penal contra o arguido pelos mesmos factos que motivaram este MDE, art. 12.º, n.º 1, b), da Lei 65/03; b) A terem sido cometidos actos delituosos por parte do arguido, o que nega, tendo parte sido cometido em território nacional, aliás, foi aqui que foi efectuada a sua detenção, deve por este facto também ser recusada a execução do MDE, nos termos da alínea i) do n.º 1 do artigo 12.º da Lei já referida.

5. Os factos substancialmente são os mesmos, retratam um pedaço de vida que é o mesmo, apesar de ter incriminação diferente pelo que o objecto do MDE se esgota com o processo que corre em Portugal.

6. A dar-se como indiciado o crime de roubo, mesmo que cometido em Espanha, sempre o tribunal português teria competência para conhecer desse crime, nos termos do artigo 5.º do CP. Contudo, o próprio ofendido afirma não saber quando o roubo aconteceu, o que quer dizer que a ter sido cometido, tanto poderia ser parte em Espanha como parte em território português.

7. O recorrente reside em Portugal e tem a sua vida aqui formada.

8. Devendo, pelo exposto, ser o arguido devolvido à liberdade, após recusa de execução de MDE, violador dos princípios ínsitos na CRP.

Indica como violadas as normas dos artigos 12.º, n.º 1, b), i) e g), da Lei n.º 65/03 e 5.º do Código Penal.

As questões a decidir.

São assim essencialmente duas as questões a decidir:

1. Deve o Estado Português invocar a recusa facultativa da execução do mandado?
2. Ainda que assim não seja, é da competência dos tribunais português o julgamento do caso nos termos do artigo 5.º do Código Penal?

Respondeu o Ministério Público em defesa do decidido.

2. Colhidos os vistos legais em simultâneo, como é de lei – art. 25.º, n.º 1, da Lei 65/2003, de 23/8 – cumpre decidir.

O essencial da matéria de facto sobre que há-de assentar a decisão de direito já consta do relato feito.

Cumpre então responder sumariamente às questões postas.

Tão «sumariamente» – e tal como já foi decidido no acórdão deste Supremo Tribunal de 13/1/2005, proferido no recurso n.º 71/05-5, com o mesmo relator – quanto decorre da Lei que o prazo legal para decisão do recurso é de apenas **5 dias**, quando num vulgar recurso vai aos 15 e, mesmo, num procedimento *expedito e urgente* como é o caso da providência de «*habeas corpus*», atinge os 8 dias – arts. 417.º, n.º 4 e 223.º, n.º 2, do Código de Processo Penal e 16.º, n.º 2, da Lei n.º 65/2003 de 23 de Agosto.

Trata-se pois, declaradamente, de um procedimento «ultra expedito» e simplificado, tendo em conta assegurar apenas a legalidade do procedimento relativo à execução do

MDE, sem prejuízo, naturalmente dos direitos processuais do procurado perante os factos do processo, a serem devidamente exercidos no local adequado – o processo, ele mesmo.

Daí que, em face desta constatação, a Lei em referência, debruçando-se sobre os «direitos do detido», disponha literalmente que:

«1 – A pessoa procurada é informada, quando for detida, da existência e do conteúdo do mandado de detenção europeu, bem como da possibilidade de consentir em ser entregue à autoridade judiciária de emissão.
2 – O detido tem direito a ser assistido por defensor.
3 – Quando o detido não conheça ou não domine a língua portuguesa é nomeado, sem qualquer encargo para ele, intérprete idóneo.»

De resto, em consonância com o disposto no artigo 18.º, n.º 5, donde emerge a obrigação imposta ao juiz relator de proceder «à identificação do detido, elucidando-o sobre a existência e o conteúdo do mandado detenção europeu e sobre o direito de se opor à execução do mandado ou de consentir nela e os termos em que o pode fazer, bem como sobre a faculdade de renunciar ao benefício da regra da especialidade».

Pois bem.

A questão principal do recurso prende-se com a alegada pendência em Portugal de processo pelo mesmo facto.

Na verdade, segundo o recorrente – conclusão 4 – este «pendente em Portugal o procedimento penal contra o arguido pelos mesmos factos que motivaram este MDE, art. 12.º, n.º 1, b), da Lei 65/03; e, «a terem sido cometidos actos delituosos por parte do arguido, o que nega, tendo parte sido cometido em território nacional, aliás, foi aqui que foi efectuada a sua detenção, deve por este facto também ser recusada a execução do MDE, nos termos da alínea i) do n.º 1 do artigo 12.º da Lei já referida.»

Deste, modo, entende o recorrente que o tribunal deveria ter «feito funcionar a causa de recusa facultativa de execução do mandado constante na alínea b) do n.º 1 do artigo 12.º dessa Lei».

O tribunal recorrido, porém foi de opinião diversa.

Na verdade, debruçando-se sobre esse ponto – conclusão 4 a) – alegada identidade de factos num e noutro processo – salientou o acórdão recorrido:

«Quanto à segunda questão, diga-se, desde logo, que não assiste razão ao arguido.

Na verdade, o processo que corre termos em Portugal e no Tribunal de Loures é por crimes de sequestro e de coacção grave, e não por crime de roubo, pois os factos constitutivos deste crime ocorreram em Cortijo ... (Espanha), sendo aí punidos com pena de 2 a 5 anos de prisão e em Portugal punidos com pena de prisão até 15 anos.

No inquérito que corre em Portugal estão em causa factos e crimes aqui ocorridos, enquanto que o presente MDE respeita não só ao referido crime de sequestro (que, sendo um crime de execução permanente, se iniciou em Olivença e se prolongou em território Português), mas também a pelo menos um crime de roubo, cometido com violência e uso de armas, que se consumou em Espanha – aí tendo decorrido toda a respectiva acção criminosa –, e que, por isso, escapa à jurisdição penal Portuguesa.

Do que se deixa dito se conclui que não se verificam as invocadas causas de recusa de execução do MDE, o que, aliás, já foi decidido no Tribunal da Relação de Lisboa, por Acórdão de 20 de Março de 2007 e referente ao co-arguido CC.»

Na verdade, há causa de recusa facultativa de execução do mandado de detenção europeu quando «estiver pendente em Portugal procedimento penal contra a pessoa procurada pelo facto que motiva a emissão do mandado de detenção europeu».

O «facto» que motiva a emissão do mandado em causa, abrangendo – é certo – parte dos factos ora objecto do processo de inquérito n.º 13/07, pendente na 1.ª secção dos serviços do Ministério Público de Loures, não é coincidente, já que, para além deles, abrange ainda o procedimento contra o recorrente por indícios da prática de um crime de roubo praticado com violência e uso de armas, consumado em Espanha – previsto e punido pelo artigo 210.º, n.ºs 1 e 2, *a*) e *b*), do Código Penal Português (prisão até 15 anos) e pelos artigos 242.º, n.ºs 1 e 2 e 147.º do Código Penal (de 1995) de Espanha (prisão de 2 a 5 anos) e que não é perseguido no processo pendente em Portugal.

Quer dizer: a coincidência de objectos de processo num e noutro caso é apenas parcial.

E, como tal, o facto, o objecto do processo, «o pedaço de vida» a ter em conta, é distinto em cada caso.

Tanto bastaria para que a previsão de recusa facultativa não pudesse ser invocada nos termos em que o faz o recorrente – art. 12, n.º 1, *b*), da Lei citada.

Porém, ainda que assim não fosse, isto é, mesmo que se considerasse relevante para o efeito a coincidência parcial de objectos processuais, importa ter em conta que, ao invés do que sucede com os casos catalogados taxativamente no artigo 11.º da mesma Lei que impõem a recusa, assim a tornando obrigatória, os casos previstos no artigo 12.º, nomeadamente as alíneas h) e i) do seu número 1, possibilitam uma mera faculdade de recusa.

Porém, como se decidiu no acórdão de 17 de Março de 2005, deste Alto Tribunal, proferido no recurso n.º 1135/05-5 «*a recusa facultativa não pode ser concebida como um acto gratuito ou arbitrário do tribunal. Há-de, decerto, assentar em argumentos e elementos de facto adicionais aportados ao processo susceptíveis de adequada ponderação, nomeadamente invocados pelo interessado, que, devidamente equacionados, levem o tribunal a dar justificada prevalência ao processo nacional sobre o do Estado requerente.*»

Na verdade, concedendo ao Estado requerido a faculdade de recusa, nomeadamente nos casos de pendência de processo «pelo mesmo facto», a Lei permite que aquele mesmo Estado, através das entidades competentes, nomeadamente o Ministério Público, demonstrem ao tribunal a existência de possíveis vantagens e ou utilidade na concretização da recusa, *v.g.*, a possível concreta relevância na opinião pública do julgamento do caso pendente no Estado requerido.

O que não pode nem deve é tratar-se de um acto arbitrário ou meramente voluntarista, capaz de pôr em causa os sãos princípios de cooperação internacional a que a Lei quis dar corpo.

Ora, no caso, para, além, obviamente, da vontade manifestada pelo recorrente de não ser julgado em Espanha, mas que fica longe de satisfazer esse requisito, nem um nem outro dos sujeitos processuais aportou factos relevantes capazes de fundar a eventual decisão do tribunal para efeitos de decidir pela recusa.

Por outra via, a invocação do preceituado no artigo 5.º do Código Penal para justificar a extensão da competência dos tribunais portugueses ao caso concreto já foi afastada por este Supremo Tribunal que, pronunciando-se sobre os mesmos concretos factos, embora a respeito de outro arguido no processo (o cidadão português CC) no seu acórdão de 18/04/07, proferido no recurso n.º 1432/07-3, considerou pertinentemente que «…o invocado art. 5.º prescreve – para o que, agora, importa – que "salvo tratado ou convenção internacional em contrário, a lei portuguesa é ainda aplicável a factos cometidos fora do território nacional (…) quando constituírem os crimes previstos nos artigos 221.º, 262.º a 271.º, 308.º. a 321.º e 325.º a 345.º", ou "quando constituírem os crimes previstos nos artigos 159.º, 160.º, 169.º, 172.º, 173.º, 176.º, 236.º a 238.º, no n.º 1 do artigo 239.º e no artigo 242.º, desde que o agente seja encontrado em Portugal e não possa ser extraditado" (al. b), n.º 1).

Ora, o crime de roubo encontra-se previsto no art. 210.º, do Código Penal, não fazendo parte do elenco dos crimes incluídos naquela disposição e, a demais, as autoridades estrangeiras do local da prática do crime pretendem exercer o correspondente procedimento criminal (instrução processual e eventual julgamento), sendo ainda certo que, apesar do agente ter sido encontrado em Portugal e ser cidadão português, é possível a sua "extradição" (leia-se: entrega judicial), por via de instrumento legislativo da Assembleia da República (a citada Lei n. 65/03), aprovado "em cumprimento da Decisão Quadro n.º 2002/584/JAI, do Conselho, de 13 de Junho".»

Em suma: não se mostram violadas as disposições legais invocadas pelo recorrente nem qualquer princípio constitucional, aliás, não especificado, pelo que o recurso não logra provimento.

3. Termos em que, improcedendo todas as questões suscitadas pelo recorrente e não se mostrando violadas as normas legais por ele invocadas, negam provimento ao recurso e confirmam a decisão recorrida. | **Parte dispositiva.**

O recorrente pagará as custas com taxa de justiça que se fixa em 10 unidades de conta.

Supremo Tribunal de Justiça, 6 de Junho de 2007
PEREIRA MADEIRA (RELATOR)
SIMAS SANTOS
SANTOS CARVALHO

Pagamento voluntário de dívida sob execução fiscal extinta por prescrição

"Só há coacção moral se a ameaça for feita com a cominação de um mal ilícito, de um mal que a parte ameaçada não esteja juridicamente vinculada a suportar. Não constitui coacção a ameaça do exercício normal de um direito" – *Ac. do T.C. Administrativo do Norte de 10 de Janeiro de 2008*

Relatório.

- Acórdão do Tribunal Central Administrativo Norte
Data: 10 de Janeiro de 2008
Relator: Juiz Desembargador Dr. Moisés Moura Rodrigues
Processo: 1489/07.2BEPRT [inédito]

I

Maria José (adiante Recorrente), NIF…, não se conformando com a decisão proferida pela Mm.ª Juiz do Tribunal Administrativo e Fiscal do Porto que julgou improcedente a presente reclamação por ela deduzida contra o despacho do Chefe do Serviço de Finanças do Porto 6, de 27/07/2006, que considerou prescrita a dívida exequenda e indeferiu o pedido de restituição da quantia por si paga de € 8.763,46, veio dela recorrer, concluindo, em sede de alegações:

A) A Recorrente nunca procedeu ao pagamento da quantia de € 8.763,46 de forma livre e espontânea;
B) À data em que a Recorrente procedeu ao pagamento da quantia de € 8.763,46, sobre ela subsistia uma ordem de penhora de 1/6 do seu vencimento emitido pelo Serviço de Finanças do Porto 6.º;
C) A Recorrente apenas foi notificada do cancelamento do pedido de penhora, por ofício 7828 do Serviço de Finanças do Porto 6.º datado de 28 de Julho de 2006;
D) Pelo que, ao contrário do que está exposto na douta sentença de que ora se recorre, o levantamento da penhora de vencimento não operou por meio de um simples requerimento a solicitar a declaração da prescrição da dívida.

Nestes termos e nos melhores de Direito aplicáveis, deve o presente recurso ser julgado procedente, nos termos acima expostos, revogando a decisão do Tribunal Administrativo e Fiscal do Porto, determinado a entrega da quantia de € 8.763,46 (oito mil setecentos e sessenta e três euros e quarenta e seis cêntimos) à Recorrente por parte do Serviço de Finanças do Porto 6.

Não foram apresentadas contra-alegações.

A **Procuradora-Geral Adjunta** neste Tribunal emitiu parecer, a fls. 130 e 131, no sentido de ser negado provimento ao recurso, com os seguintes fundamentos, que se respigam:

«Entende a recorrente que na data em que fez o pagamento da divida já a mesma estava prescrita e só procedeu ao pagamento porque sabia ser esse o único meio de levantar a penhora sobre o seu vencimento não obstante saber da prescrição.
Importa saber se não obstante a prescrição da divida a recorrente tem ou não direito à restituição da quantia de 8.763,46 entretanto paga.
Em nosso entender (tal como parecer do MP a fls 80 e 81 e sentença recorrida) a resposta terá de ser negativa.
Com a prescrição não se extingue a obrigação mas só o meio de exigir a acção creditória – cfr artigo 817 do Código Civil.
Ocorrendo a prescrição o devedor pode recusar o pagamento da obrigação ou opor-se ao exercício do direito prescrito.
No caso "sub-judice" o pagamento da divida exequenda resultou não da penhora mas antes dos pagamentos voluntários feitos pela ora recorrente que originaram a extinção da execução.
Ao contrário do defendido pela recorrente o pagamento não era o único modo para o levantamento da penhora.
Deveria ter sido feito um requerimento ao Serviço de Finanças competente a solicitar a declaração da prescrição da divida e no caso de indeferimento desse requerimento deveria ser apresentada reclamação nos termos do artigo 276 e seguintes do CPPT.
Assim sendo e não obstante a prescrição a recorrente não tem direito a ver reembolsada a quantia paga voluntariamente.
A reclamação tinha de ser julgada improcedente como o foi.
Razão pela qual o MP entende que deve ser negado provimento ao presente recurso com manutenção na ordem jurídica da sentença recorrida.»

NOVÍSSIMOS ESTILOS 2 – JURISPRUDÊNCIA

Com dispensa de vistos legais dada a celeridade no julgamento do recurso (art. 707.º n.º 2 do CPC), importa apreciar e decidir.

II

Matéria de facto assente.

É a seguinte a factualidade dada como provada na 1.ª Instância, que se transcreve *ipsis verbis*, corrigindo-se a **bold** meros lapsos:

Com fundamento nos elementos juntos aos autos, considero **provados**, com interesse para a apreciação da matéria da excepção, os seguintes factos:

1. Em 14/7/2007 **(14/7/2006, face a fls. 41 a 43, original do documento fotocopiado a fls. 18 a 20)**, a reclamante apresentou um requerimento a alegar que a dívida exequenda já se encontrava prescrita na data em que efectuou o seu pagamento e, consequentemente, a solicitar o cancelamento da penhora mensal de 1/6 do seu vencimento e a restituição da quantia de € 8.763,46, conforme requerimento de fls. 18/20, cujo teor se dá por integralmente reproduzido.
2. Por despacho do Chefe de Serviço de Finanças do Porto 6, de 27/7/2006, foi declarada prescrita a dívida exequenda e indeferido o pedido de restituição da quantia requerida, com o seguinte fundamento:"(...) *Assim sendo, a dívida já estava prescrita. No entanto, a contribuinte procedeu ao seu pagamento em 30/06/2006, pelo que fica sem efeito a prescrição que havia ocorrido. Prevê o n.º 2 do art. 304.º do Código Civil que "não pode ser repetida a prestação realizada espontaneamente em cumprimento de uma obrigação prescrita, ainda que feita com ignorância da prescrição. Assim sendo é de indeferir o requerido pela contribuinte."*
3. Na sequência deste despacho, em 8/8/2006, a reclamante apresentou reclamação graciosa a reiterar o pedido de restituição da quantia paga.
4. Por despacho de 17/5/2007, proferido pelo Director de Finanças Adjunto da Direcção de Finanças do Porto, foi indeferido o pedido de restituição da quantia paga.
5. Por ofício registado em 6/6/2007, o Serviço de Finanças do Porto 6 comunicou à reclamante que o prazo para apresentação da reclamação graciosa se encontrava expirado e que poderia apresentar reclamação desta decisão, nos termos do art. 276º do CPPT, no prazo de 10 dias após a notificação da decisão.
6. A presente reclamação foi apresentada em 18/6/2007.

Com fundamento nos documentos existentes nos autos, considero **provados,** além dos factos supra referidos, ainda os seguintes factos, com relevância para a decisão da causa:

a) Em 30/12/1997, foi autuada a execução fiscal nº 3182199701039628 contra Nuno e a ora reclamante, por dívida de IRS, do ano de 1993, no montante de 797.436$00.
b) Em 25/5/2005, a execução fiscal referida em a) foi apensada ao processo 3182199801018540 referente ao IRS de 1992.
c) Em 12/6/2006, no âmbito dos referidos processos de execução fiscal, foi ordenada a penhora mensal de 1/6 do vencimento da ora reclamante até ao pagamento de € 7.166,66.
d) Em 29/6/2006 e 30/6/2006, foram efectuados dois pagamentos por conta, para pagamento da dívida exequenda, nos montantes de € 1.588,98 e € 7.174,48, respectivamente.
e) Em 30/6/2006, o processo executivo foi extinto por pagamento voluntário.

Ao abrigo do disposto no art. 712.º, n.º 1, al. a), do CPC acorda-se em aditar a seguinte matéria de facto que igualmente se mostra documentalmente provada:

f) Como também consta da fundamentação do despacho reclamado, ao qual se refere o item 2. do probatório que antecede, o levantamento da penhora identificada em c). do mesmo probatório foi solicitado pela entidade exequente em 05/07/2006 – cfr. fls. 49 e 51 dos autos;
g) Na execução fiscal referida em a) que antecede foram aqueles sujeitos passivos citados por aviso expedido em 12/01/1998, nos termos do art. 276.º do CPT – cfr. fls. 40 verso.

III

O âmbito do recurso é definido pelas conclusões das alegações, não podendo o tribunal conhecer de matérias não incluídas, a não ser que se trate de questões de conhecimento oficioso[1], sendo ainda certo que como os recursos não visam criar decisões sobre matéria nova, é o seu objecto delimitado pelo conteúdo da decisão recorrida, pelo que a única questão que se mantém sob recurso é a de saber se, como se decidiu em 1.ª instância, o despacho reclamado é de manter na ordem jurídica e através do qual a ora Recorrente viu indeferido, com fundamento no disposto no n.º 2, do art. 304.º, do Código Civil, o pedido de restituição da quantia de € 8.763,46 paga pela mesma, em 29 e 30/06/2006, em processo de execução fiscal e estando nessas datas a dívida prescrita, ou se, pelo contrário, é de revogar a decisão recorrida e deferir à pretensão da ora Recorrente por não ter procedido ao pagamento de tal quantia de forma livre e espontânea, uma vez que nessas datas subsistia sobre ela uma ordem de penhora de 1/6 do seu vencimento.

Vejamos.

Os efeitos da prescrição.

«O fundamento último da prescrição encontra-se na negligência do titular do direito, ao não o exercer dentro de certo período de tempo, tido como razoável pelo legislador, e durante o qual seria legítimo esperar o seu exercício, se nisso estivesse interessado.

O decurso desse período de tempo, fixado pela lei em função da natureza de cada direito, importa várias consequências. Por um lado, a inércia do titular do direito pode levar o devedor a admitir, com razoabilidade, não estar ele já interessado na sua invocação; por outro, essa mesma inércia faz com que o credor deixe de merecer tutela jurídica, pois lhe foi dada oportunidade razoável para exercer o seu direito e não o fez.

Se tomarmos agora o problema pelo lado do devedor, a abstenção do exercício do direito, para além de um período de tempo tido como suficiente, segundo critérios de razoabilidade, para ele ser actuado, cria uma certa *esperança* de o credor se ter desinteressado do cumprimento; daí o admitir-se a possibilidade de o devedor se considerar liberto de cumprir.

Como facilmente se deixa ver, estamos numa rota de colisão entre valores jurídicos contraditórios. No plano da *Justiça,* a prescrição não tem razão de ser, pois o devedor, que não realizou de facto a prestação, havia de considerar-se vinculado até o credor lha exigir; por muito tempo que passe, nesta perspectiva, ele nunca pode dizer que não deve, se ainda não cumpriu. Mas razões de *certeza* ou *segurança* nas relações jurídicas impõem, bem compreensivelmente, consequências desfavoráveis para a inércia prolongada do credor, pelo não exercício do direito ou pelo seu exercício tardio. Pesa, aqui, a necessidade de defesa da referida *esperança* do devedor e, ainda, de prevenção de consequências decorrentes da eventual dificuldade de, passado *muito tempo,* se fazer prova do cumprimento, porventura, já realizado.

Sendo estas as coordenadas que balizam o problema, a eficácia da prescrição só é legítima até onde se obtenha a conciliação dos valores em conflito. **Esta alcança-se, em termos gerais, pela seguinte via: por um lado, é de admitir a possibilidade de o devedor se opor a um pedido de cumprimento por parte do credor menos diligente; mas se o devedor, embora tardiamente, cumprir, há-de admitir-se que cumpriu bem. (bold nosso)**

O entendimento contrário, atribuindo à prescrição o efeito de extinção automática do direito não exercido, conduziria a consequências exorbitantes e não justificadas.»[2-3]

De acordo com os termos do n.º 1, do art. 304.º do Código Civil, o decurso do prazo prescricional dá ao devedor "a faculdade de recusar o cumprimento da prestação ou o de se opor, por qualquer modo, ao exercício do direito prescrito."

«A um primeiro exame, esta norma poderia sugerir uma extinção do direito, mas o n.º 2 do mesmo preceito logo introduz uma nota complementar que afasta radicalmente tal entendimento. Assim, mesmo depois de declarada a prescrição, se o devedor cumprir, cumpre bem e não pode obter a repetição da prestação feita.[4]

Configura-se, portanto, o regime próprio de uma obrigação natural. Dito por outras palavras, o cumprimento da obrigação prescrita corresponde a um dever de justiça, mas não pode ser judicialmente exigido.»[5]

«As obrigações naturais são deveres cujo cumprimento não é judicialmente exigível mas que estão, em princípio, sujeitas ao regime das obrigações civis em tudo o que não se relacione com a realização coactiva da prestação. Designadamente o cumprimento espontâneo de uma obrigação natural é tratado como se fora cumprimento de uma obrigação civil (considerando-se espontâneo o cumprimento livre de toda a coação). O que significa duas coisas: que não pode pedir-se a restituição da prestação (irrepetibilidade ou *soluti retentio*); e que a prestação efectuada vale como verdadeiro cumprimento (acto oneroso) e não como liberalidade (acto gratuito).

O devedor natural não pode ser compelido a efectuar a prestação; mas, se a realiza <u>sua sponte</u>, o seu acto é irretratável e a qualificação que lhe compete é a de pagamento e não de doação.

(…)

A obrigação natural é um dever. Mas um dever em que têm de concorrer dois requisitos. Requisito positivo: ser um dever de justiça. Requisito negativo: não ser judicialmente exigível.

(…)

Aos tribunais compete em cada caso definir, segundo o sentimento prevalecente no meio social, se se está na presença de um simples dever moral ou social ou de um verdadeiro dever de justiça.

Para que o cumprimento de uma obrigação natural se considere validamente feito, não podendo o devedor reclamar a devolução do que tiver prestado, basta que ele possua capacidade para efectuar a prestação e a realize espontaneamente (art. 403.º). Não se exige da sua parte a consciência de cumprir uma obrigação incoercível. Mesmo que actue no pressuposto errado da coercibilidade do vínculo, dá-se a irrepetibilidade da prestação ou *soluti retentio*.

A lei prevê expressamente alguns casos de obrigações naturais: obrigação prescrita (art. 304.º, n.º 2); obrigação natural de alimentos (art. 495.º, n.º 3); obrigação proveniente de jogo ou aposta (art. 1245.º).»[6]

Seguindo de perto o dizer de Antunes Varela[7], um dos casos típicos de dever de justiça é o da dívida prescrita. A dívida extingue-se como vínculo jurídico, uma vez decorrido o prazo prescricional. Porém, se o devedor cumprir espontaneamente, a prestação corresponde ainda a um dever de justiça, visto que a extinção do vínculo jurídico se dá por motivos de certeza das relações e de segurança, que não afectam, no plano da justiça, a posição anterior dos interessados.

Como se referiu anteriormente, "no plano da *Justiça,* a prescrição não tem razão de ser, pois o devedor, que não realizou de facto a prestação, havia de considerar-se vinculado até o credor lha exigir; por muito tempo que passe, nesta perspectiva, ele nunca pode dizer que não deve, se ainda não cumpriu."

Avançando, importa pronúncia acerca do já referido art. 403.º, do Código Civil, no qual, sob a epígrafe "Não repetição[8] do indevido", se estatui no n.º 1 que "Não pode ser repetido o que for prestado espontaneamente em cumprimento de obrigação natural, excepto se o devedor não tiver capacidade para efectuar a prestação", estabelecendo o n.º 2 que "A prestação considera-se espontânea, quando é livre de toda a coacção."

«Quando se entrega uma prestação *solvendi causa,* isto é, destinada a cumprir uma obrigação, mas não existe a dívida que se pretende saldar, diz-se que aquele que a entregou pagou o *indevido,* e reconhece-se-lhe o direito de obter a restituição ou *repetição* do que

PAGAMENTO VOLUNTÁRIO DE DÍVIDA SOB EXECUÇÃO FISCAL EXTINTA POR PRESCRIÇÃO

haja pago (art. 476.º). Porém, se esse pagamento foi feito em cumprimento de uma obrigação natural, pagou-se o que era devido (embora não pudesse ser coercivamente exigido), e daí que não deva reconhecer-se, àquele que efectuou tal prestação, o direito à repetição dela. Para ser inadmissível a repetição é necessário que o cumprimento tenha sido espontâneo, isto é, tenha sido feito sem coacção. O facto de o devedor supor erradamente que o cumprimento da obrigação a que respeita o pagamento lhe podia ser judicialmente imposto, é irrelevante, desde que o erro não tenha sido determinado por dolo do credor.

A irrepetibilidade da prestação feita em cumprimento de obrigação natural só pode opor-se a pessoa capaz, visto que, não podendo o incapaz contrair validamente uma obrigação civil, por maioria de razão não pode ser obrigado a manter o cumprimento de uma obrigação desprovida de coercitividade.»[9]

Continuando, importa pronúncia acerca do conceito de coacção, uma vez que, a existir esta, a prestação, em forma de pagamento, se tem de considerar não espontânea.

«O Código Civil não estabelece uma noção de coacção moral.[10] Contudo, a partir do regime fixado nos arts. 255.º e 256.º e, em particular, no n.º 1 do primeiro destes preceitos é possível apurar a seguinte ideia: a coacção moral consiste numa violência ou numa ameaça ilícita de um mal com o fim de obter uma declaração.

(…)

Se analisarmos o conceito de coacção moral acima estabelecido, podemos nele autonomizar vários elementos: *a ameaça de um mal, a ilicitude da ameaça e a intencionalidade da ameaça.*

(…)

O mal a que se refere a ameaça pode respeitar quer à pessoa do coagido, quer à sua honra ou ao património (fazenda, como diz a lei). Mas há ainda ameaça relevante se o mal respeitar à pessoa, honra ou fazenda de um terceiro. Assim resulta do n.º 2 do art. 255.º.

(…)

A exigência deste requisito[11], segundo pensamos, vem duplamente estabelecida na lei, quer quando no n.º 1 do art. 255.º exige que o coagido haja sido ilicitamente ameaçado, quer quando no n.º 3 do mesmo preceito se estabelece que não constitui coacção a ameaça de exercício normal de um direito.»[12]

«A ameaça, para que constitua coacção, deve ser *ilícita*. A *ameaça* lícita, isto é, a ameaça do exercício de um direito não constitui coacção. Não há coacção, por exemplo, se se *ameaça* o devedor com uma execução ou uma falência, se ele não assinar o reconhecimento da dívida, se não entregar em pagamento um objecto de valor correspondente à dívida, se não prestar uma garantia, etc. (*Vide*, em Manuel de Andrade, *Teoria Geral da Relação Jurídica, II*, n.º 143, estes e outros exemplos de *ameaças* lícitas; (…). Trata-se, como se diz no n.º 3, do exercício normal de um direito.»[13]

Finalmente, Jorge Lopes de Sousa pronunciou-se recentemente acerca desta questão, que constitui o cerne da situação *sub judicio*, em dois locais:

Na anotação 10. ao art. 175.º do Código de Procedimento e de Processo Tributário[14], nos seguintes termos:

«Se, apesar de a prescrição ser de conhecimento oficioso, ela não for declarada e a obrigação tributária vier a ser paga voluntariamente, antes ou depois da instauração da execução, o contribuinte não tem direito a ser reembolsado do que pagou.

Com efeito, completada a prescrição, o beneficiário tem a faculdade de recusar o cumprimento da prestação ou de se opor, por qualquer modo, ao exercício do direito prescrito, mas não pode ser repetida a prestação realizada espontaneamente em cumprimento de uma obrigação prescrita, ainda quando feita com ignorância da prescrição (n.ºs 1 e 2 do art. 304.° do Código Civil).

Diferente, porém, deve ser a solução se o pagamento for coercivamente efectuado, por prosseguir a execução fiscal apesar de a prescrição ter ocorrido. Com efeito, a situação em que, no n.° 2 do art. 304.°, se proíbe o reembolso da quantia utilizada no pagamento de obrigação prescrita é apenas a do pagamento espontâneo.»

E ainda em acórdão da 2.ª Secção do STA por si relatado em 05/12/2007, no Processo n.° 0638/07[15], do qual se transcreve:

«A questão que é objecto do presente recurso jurisdicional é a de saber se, ocorrendo pagamento da dívida exequenda, deve ser apreciada oposição à execução fiscal em que é invocada a prescrição da dívida.

No caso em apreço o pagamento foi efectuado da dívida exequenda na mesma data em que foi apresentada a petição de oposição.

Efectuado o pagamento voluntário da execução fiscal, esta extingue-se (arts. 264.°, n.° 1, e 269.° do CPPT), bem como a oposição que eventualmente tenha sido instaurada, por inutilidade superveniente da lide.

Na verdade, a finalidade da oposição à execução fiscal é apurar se a execução deve ou não prosseguir contra o oponente e, no caso de não poder prosseguir, extinguir ou suspender a execução; extinta a execução fiscal, fica definitivamente assente que a execução não prossegue contra o oponente, pelo que está concretizado o objectivo da oposição. Não se inclui entre as finalidades do processo de oposição, apreciar se da actuação da Administração tributária no processo de execução fiscal emergem direitos para os oponentes.

Assim, estando já efectuado o pagamento voluntário no momento em que a oposição foi remetida ao Tribunal, não tinha este que apreciar os fundamentos de oposição, por tal ser actividade inútil para serem atingido o objectivo para a o processo de oposição à execução fiscal está vocacionado.

Não significa isto que as Oponentes não possam, eventualmente, reaver a quantia paga, se se verificarem os requisitos de que a lei faz depender a repetição do que foi pago em cumprimento de obrigação prescrita, previstos no art. 304.° do CC, designadamente o de ter sido efectuado pagamento não espontâneo.

Porém, trata-se de matéria que não cabe no âmbito do processo de oposição à execução fiscal que tem apenas a finalidade atrás referida e não apreciar se devem ser reconhecidos direitos para os oponentes emergentes do processo de execução fiscal.»

Que dizer, desta última dupla citação?

Não entendemos e, até vislumbramos alguma contradição, na aludida anotação, quando consideramos, por um lado, os dois primeiros parágrafos e, por outro, o terceiro parágrafo. Atente-se que naqueles se considera como não tendo o contribuinte direito a ser reembolsado do que espontaneamente pagou, mesmo no caso de já ter sido instaurada execução fiscal e, neste último, se defende posição contrária se "o pagamento for coercivamente efectuado".

Assim, entendemos, tal como atrás o defenderam Pires de Lima e Antunes Varela, citando Manuel de Andrade, que a prestação não deixa de ser espontânea, não deixa de ser livre de toda a coacção, se tiver sido obtida através de pagamento coercivo em processo executivo.

Deste modo, estamos com a fundamentação vertida no acórdão da 2.ª Secção do STA, relatado em 19/09/2007, no Processo n.° 0194/07[16], quando ali se defende:

PAGAMENTO VOLUNTÁRIO DE DÍVIDA SOB EXECUÇÃO FISCAL EXTINTA POR PRESCRIÇÃO

«Em nosso modo de ver, o pagamento pode ser "coercivamente efectuado" e, mesmo assim, não poder ser repetido sob a alegação de que não é devido.

Isto, independentemente, é claro, do direito que a lei reconhece ao executado de invocar a prescrição da obrigação exequenda (não paga), e, com tal fundamento, poder deduzir oposição à execução.

Nos termos da lei, a prestação não deixa de ser espontânea, e natural a obrigação e o seu cumprimento devido, pelo simples facto de o respectivo pagamento ter sido operado "coercivamente" em processo executivo.

É que, de acordo com a lei, o pagamento feito em processo executivo é sempre "espontâneo" e "livre de toda a coacção", uma vez que o exercício normal de direitos processuais de carácter executivo não constitui coacção ilegítima.

E, por isso, o devedor que, *sponte sua*, tenha satisfeito a obrigação exequenda ainda que erroneamente se considere obrigado a efectuar a prestação, não tem direito à "repetição do indevido".

Nesse caso, a prestação efectuada será considerada como cumprimento de uma obrigação natural, por força do artigo 403.º do Código Civil, e, assim, o credor está juridicamente legitimado a ficar com a prestação *soluti retentio*.»

Voltando, agora, ao caso *sub judicio*, entendemos, como na sentença recorrida, que "apesar de ter sido ordenada a penhora mensal de 1/6 do vencimento mensal da reclamante, certo é que o pagamento da dívida exequenda não resultou dessa penhora, mas dos pagamentos voluntários efectuados em 29/6/2006 (€ 1.588,98) e em 30/6/2006 (€ 7.174,48) e que originaram a consequente extinção da execução.

E não procede o argumento da reclamante de que só com tal pagamento era possível o levantamento da penhora do vencimento (motivo pelo qual apesar da prescrição da dívida, efectuou o pagamento das referidas quantias), já que bastaria um requerimento a solicitar ao órgão de execução fiscal a declaração da prescrição da dívida e, em caso de indeferimento, a reclamação de tal decisão para o Tribunal Tributário competente, nos termos do art. 276° e ss. doCPPT."[17]

Como se constata, do probatório, os pagamentos que a ora Recorrente pretende lhe sejam restituídos foram efectuados após citação no processo de execução fiscal, em 29 e 30/06/2006, tendo a execução fiscal sido extinta por esse pagamento voluntário em 30/06/2006 e apenas em 14/07/2006 veio a contribuinte apresentar requerimento alegando a prescrição da dívida exequenda, solicitando o cancelamento da penhora e a restituição da quantia voluntariamente paga. Na sentença recorrida nunca se referiu, contrariamente ao alegado na conclusão D) destas alegações de recurso, que o levantamento da penhora operaria por um requerimento invocando a prescrição das dívidas em questão. Referiu-se, sim, e correctamente, que não procede o argumento da ora Recorrente de que só com o pagamento era possível o levantamento da penhora, já que, sabendo da prescrição da obrigação exequenda (não paga), devia e podia em requerimento invocar a mesma e, com tal fundamento, recusar o seu cumprimento ou opor-se, como aliás já vimos a lei lho permitir.

Razão pela qual não faz sentido a ora Recorrente vir dizer que "nunca procedeu ao pagamento da quantia de € 8.763,46 de forma livre e espontânea", uma vez que se não vê como pode ter-se por afastada a espontaneidade do acto de pagamento que, *motu próprio*, a ora Recorrente realizou, sendo certo que a ordenada penhora "mais não é que a lícita coercibilidade inerente à própria tramitação do processo executivo, co-natural e adequada à cabal realização do direito no caso concreto, correspondendo ao normal e correcto exercício do direito processual do exequente credor.

E, ademais, atenta a voluntariedade do pagamento realizado, a pretensão de "repetição do indevido" no caso traduz uma posição de *venire contra factum proprium* ofensiva dos princípios da confiança e da boa-fé.

NOVÍSSIMOS ESTILOS 2 – JURISPRUDÊNCIA

	(…)
Efeitos do pagamento voluntário de dívida fiscal prescrita.	E, então, a concluir, podemos assentar que o *pagamento voluntário*, feito pelo executado por conta de dívida sob *execução fiscal* extinta por *prescrição da obrigação* respectiva, não pode fundamentar a devolução ou "*repetição do indevido*", pois esse pagamento corresponde ao cumprimento de uma *obrigação natural*."[18]
	Improcedem, pelos fundamentos expostos, as conclusões do presente recurso.
	IV
Parte dispositiva.	Face ao exposto, decide-se **negar provimento** ao recurso, mantendo a decisão recorrida.
	Custas pela reclamante, ora Recorrente.
	Notifique e registe.
	Porto, 10 de Janeiro de 2008 Moisés Moura Rodrigues José Maria da Fonseca Carvalho Aníbal Augusto Ruivo Ferraz

---

[1] Cfr. arts. 684.º n.º 3 e 690.º n.ᵒˢ 1 e 3, ambos do CPCivil.
[2] Cfr. Vaz Serra, *Prescrição e Caducidade, in* BMJ, n.º 105, págs. 32-34.
[3] Luís Carvalho Fernandes, *Teoria Geral do Direito Civil, vol. II*, 3.ª edição, Universidade Católica Editora, págs. 648 e 649.
[4] O mesmo regime vale para os demais casos de satisfação do crédito prescrito, como expressamente estatui a segunda parte do citado n.º 2.
[5] Luís Carvalho Fernandes, *in obra citada,* págs. 649 e 650.
[6] Inocêncio Galvão Telles, *Direito das Obrigações*, 2.ª edição, Petrony, págs. 52 a 54.
[7] Cfr. *Obrigações, I,* 9.ª edição revista e actualizada, pág. 749.
[8] "Repetir" tem aqui o significado etimológico de pedir (*petere*) a restituição (*re*). Para evitar confusões, preferível teria sido usar a palavra inequívoca "restituição", que aliás a própria lei a cada passo emprega, e abandonar o termo vernáculo "repetição", susceptível de originar equívocos por, fora deste particular domínio técnico, se lhe atribuir alcance praticamente oposto. – cfr. Inocêncio Galvão Telles, *ob. citada*, pág. 156.
[9] Jacinto Rodrigues Bastos, *Das Obrigações em Geral, I,* 2.ª edição, pág. 37.
[10] Para o caso *sub judicio* não importa considerar a coacção física onde falta inteiramente a vontade – art. 246.º do Código Civil.
[11] A *ilicitude da ameaça*.
[12] Luís Carvalho Fernandes, *in ob. citada*, págs. 181 a 183.
[13] Pires de Lima e Antunes Varela, *Código Civil Anotado, Vol. I*, 4.ª edição, pág. 238, anotação 2. ao art. 255.º.
[14] II Volume, 5.ª edição, Maio de 2007.
[15] Consultável na íntegra aqui:
http://www.dgsi.pt/jsta.nsf/35fbbbf22e1bb1e680256f8e003ea931/4850feeed1d977dd802573b4003f7cde?OpenDocument
[16] Consultável na íntegra aqui:
http://www.dgsi.pt/jsta.nsf/35fbbbf22e1bb1e680256f8e003ea931/77191b549496909980257369003903c3f?OpenDocument
[17] E esta reclamação/recurso sobe imediatamente ao tribunal, sendo tramitada como processo urgente, como já foi decidido neste TCAN, em acórdão por nós relatado em 01/06/2006, no processo n.º 00068/06.6BEPNF e consultável na íntegra em http://www.dgsi.pt/jtcn.nsf/a10cb5082dc606f9802565f600569da6/dbbe124fffe77c968025718600581b2e?OpenDocument
[18] Extractado do acórdão da 2.ª Secção do STA, relatado em 19/09/2007, no Processo n.º 0194/07, atrás referido.

EQUILÍBRIO ENTRE LIBERDADE DE EXPRESSÃO E PROTECÇÃO DE DIREITOS DOS QUEIXOSOS

- Acórdão do Tribunal Europeu dos Direitos do Homem

Data: 26 de Abril de 2007
Relator: J.P. Costa, Juiz do TEDH
Processo: 11319/03 *(Tradução livre do original em língua francesa)*

Equilíbrio entre liberdade de expressão e protecção de direitos dos queixosos

ESTRASBURGO
26 de Abril de 2007

No processo Colaço Mestre e SIC – Sociedade Independente de Comunicação, S.A., contra Portugal,

O Tribunal Europeu dos Direitos do Homem (Antiga 12.ª Secção), reunido em câmara única, composta por

MM. J.P. Costa, *Presidente*,
I. Cabral Barreto,
K. Kungwiert,
V. Butkevych,
M. Uhrekhelidze,
Mmes. A. Mularoni
E. Fura-Sandström, *juízes*

E de M.me S. Dolle, oficial de secção.

Após terem deliberado em câmara do Conselho aos 18 de Outubro de 2005 e 27 de Março de 2007.

Proferem o presente acórdão, adoptado nesta última data.

Factos principais

Em 21 Novembro 1996, no âmbito do programa *"Os donos da bola"*, o canal de televisão SIC (Sociedade Independente de Comunicação), através do seu enviado especial, jornalista M. J. Colaço Mestre (doravante os requerentes), entrevistou Gerhard Aigner, à época secretário-geral da UEFA (União das Associações Europeias de Futebol). A entrevista, que teve lugar em Amesterdão, focava a situação do futebol português e acusava de corruptos árbitros portugueses bem como M. J. Pinto da Costa, então presidente da *Liga portuguesa de futebol profissional* – entidade organizadora do campeonato profissional de futebol – e do *Futebol Clube do Porto* ("FC Porto").

Os requerentes, M. J. Colaço Mestre e a SIC, demandaram o Tribunal (*Tribunal Europeu dos Direitos do Homem*-TEDH) em Março de 2003. Alegavam que a sua condenação por difamação através da imprensa, proferida pelas instâncias judiciárias nacionais, violava o artigo 10 da Convenção (*Convenção Europeia dos Direitos do Homem*-CEDH) sobre o direito à Liberdade de expressão. A queixa foi aceite por decisão de 18 Outubro 2005.

Abaixo se transcreve o extracto da entrevista que é objecto deste caso (**R**. é o requerente M. J. Colaço Mestre, e **A**. é o entrevistado Sr. Gerhard Aigner):

«R.: O presidente da Liga [portuguesa] é ao mesmo tempo o presidente de um grande clube.
A.: Refere-se ao presidente do FC Porto?
R.: Sim, ele é ao mesmo tempo presidente da Liga e patrão dos árbitros e todos os domingos está sentado no banco dos jogadores.
A.: Penso que ele não terá interesse em tomar o lugar dos jogadores, mas é inevitável que o presidente da Liga esteja presente nos jogos do seu clube; mas que isso tenha consequências na acção dos árbitros sobre o terreno (…) penso que se começamos a fazer reflexões deste tipo, o futebol não poderá continuar a sua actividade.

"O debate sobre questões de corrupção no futebol era, à época dos factos, muito intenso e fazia regularmente "manchete" na imprensa generalista. O próprio processo litigioso atraiu na época, como as partes sublinharam, uma larga cobertura mediática. O queixoso era uma personalidade bem conhecida do público, que à época desempenhava – como de resto desempenha ainda hoje – um papel importante na vida pública do país por ser o presidente de um grande clube de futebol, e ao tempo dos factos, da Liga que tinha por missão a organização do campeonato de futebol profissional e a entrevista em causa versava exclusivamente sobre as suas actividades públicas enquanto presidente de um grande clube de futebol e da Liga, o que confere à entrevista o levantamento de questões de interesse geral" – *Ac. do T.E. dos Direitos do Homem de 26 de Abril de 2007*

Descrição da matéria processual e factual.

R.: Dou-lhe um exemplo: na sua qualidade de presidente do FC Porto, o mesmo presidente da Liga insultou publicamente, o ano passado, dois árbitros em dois jogos que o seu clube não ganhou. Isto é normal?

A.: Conheço outras situações idênticas nas quais o presidente de uma Liga é ao mesmo tempo presidente de um clube de futebol; ou situações nas quais é um órgão da Liga que designa os árbitros ou mesmo casos onde decisões disciplinares são tomadas por [órgãos da Liga]; não é pois um caso isolado.»

Do processo penal.

O Processo penal

Em 1999, M. Pinto da Costa apresentou uma queixa-crime perante o Ministério Publico do Porto, tendo-se constituído assistente contra o primeiro requerente e três outros jornalistas da segunda requerente (o apresentador da emissão, o director de desportos e o director de programas), que acusava de terem cometido o delito de abuso de liberdade de imprensa.

O Tribunal Criminal do Porto (TCP) julgou o primeiro requerente culpado pelo delito de que vinha acusado e condenou-o ao pagamento de uma multa de 260.000 escudos portugueses (PTE) ou, em alternativa a 86 dias de prisão. Condenou ainda os dois requerentes, solidariamente, ao pagamento de 800.000 PTE a M. Pinto da Costa a título de indemnização e absolveu os restantes acusados. O TCP considerou designadamente que o primeiro requerente tinha insinuado com as suas perguntas que M. Pinto da Costa controlava os árbitros portugueses, sendo que a Liga dispunha de uma comissão de arbitragem independente do seu presidente, sendo este facto do conhecimento do primeiro requerente. Para o TCP esta posição do requerente era difamatória. O TCP considerou igualmente que M. Pinto da Costa não tinha insultado os árbitros em causa, pelo que a afirmação do primeiro requerente sobre este ponto era ela também igualmente difamatória. Por fim, o TCP considerou que o requerente com as suas perguntas tinha pretendido não informar, mas unicamente formular um ataque baixo contra M. Pinto da Costa, apresentando-o como uma pessoa execrável junto das instâncias internacionais de futebol.

Os requerentes interpuseram recurso perante o Tribunal da Relação do Porto (TRP), alegando, designadamente, a violação do seu direito à liberdade de expressão garantido pelo artigo 10.º da CEDH. Sublinharam a situação de intenso debate público relativo ao futebol que se vivia nessa época. Alegaram designadamente que o primeiro requerente se tinha limitado a fazer valer o seu direito de transmitir informações, fundando-se, quanto à formulação das perguntas objecto de litigio, sobre factos confirmados e amplamente divulgados na imprensa nacional, não tendo por isso sido cometida qualquer infracção. No seu parecer sobre o bem fundado do recurso, o procurador-geral-adjunto junto do TRP sustentou que o recurso deveria ser acolhido, tendo em conta designadamente a jurisprudência do Tribunal de Estrasburgo sobre a matéria.

Por acórdão de 2 Outubro 2002, o TRP rejeitou o recurso e confirmou a decisão recorrida. Sublinhando que o direito à liberdade de expressão não é ilimitado, entendeu o TRP que a formulação das perguntas imputadas ao primeiro requerente eram difamatórias e constitutivas da infracção em causa.

[...]

O Direito

O caso apreciado pelo TEDH é abrangido pelas disposições dos artigos 180.º e 183.º n.º 2 do Código Penal, e pela lei de imprensa e lei dos operadores de televisão aplicáveis à época dos factos.

Os requerentes entendem que a condenação por difamação pelos factos de que foram acusados viola o seu direito à liberdade de expressão, garantido pelo artigo 10.º da Convenção, que dispõe:

EQUILÍBRIO ENTRE LIBERDADE DE EXPRESSÃO E PROTECÇÃO DE DIREITOS DOS QUEIXOSOS

"1. Qualquer pessoa tem direito à liberdade de expressão. Este direito compreende a liberdade de opinião e a liberdade de receber ou comunicar informações ou ideias sem que possa haver ingerência de autoridades públicas e sem consideração de fronteiras. (…)
2. O exercício destas liberdades, porquanto implica deveres e responsabilidades, pode ser submetido a certas formalidades, condições, restrições ou sanções, previstas pela lei, que constituam providências necessárias numa sociedade democrática (…), à protecção da reputação ou dos direitos de outrem (…)."

A. Tese das Partes

Os requerentes sustentam que a sua condenação penal não deverá ser considerada como necessária numa sociedade democrática. Sublinhando que se trata neste caso de uma entrevista verbal, por natureza mais espontânea do que uma entrevista escrita, consideram que se limitaram a informar o público sobre um tema escaldante da actualidade, no contexto de um debate muito intenso à época. As questões em causa foram formuladas com respeito pela ética jornalística e fundavam-se sobre actos reconhecidos e divulgados por outros órgãos da imprensa. A sua condenação constituiu assim uma limitação inaceitável do seu papel de "watchdog" ["*cão-de-guarda*"] e, por isso, do livre debate de ideias, garante de uma sociedade democrática.

Para o Governo, supondo mesmo que tenha havido uma ingerência no direito dos requerentes à liberdade de expressão, ela seria necessária numa sociedade democrática, no sentido do n.º 2 do artigo 10 da Convenção. Sublinha que a margem de apreciação reconhecida ao Estado neste domínio lhe dá a escolha de incriminar os atentados à honra e à reputação das pessoas. Referindo-se à motivação das decisões das jurisdições internas, sobretudo à do TRP, o Governo considera que não existem nenhumas dúvidas que o primeiro requerente proferiu expressões difamatórias dirigidas ao queixoso, caindo assim no âmbito da legislação penal. Estas expressões causaram tanto mais dano ao queixoso quanto foram difundidas pela televisão numa emissão de grande audiência, razão pela qual a segunda requerente deveria igualmente ser tida por responsável, como veio a suceder. O Governo conclui assim pela não violação da disposição invocada.

B. *Apreciação do Tribunal*

O Tribunal lembra que, segundo a sua jurisprudência bem estabelecida, a liberdade de expressão constitui um dos fundamentos essenciais de toda a sociedade democrática, uma das condições essenciais do progresso e do desenvolvimento de cada um. Sob reserva do n.º 2 do artigo 10.º, a liberdade de expressão vale não somente para as "informações" ou "ideias" acolhidas com favor ou consideradas como inofensivas ou indiferentes, mas também para aquelas que ferem, chocam ou inquietam. Assim o querem o pluralismo, a tolerância e o espírito de abertura, sem os quais não os quais não há "sociedade democrática". Tal como está consagrada no artigo 10.º da Convenção, esta liberdade encontra-se sujeita a excepções, que devem ser interpretadas estritamente, devendo a necessidade de cada restrição ser estabelecida de maneira convincente. A condição de "necessidade numa sociedade democrática" leva o Tribunal a determinar se a ingerência litigiosa correspondia a uma "necessidade social imperiosa"

Os Estados contratantes gozam de uma certa margem de apreciação para julgar de sobre a existência de tal necessidade, mas esta margem deve conjugar-se com um controlo europeu sobre a lei e sobre as decisões que a apliquem, mesmo quando emanam de um órgão jurisdicional independente (cfr. *Lopes Gomes da Silva c. Portugal*, n.º 37698/97, §30, CEDH 2000-X).

A imprensa desempenha uma função essencial numa sociedade democrática: se ela não deve ultrapassar certos limites, atendendo designadamente à protecção da reputação e aos direitos da pessoa, compete-lhe contudo comunicar, com respeito dos seus deveres e das suas responsabilidades, informações e ideias sobre todas as questões de interesse geral. À sua função que consiste em difundir tais informações e ideias acresce o direito para o público de as receber. Se assim não fosse, a imprensa não poderia desempenhar o seu papel de "cão de guarda". (*Thoma c. Luxembourg*, n.º 38432/97, § 45, CEDH 2001-III).

A posição das partes.

Fundamentação do TEDH.

No exercício do seu poder de controlo, o Tribunal deve examinar a ingerência litigiosa à luz do conjunto do caso, incluindo o peso das intenções apontadas ao requerente e o contexto no qual ele as usou. Em particular, incumbe ao Tribunal determinar se a restrição infligida à liberdade de expressão dos requerentes era "proporcionada ao fim legítimo prosseguido" e se os motivos invocados pelas jurisdições portuguesas para justificar tal restrição eram "pertinentes e suficientes" (cfr., entre outros, *Perna c. Italie* [GC], n.° 48898/99, § 39, CEDH 2003-V e *Cumpana et Mazare c. Roumanie* [GC], n.° 33348/96, §§ 89-90, CEDH 2004-XI).

No caso em apreço os requerentes foram condenados por causa das palavras julgadas difamatórias proferidas pelo primeiro requerente, quando este colocava questões no decorrer de uma entrevista televisionada na qual era visada uma terceira pessoa, o queixoso.

O Tribunal constata que não é contestado que a condenação em causa se referia a uma ingerência no direito à liberdade de expressão dos requerentes. Também ninguém contesta que uma tal ingerência estava prevista na lei – as disposições pertinentes do Código penal e a legislação em matéria de imprensa e de operadores de televisão – e visava um fim legítimo, a saber, a protecção da reputação ou dos direitos de outrem, no sentido do artigo 10.° n.° 2 da Convenção. Por outro lado, as partes não concordam sobre o ponto de saber se a ingerência era "necessária numa sociedade democrática".

Analisando, como se impõe, em primeira mão o contexto do caso, bem como o conjunto das circunstâncias nas quais as expressões incriminadas foram proferidas, o Tribunal observa desde logo que não se pode negar que o debate em questão, mesmo que não tenha sido estritamente politico, era contudo de interesse geral. Com efeito, o debate sobre questões de corrupção no futebol era, à época dos factos, muito intenso e fazia regularmente "manchete" na imprensa generalista. O próprio processo litigioso atraiu na época, como as partes sublinharam, uma larga cobertura mediática.

Convém relembrar em seguida, como o Tribunal já o fez por diversas vezes, que há uma distinção fundamental a fazer entre uma reportagem relatando factos – mesmo controvertidos – susceptíveis de contribuir para um debate numa sociedade democrática, referido a personagens politicas no exercício das suas funções oficiais por exemplo, e uma reportagem sobre pormenores da vida privada de uma pessoa que não desempenha tais funções (*Von Hannover c. Alemanha*, n.° 59320/00, § 63, CEDH 2004-VI). No presente caso, se é verdade que o queixoso não era um homem politico no exercício de funções oficiais, domínio no qual a margem de apreciação do Estado seria mais reduzida, não é menos verdade que se tratava de uma personalidade bem conhecida do público, que à época desempenhava – como de resto desempenha ainda hoje – um papel importante na vida pública do país por ser o presidente de um grande clube de futebol, e ao tempo dos factos, da Liga que tinha por missão a organização do campeonato de futebol profissional. Deve igualmente lembrar-se, que a entrevista em causa não versava sobre a vida privada do queixoso, mas exclusivamente sobre as suas actividades públicas enquanto presidente de um grande clube de futebol e da Liga (cfr., *a contrario*, *Von Hannover* cit., §§ 64-66, e *Campmany et Lopez Galiacho Perona c. Espagne*, n.° 54224/00, CEDH 2000-XII), o que confere à entrevista o levantamento de questões de interesse geral.

Sobre as expressões em si, o Tribunal não ficou convencido com os argumentos do Governo relativos ao conteúdo das decisões das jurisdições internas, segundo as quais o requerente teria ultrapassado os limites da ética jornalística. Designadamente a propósito da expressão "patrão dos árbitros" – à qual as jurisdições internas deram grande importância -, supondo mesmo que tal expressão, tomada isoladamente, seria objectivamente difamatória, o Tribunal sublinha que ressalta claramente do conjunto da entrevista que o objectivo do requerente era obter da parte do secretário geral da UEFA um comentário sobre a acumulação de funções de M. Pinto da Costa, à data. Quanto à questão relativa aos dois árbitros que teriam sido insultados pelo queixoso, parece igualmente um tanto excessivo considerar-se objectivamente difamatória quando inserido no respectivo contexto e que o primeiro requerente pretendeu ilustrar a questão precedente.

De todo o modo, e tendo em conta o contexto de intenso debate sobre a matéria à época da entrevista, não se pode recriminar o jornalista por tratar assim uma questão que preocupava vivamente o público. Por outro lado, a peça foi difundida no âmbito de uma emissão que tratava especificamente do futebol português e era destinado a um público que podemos supor era interessado e bem informado sobre a matéria. (*v. Jersil c. Danemark,* acórdão de 23 de Setembro 1994, série A, n.° 298, p. 25, § 34). Enfim, é preciso não esquecer que o requerente não se exprimia na sua língua materna, o que pode ter afectado a formulação das perguntas que foram incriminadas; este último ponto não foi contudo tratado pelas jurisdições nacionais.

O Tribunal lembra que as reportagens de actualidades sob forma de entrevistas, representam um dos meios mais importantes para a imprensa desempenhar a sua função de "cão de guarda"/watchdog (cfr. *Jersil,* supracitado p. 25, § 35). Sancionar um jornalista com uma multa penal por ter formulado as suas perguntas de uma certa forma, assim como condenar a cadeia televisiva que o emprega ao pagamento de indemnizações, poderia bloquear gravemente a contribuição da imprensa para a discussão de problemas de interesse geral; tal não pode conceber-se sem que haja motivos particularmente graves. Ora tais motivos são inexistentes no caso em apreço. Enfim, o que conta não é a pena relativamente reduzida atribuída ao primeiro requerente, ou o montante relativamente diminuto da indemnização, mas sim o próprio facto da existência da sanção (v. *Lopes da Silva c. Portugal,* n. 37698/97, § 36).

Tendo em conta o conjunto dos elementos expostos, o Tribunal entende que não foi alcançado um justo equilíbrio entre a necessidade de proteger os direitos dos requerentes à liberdade de expressão e o de proteger os direitos e a reputação do queixoso. Se os motivos fornecidos pelas jurisdições nacionais para justificar a condenação dos requerentes puderam assim passar por pertinentes, eles não eram contudo suficientes e não correspondiam à época dos factos a nenhuma necessidade social imperiosa.

Em conclusão, a condenação dos requerentes não representava um meio razoável proporcionado à prossecução do objectivo legitimo visado, tendo em conta o interesse da sociedade democrática em assegurar e manter a liberdade de expressão, razão pela qual ocorreu violação do artigo 10.° da Convenção.

[...]

Decisão | Parte dispositiva.

Por estes motivos, o Tribunal:

1. Decide, por seis votos contra um, ter havido violação do artigo 10.° da Convenção;
2. Decide, por unanimidade, que a constatação de uma violação [da Convenção] reclama uma satisfação equitativa suficiente para o prejuízo moral sofrido pelo primeiro requerente.

[...]

Redigido em francês e comunicado por escrito em 26 de Abril de 2007, em cumprimento do artigo 77.° §§ 2 e 3 do Regulamento.

S. DOLLE
Oficial

J.-P. COSTA
Presidente

Voto de Vencida da M.ma Juiz MULARONI | Voto de vencido.

Lamento não poder compartilhar o entendimento da maioria no sentido de ter havido violação do artigo 10.° da Convenção.

A maioria centra o seu acórdão sobre o facto que se verificava um debate de interesse geral e que o Sr. J. Pinto da Costa era uma personalidade bem conhecida do público.

Quanto às expressões utilizadas na entrevista em causa, a maioria contesta as conclusões dos órgãos jurisdicionais internos, segundo os quais o primeiro requerente teria excedido os limites da ética jornalística.

Não posso compartilhar nem a apreciação nem as conclusões da maioria pelas seguintes razões:

Entendo que o direito à liberdade de expressão não pode significar de modo algum a liberdade de prejudicar a honra e a reputação das pessoas, mesmo quando se trate de personalidades conhecidas do público ou de uma questão de interesse geral. Como a maioria recorda no acórdão, o Tribunal tem frequentemente sublinhado que a imprensa não deve ultrapassar determinados limites e que deve, nomeadamente, ter em conta a protecção da reputação e os direitos dos outros.

Considero que nem o debate intenso, nem os assuntos escaldantes, podem justificar a difamação pela imprensa. Não é necessário esquecer que "a protecção da reputação ou os direitos dos outros" é orientada explicitamente pelo artigo 10.º, n.º 2 da Convenção. No meu parecer, ele não nega aos jornalistas a possibilidade de fazer "reportagens que relatam factos – mesmo controversos – susceptíveis de contribuir para o debate numa sociedade democrática". Mas ele reclama, simplesmente, o respeito pelos limites impostos pela existência dos direitos dos outros e, por conseguinte, em relação aos factos em causa nos autos, que não sejam formuladas perguntas de natureza difamatória.

Considero que o argumento da maioria segundo o qual a entrevista em questão não visava de modo algum a vida privada do queixoso mas exclusivamente às suas actividades públicas como presidente de um grande clube de futebol e da Liga e que tinha por objecto a organização do campeonato de futebol profissional (*ibidem*), não pode ser utilizado para quase reduzir a nada a protecção da reputação do Sr. J. Pinto da Costa.

Quanto às expressões utilizadas, contrariamente à maioria, entendo que os motivos fornecidos pelos órgãos jurisdicionais nacionais para justificar a condenação dos requerentes são, não somente relevantes, mas igualmente suficientes. Tomadas em conjunto, as duas perguntas incriminadas podem passar por difamatórias. Compartilho as conclusões dos órgãos jurisdicionais internos, segundo os quais o primeiro requerente teria excedido os limites da ética jornalística.

Concluo pela não violação do artigo 10.º da Convenção.

A. Mularoni.

Notas:

1. Sobre a ponderação entre o exercício do direito de informar e o direito de personalidade, a jurisprudência tem valorado este último. Por recente Acórdão da Relação do Porto, de 16.05.2007 (proc. 0710027, Des. Paulo Valério) foi decidido que "I – O direito à liberdade de expressão (art. 37.º CRP), ou seja, o direito de exprimir e divulgar livremente o pensamento, não pode ser exercido sem limites, designadamente os impostos por outros direitos constitucionais. II – Havendo colisão entre o direito de informar e os direitos inerentes à pessoa humana, deve dar-se prevalência a estes, por serem superiores, isto é, a colisão de ambos conduz, em princípio, à necessidade de compressão daquele".
2. O acórdão do Tribunal Europeu dos Direitos do Homem acima transcrito versa sobre uma problemática diversa, a saber, qual o limite máximo que a liberdade jornalística tem no âmbito da formulação de perguntas, quando nesta o jornalista abandone uma posição de total objectividade e inclua concepções pessoais, afirmações, conjecturas ou argumentos subjectivos.
3. A utilização de determinadas palavras pode tornar uma proposição em algo de explícito e em instrumento de comunicação e compreensão. É por isso que ": o aspecto cognitivo do significado de uma frase, concebido como o seu conteúdo, ou o que é estritamente dito, abstraído de condições que, no contexto proposicional, não permitam apreender as componentes descritiva e avaliativa da frase ou da palavra. Daí que o significado emotivo de uma expressão é a atitude, ou outro estado emocional, que é convencionalmente tomada como aquilo que o seu uso normal exprime. Mas muitas das expressões através dos quais exprimimos aprovação ou desaprovação têm também componentes descritivos, ou seja, são termos que têm simultaneamente um conteúdo descritivo e valorativo ("termos densos"). A interpretação, isto é, a captação do significado e do sentido

prático da linguagem falada no domínio do direito e das situações da vida real sujeitas ao escrutínio do direito penal (que por definição avalia condutas, inclusive verbais ou gestuais) não se compadece com construções desencarnadas do sentido prático e comum, por exemplo com avaliações literárias, estilísticas ou metafísicas que não encontrem uma compreensão no mundo dos seres comuns, ou seja, no mundo dos homens reais que usam uma determinada linguagem comum (partilhada) e dentro do contexto de utilização de tal linguagem, com os significados e o valor descritivo e valorativo que as palavras têm dentro de tal uso corrente e do respectivo contexto" [*in* Ac. RP citado].

4. Segundo José Faria Costa (*Comentário Conimbricence ao Código Penal*, I, 1999, p. 630), o significado das palavras, tem um determinado *valor de uso*. Valor que se aprecia, justamente, no contexto situacional, e que ao deixar intocado o significante ganha ou adquire intencionalidade bem diversa, no momento em que apreciamos o significado, o que não quer dizer que não haja palavras cujo sentido primeiro e último seja tido, por toda a comunidade falante, como ofensivo da honra e consideração.

5. Por conseguinte, as palavras e gestos devem ser configuradas de acordo com o contexto específico e os sujeitos entre os quais são proferidas, porém não podem deixar de ser conformadas, quando expressas para o público em geral, com a leitura possível e lógica que das mesmas seja passível de ser efectivada por qualquer cidadão ou "homem médio" sem que a este seja exigível um especial esforço hermenêutico.

Estatuto Editorial

sub judice justiça e sociedade é uma revista jurídica, informativa e crítica, que privilegia a discussão dos problemas dos tribunais de primeira instância e a divulgação da jurisprudência inovadora aí produzida, mas está atenta aos problemas da justiça em geral e à actualidade jurídica e judiciária nacional e europeia.

sub judice é independente dos poderes políticos e económicos e não está ao serviço de qualquer projecto ou orientação pública, jurídica ou doutrinária, constituindo antes um centro de informações e reflexão interdisciplinar aberto a todos os cidadãos que se preocupam com o exercício da justiça – e designadamente, magistrados, advogados, universitários e juristas em geral.

sub judice procurará publicar trabalhos que se enquadrem na sua temática geral e na temática específica de cada número, de acordo com um duplo critério de interesse informativo e de qualidade intrínseca, mas sempre independente das convicções doutrinárias, políticas, jurídicas ou sociais que os mesmos revelem.

sub judice está aberta à colaboração e intervenção dos seus leitores, pelo que solicita o envio de quaisquer documentos, estudos ou trabalhos jurisprudenciais, bem como sugestões sobre temas a tratar nas suas páginas.

sub judice inspira-se na tradição europeia da defesa e alargamento dos direitos cívicos e sociais, da liberdade de expressão e do espírito de tolerância.

sub judice considera que a existência de uma opinião pública esclarecida, consciente e crítica em questões jurídicas (e designadamente sobre a actividade dos tribunais e o conteúdo das suas decisões) é um instrumento indispensável para conseguir uma sociedade mais aberta, mais livre e mais justa.

Estilo redactorial

1 – Os artigos e trabalhos assinados são da responsabilidade dos respectivos autores: a sua publicação apenas envolve, por parte da revista um juízo sobre o interesse informativo documental ou polémico dos mesmos, não significando necessariamente concordância com as opiniões neles expostas. Os sumários, notas marginais, anotações extra-texto e artigos não assinados são da responsabilidade da redacção.

2 – A reprodução total ou parcial dos originais carece de prévia autorização da direcção da revista.

3 – A revista é trimestral e inclui três cadernos: **ideias** (estudos e artigos de opinião), **index** (sinopses, recensões, comentários, anotações e bibliografia) e **causas** (jurisprudência de tribunais superiores e de primeira instância).

4 – Embora cada número da revista possa ser dedicado a um tema específico, isso não impedirá a publicação de quaisquer documentos de reconhecido interesse e qualidade, mesmo que não se enquadrem nesse tema.

5 – A redacção não faz comentários sobre a jurisprudência, artigos de opinião e outros trabalhos publicados (salvo quanto aos de origem estrangeira, para comparação com a realidade nacional).

6 – A revista aceita para publicação quaisquer estudos, artigos de opinião, trabalhos jurisprudenciais, recensões e anotações. Caso estes já tenham sido publicados, os autores deverão informar onde o foram.

7 – É conveniente que os textos venham subdivididos, com subtítulos e/ou números.

8 – A revista reserva-se o direito de publicar ou não os trabalhos recebidos e de sugerir qualquer alteração que se lhe afigure necessária, por razões de paginação. Depois de aprovados para publicação, os originais já não poderão ser substancialmente modificados.

**NOVÍSSIMOS ESTILOS
2 – JURISPRUDÊNCIA**

JOEL TIMÓTEO PEREIRA
Introdução

MARIA ANGELES AHUMADA RUIZ
La regla de la mayoría y la formulación de doctrina constitucional

AC. DO STJ DE 09 DE MAIO DE 2006
Parque de sucata em RAN

AC. DO STJ DE 28 DE JANEIRO DE 2008
Alerta Sanitário

AC. DA RELAÇÃO DE LISBOA DE 21 DE SETEMBRO DE 2006
Controlo de trabalhadores por GPS

AC. DA RELAÇÃO DE COIMBRA DE 12 DE JULHO DE 2007
Caducidade de direitos do nascituro

AC. DA RELAÇÃO DO PORTO DE 28 DE MAIO DE 2007
Pérola de incerto

AC. DA RELAÇÃO DO PORTO DE 08 DE MAIO DE 2006
Descaracterização de acidente

AC. DA RELAÇÃO DE GUIMARÃES DE 12 DE JULHO DE 2007
Criança de etnia cigana

AC. DA RELAÇÃO DE COIMBRA DE 15 DE JUNHO DE 2005
Direito de visitas dos avós

AC. DO STJ DE 06 DE OUTUBRO DE 2007
Distinção entre burla e fraude civil

ACS. DO STJ DE 25 DE JANEIRO E DE 5 DE SETEMBRO DE 2007
Um processo, duas acusações sucessivas, duas anulações em dois acórdãos

AC. DO STJ DE 06 DE JUNHO DE 2007
Cumprimento de mandado de detenção europeu

AC. DO T. C. ADMINISTRATIVO DO NORTE DE 10 DE JANEIRO DE 2008
Pagamento voluntário de dívida sob execução fiscal extinta por prescrição

AC. DO T. E DOS DIREITOS DO HOMEM DE 26 DE ABRIL DE 2007
Equilíbrio entre liberdade de expressão e protecção dos direitos dos queixosos

EDITOR
EDIÇÕES ALMEDINA SA
Avenida Fernão de Magalhães, n.º 584, 5.º Andar
3000-174 Coimbra
Telef.: 239 851 904
Fax: 239 851 901
www.almedina.net
editora@almedina.net

EXECUÇÃO GRÁFICA
G.C. – GRÁFICA DE COIMBRA, LDA.
PALHEIRA – ASSAFARGE
3001-453 COIMBRA
producao@graficadecoimbra.pt

Dezembro 2008

DEPÓSITO LEGAL
63274/93

Tiragem: 750 exemplares
Reservados todos os direitos, de acordo
com a legislação em vigor.
A redacção não se identifica necessariamente
com as opiniões e discussões aqui publicadas.

Número de inscrição no ICS: 115285

Preço avulso desta revista: 15 €
Assinatura anual da revista (4 números): 50 €